INTRODUCTION
A L'ANALYSE DE L'ESPACE

CHEZ LE MÊME ÉDITEUR

Dans la même collection

Méthodes quantitatives et espace urbain, par P. MERLIN, 1973, 192 pages, 34 figures.

Géographie rurale, méthodes et perspectives, par J. BONNAMOUR, 1972, 168 pages, 17 cartes, planches et schémas.

La mutation de la sidérurgie. Vers une nouvelle géographie de l'acier, par M. WITTMANN et Cl. THOUVENOT, 1972, 132 pages, 36 cartes, 18 tableaux.

La géographie, méthodes et perspectives, par J. BEAUJEN-GARNIER, 1971, 144 pages, 8 figures.

Principes de conservation du sol, par J. NAHAL, 1975, 144 pages, 40 figures.

Les espaces naturels tropicaux. Essai de géographie physique, par J. DEMANGEOT. 1976, 192 pages, 63 figures, 55 planches.

Initiation aux méthodes statistiques en géographie, par le Groupe CHADULE. 1974, 192 pages, 79 figures.

Network analysis in geography, par P. HAGGETT et R. J. CHORLEY. Ouvrage en anglais. 1972, 348 pages, 204 figures, 38 tableaux.

Analyse de données. Applications et méthodes pratiques, par A. HENRY-LABORDERE. 1977, 104 pages.

Introduction aux graphes et aux réseaux, par W. L. PRICE. Traduit de l'anglais. 1974, 120 pages, 84 figures.

Introduction à la géologie quantitative, par A. GUILLAUME. Collection Sciences de la terre. 1977, 216 pages, 110 figures.

Initiation aux analyses statistiques multidimensionnelles, par J. LEFEBVRE. 1976, 236 pages, 52 figures.

Les variables régionalisées et leur estimation. Une application de la théorie des fonctions aléatoires aux sciences de la nature, par G. MATHERON. 1965, 306 pages, 1 figure.

COLLECTION DE GÉOGRAPHIE APPLICABLE
SOUS LA DIRECTION DE Mme J. BEAUJEU-GARNIER

INTRODUCTION A L'ANALYSE DE L'ESPACE

PAR

M.-F. CICERI B. MARCHAND

S. RIMBERT

publié avec le concours du C.N.R.S.

MASSON
Paris, New York, Barcelone, Milan
1977

Masson s.a.	120 bd Saint-Germain, 75280 Paris Cedex 06
Masson publishing USA Inc.	14 East 60th Street, New York, N.Y. 10022
Toray-Masson s.a.	Balmes 151, Barcelona 8
Masson Italia editori S.p.A.	Via Giovanni Pascoli 55, 20133 Milano

ISBN : 2-225 47036-7

ISSN : 0338 2648

Imprimé en France.

TABLE DES MATIÈRES

Première partie

Le traitement de l'information

Deuxième partie

Les modèles spatiaux

TROISIÈME PARTIE

Théorie et pratique de l'espace

INTRODUCTION

LA NATURE DE L'ESPACE GÉOGRAPHIQUE

La mise en valeur de l'espace terrestre est une banale nécessité qui force les hommes à entrer en relation avec des milieux physiques et sociaux.

Or, l'établissement de relations, quelles qu'elles soient, nécessite d'abord l'existence de partenaires distincts, ensuite celle de liaisons fonctionnelles entre eux, enfin une différence de capacités, capable de mettre en marche des flux d'échanges : un agriculteur (partenaire n° 1) ne s'intéressera à un champ (partenaire n° 2), afin de lui appliquer certaines techniques de culture (liaisons fonctionnelles entre lui et le champ), que s'il espère en tirer une récolte relativement rentable (flux « équilibré » de produits agricoles, résultant de la complémentarité entre son travail physique et le travail biologique des sols). Afin de généraliser ces observations, on peut les traduire en un langage un peu plus abstrait, mais aujourd'hui familier à la plupart des chercheurs scientifiques : les partenaires sont des objets et des sujets dotés d'attributs, liés entre eux par des structures synchroniques ou diachroniques, qu'animent les processus à régulation de systèmes stratifiés. Dans ce cadre de pensée structuraliste et systémique très général, l'originalité de l'analyse spatiale, par rapport à d'autres disciplines des sciences humaines, vient seulement du substrat sur lequel on se place : l'espace géographique.

Ainsi que la géographie classique l'a longuement répété, cet espace est différencié. Cette différenciation, qui se traduit par une grande variété de paysages concrets, semble tellement évidente que, dans la pratique, on a discrétisé la surface de la Terre en classes spatiales bien limitées qui s'appellent pays, provinces, régions administratives, etc.

Mais on pourrait tout aussi bien considérer la surface terrestre comme étant continue et ne voir dans les paysages que la variation des propriétés qualitatives d'un espace unique. En effet, même si aucune fatalité ou aucun Grand Architecte de l'Univers n'était intervenu pour fabriquer des frontières dites naturelles et qu'il ait laissé sur la planète un espace isotrope, on aurait quand même vu apparaître des variations de l'enveloppe continue : variations géomorphologiques, dues aux inégales conditions géophysiques crées par le système solaire aux pôles et à l'équateur; variations d'utilisation du sol, dues aux impératifs techniques de l'agriculture étalée et de l'industrie ponctuelle. C'est l'un des grands mérites d'A. Lösch, d'avoir démontré que ce sont les structures des systèmes qui différencient l'espace, en dehors même des contraintes géographiques. Le seul fait d'introduire un réseau de transport, créateur d'interactions entre producteurs agricoles et industriels, fait apparaître une différenciation aréale en espace isotrope. Le modèle de Lösch rend compte, non seulement de la différenciation de lieu à lieu, mais aussi de niveau à niveau; en effet, les structures d'un système sont le plus souvent emboîtées et débouchent sur la hiérarchisation.

Pour préciser ces notions on va avoir recours à un schéma historique de colonisation spatiale. Ce schéma sera prétexte, non seulement à faire apparaître l'intérêt des modèles déterministes et stochastiques, mais aussi à faire émerger la nature du substrat où se déroulent les phénomènes d'organisation du sol.

Permanences et périodicités, qui permettent la prévision, sont, généralement, l'expression de structures qui sont elles-mêmes le produit de systèmes. Un système, au sens de L. von Bertalanffy, est un modèle d'interactions. Le modèle mercantiliste du colonialisme primitif, par exemple, était spatialement fondé sur le commerce triangulaire des esclaves, du sucre et du rhum. J. E. Vance (1970) a examiné comment un système de même type avait développé deux armatures urbaines hiérarchisées, la première dans la mère-patrie, la seconde dans la colonie. Le port qui envoyait ses navigateurs collecter du poisson, du bois, des fourrures, installait chez lui des manufactures de transformation et, dans la colonie, des villes-entrepôts. Les activités manufacturières attiraient de la main-d'œuvre, permettant l'accumulation de capitaux qui se réinvestissaient dans un accroissement du réseau urbain. La recherche des matières premières dans la colonie multipliait les entrepôts de rupture de charge dans l'arrière-pays. Ainsi croissaient deux structures spatiales parallèles, faites chacune d'un ensemble de relations particulières à éléments urbains spécifiques. La croissance de ces réseaux urbains, décrits comme des structures, s'est inscrite dans les paysages et sur les cartes selon un modèle de places centrales où l'on a distingué des périodicités d'éloignements et de tailles démographiques de sites permanents. Puis, un moment est arrivé où le système mercantiliste initial a coiffé deux réseaux urbains constituant, au sens de R. Thom (1974), des morphologies expérimentales structurellement stables. Ces morphologies organisées l'une autour d'un système d'entrepôts, l'autre autour d'un système de manufactures, développèrent chacune des strates de mécanismes régulateurs propres qui se heurtèrent à ceux de la strate du commerce colonial. Ainsi vit-on apparaître entre elles une surface de « catastrophe » à gradient fort, pouvant aller jusqu'à la rupture : le réseau d'entrepôts entreprit une guerre d'indépendance, et celui des manufactures mit en marche une lutte des classes. En effet, comme le montrent les modèles dynamiques de la théorie des catastrophes (en pli, en fronce, en queue d'aronde, etc...) il existe plusieurs solutions aux frictions de contact entre strates, qui sont à la fois destructives et constructives. On retrouve là, sous une formulation mathématique, une partie de la pensée dialectique qui veut que l'évolution des structures vivantes soit le fait d'interactions antagonistes. Continuons encore un peu l'histoire des villes du pays « neuf », maintenant indépendantes. Débarrassées de la strate mercantiliste métropolitaine, elles développent leurs propres industries de transformation et donc une classe ouvrière, ce qui entraîne une plus grande complexité de la structure sociale. Cette complexité crée des mécanismes régulateurs antagonistes mais le gradient des forces opposées n'arrive jamais à y être très fort car les frictions sont évitées par déplacement continuel de la surface de catastrophe : cette surface c'est le front pionnier de la marche vers les terres encore libres. Le front apporte une solution spatiale temporaire à la révolution prolétarienne. Au contraire, en l'absence de « Far-West », les villes manufacturières de la métropole ne peuvent pas faire l'économie d'une crise et d'une révolution ouvrières.

De cette histoire on doit tirer deux types de remarques : philosophiques et méthodologiques.

Admettons que la différenciation d'origine systémique aboutisse, à une époque *t*, à l'instauration de structures stables, fondées sur des échanges entre zones à ressources complémentaires. Le structuralisme, qui s'appuie sur l'existence de telles stabilités, est ici un bon outil de description synchronique; mais il n'explique pas comment ces morphologies structurelles changent ou s'écroulent. Or les révolutions existent, qui transforment une structure en une autre. Le marxisme, ne pouvait s'arrêter à ces stabilités : il s'est intéressé aux relations dialectiques qu'elles renforcent entre classes sociales ou entre classes spatiales. En effet, plus une structure est stable plus elle accentue les caractères des zones complémentaires; cet encouragement à la spécialisation augmente les contrastes et les antagonismes, établissant ainsi les conditions d'un dynamisme structurel diachronique. Le marxisme fournit un bon outil de description des tensions entre milieux divisés, il ne va pas jusqu'à la théorie des seuils et de leur franchissement en « catastrophe ».

Il ne s'est qu'assez peu intéressé cependant à ce problème typiquement spatial de la distance considérée comme relation dialectique (B. Marchand, 1974). Certes, l'auteur de *La pensée marxiste et la ville* (H. Lefebvre, 1972) a insisté, par exemple, sur la prolongation spatiale de l'opposition sociale qui existait entre classe militaire seigneuriale et classe paysanne médiévale : elle est l'une des origines de la dialectique villes-campagnes qui reflète cette ancienne division des rôles de protecteurs et de protégés, auxquels se sont substitués plus tard des rôles de dépendance économique. Mais on peut aller plus loin et montrer comment les distances spatiales ont peu à peu complété et parfois remplacé les distances sociales. Le niveau de vie de l'employé banlieusard s'est aujourd'hui rapproché de celui du bourgeois du début du siècle et l'a même largement dépassé sous certains aspects. Mais, en même temps, l'employé a transformé en plusieurs kilomètres de migrations quotidiennes vers le siège de son entreprise urbaine la distance de l'escalier qui séparait la soupente du domestique ou du commis d'autrefois, des salons du premier étage du maître de maison.

Confrontés à cette réalité à double face que sont les zones complémentaires dont la stabilité structurelle affirme les tensions spatiales, certains technocrates de l'aménagement du territoire ne peuvent gérer que des contradictions. Quand la stabilité se substitue à l'alternance, comme idéal politique, il devient en effet très difficile de désamorcer les inégalités sans rien changer aux structures qui en sont la cause. On est alors conduit au paradoxe d'une administration égalitariste qui s'ingénie, à l'aide de subventions et d'investissements, à estomper des contrastes sans cesse renouvelés par les structures d'un gouvernement centralisateur; mais elle ne peut réussir à empêcher que l'accumulation d'avantages financiers dans la capitale maintienne un « désert » (F. Gravier, 1947) dans le reste du pays. Tout au plus, l'administration peut-elle exercer une action conservatrice en repoussant perpétuellement les tensions régionales qu'installe le système général.

Face à ces questions, les méthodes et les techniques d'analyse de l'espace peuvent être utilisées dans deux directions : d'une part pour résoudre les problèmes de réadaptation que pose périodiquement l'actualité (objectifs de recherche appliquée), de l'autre pour connaître et expliquer l'organisation spatiale présente, afin de poser correctement lesdits problèmes et d'énoncer des hypothèses de travail (objectifs de recherche fondamentale). On supposera que, dans les deux cas, le chercheur veuille répondre avec une certaine efficacité. Il devra, pour ce faire, présenter des solutions pouvant donner lieu à des décisions. Or, on ne pourra décider qu'en faveur d'une solution opérationnelle dont les effets seront prévisibles, avec une marge d'erreur raisonnable. L'une des premières étapes de la recherche consistera donc à filtrer dans l'environnement, ce qui est déterminé par des causes permanentes ou périodiques de ce qui est aléatoire. On ne peut traiter de la même façon des mécanismes ayant des effets prévisibles et des rencontres de causes multiples se traduisant par des faits indépendants que l'on pense dus au hasard. La méthode statistique vient heureusement offrir de nombreuses possibilités pour distinguer ce qui suit une loi de probabilité de ce qui s'en éloigne de manière significative. La géographie théorique offre beaucoup de modèles capables de rendre compte de distributions numériques et de répartitions cartographiques « significatives ». Comme toutes ces constructions de référence sont fondées sur la logique, elles sont particulièrement « humaines » et il est tout à fait erroné de craindre s'exposer, en les employant, « à des risques de déshumanisation » (P. George, 1971). Si risque il y a, c'est au niveau de l'observation concrète et pratique. Par exemple, il est souvent difficile de définir les limites d'un objet géographique : un établissement humain de 2 200 habitants est-il une ville dans tous les pays et à toutes les époques? Sinon, qu'est-ce qu'une ville ou une agglomération? Et, sans définition, comment comparer des réseaux urbains de pays à pays? C'est donc par une réflexion sur les catégories de notre espace différencié que devrait débuter la recherche géographique. Toute l'épistémologie des sciences humaines (J. Piaget, 1967) commence d'ailleurs par la recherche de caractéristiques communes à des cas particuliers (Merlin, 1973).

C'est une des ambitions de ce manuel que d'aider à déceler, sous la très grande richesse des paysages, les communautés d'organisation sur lesquelles s'appuient leurs originalités.

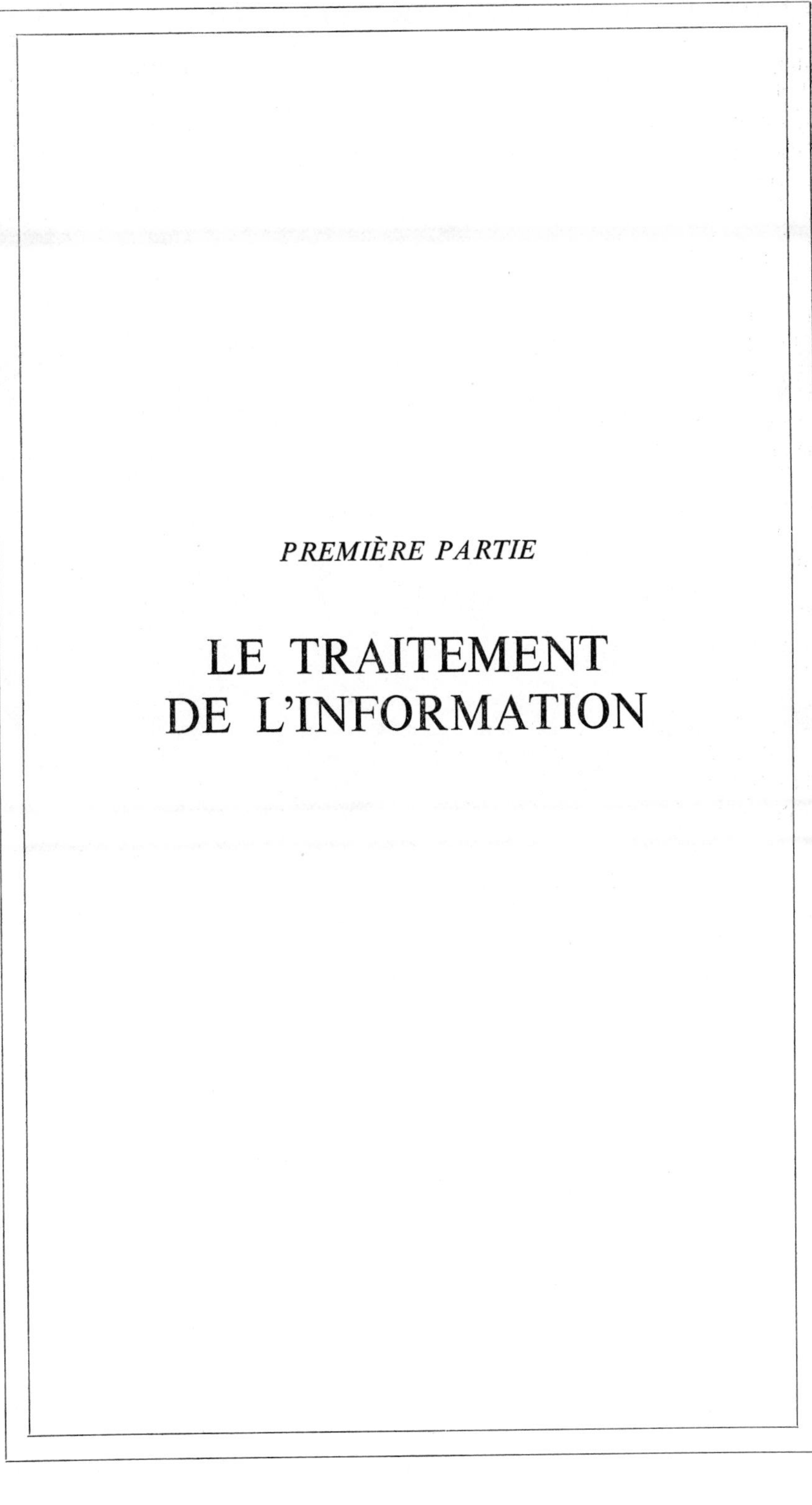

PREMIÈRE PARTIE

LE TRAITEMENT DE L'INFORMATION

CHAPITRE PREMIER

L'ACQUISITON DE L'INFORMATION

DE LA MESURE DES DONNÉES SPATIALES

Que l'on parte de l'examen d'un paysage, d'une photographie, d'une carte, d'un plan, d'enquêtes ou de recensements, il faudra, pour pratiquer une méthode d'analyse spatiale, aussi bien de type inductif que déductif, pouvoir en extraire des renseignements bien définis : sans identification précise des objets à étudier, il serait vain de procéder à des comparaisons, des hiérarchisations ou toute autre opération de structuration. Or seule la numérisation donne assez de précision aux observations pour se permettre ensuite de les mettre utilement en relation. Ce travail préliminaire de description numérique des objets fait appel à deux concepts : celui de catégorie et celui de mesure.

Toutes les observations peuvent être décrites numériquement à l'aide de quatre échelles de mesure :

— L'échelle nominale, qui permet l'identification des objets par des numéros correspondant à une classe qui appartient à un code. Par exemple, d'après le code dit minéralogique, Strasbourg appartient à la classe départementale 67. Lorsque la partition de l'ensemble considéré se réduit à deux classes, comme c'est le cas pour les questionnaires de type fermé à cases « oui-non », l'échelle nominale devient binaire ou dichotomique (0-1).

— L'échelle ordinale qui permet d'identifier des objets en les ordonnant les uns par rapport aux autres. Par exemple, la hiérarchie d'un réseau composé de sentiers (1), de chemins (2), de routes (3), d'autoroutes (4), peut être exprimée par la relation

$$4 \geqslant 3 \geqslant 2 \geqslant 1$$

Ceci traduit une structure d'ordre.

— L'échelle d'intervalle qui situe les objets à l'aide d'une distance mesurée par rapport à un zéro flottant : la température, mesurée par différence avec le zéro Celsius ou le zéro Fahrenheit, est une grandeur repérable.

— L'échelle de rapport qui mesure les objets à partir d'un zéro fixe. Les longueurs, les surfaces, les volumes de l'espace physique sont des grandeurs mesurables qui se définissent par le fait qu'on peut additionner deux quantités de chaque espèce.

Les deux premières échelles conviennent à des observations d'ordre qualitatif qu'on désigne, en statistique, sous le terme de « caractères ». Les deux dernières conviennent à des observations « quantitatives » qu'on appelle des variables. Ces variables peuvent prendre plusieurs valeurs, soit de manière continue, soit de façon discrète; le nombre d'habitants d'une ville constitue une donnée faite d'observations individuelles « discrètes », tandis que les quantités de nourriture nécessaires à ces habitants peuvent s'évaluer en valeurs de poids pratiquement infinies. Ces valeurs peuvent prendre elles-mêmes plusieurs formes : valeurs absolues, relatives ou centrées-réduites. Le tableau I essaie de résumer ces possibilités.

Tous ces aspects de la numérisation des observations sont communs à la

TABLEAU RÉCAPITULATIF DES NIVEAUX DE MESURE d'après B. Marcha

TYPES DE VARIABLES	ECHELLES	RELATIONS	DEFINITION MATHEMATIQUE	Remarques	paramètres descriptifs	
					Centralité	Dispersion
cardinal	nominale	équivalence	partition en n classes	On s'intéresse aux classes et non aux individus	mode	entropie
	binaire		partition en deux classes			
ordinal	ordinale	équivalence + ordre			médiane	quantiles
réel	d'intervalle	équivalence ordre rapport entre deux intervalles	zéro arbitraire	restriction sur le calcul direct	moyenne	variance
	de rapports	équivalence ordre rapport entre 2 intervalles rapport entre 2 valeurs	zéro fixe	toutes possibilités d'opérations arithmétiques		écart-type

plupart des sciences. Ce qui est plus particulier aux sciences de la surface terrestre, c'est leur possible rangement en tableaux à double entrée qu'on appelle « matrices géographiques » (B. J. L. Berry, 1964). En effet, une donnée géographique (ou spatiale, ou aréolaire, ou aréale) est toujours triple : une observation-événement est toujours associée à une localisation et à une échelle diachronique. Il est donc commode d'affecter les rangs d'une matrice aux localisations et les colonnes aux inventaires, tandis que la dynamique de ces arrangements pourra être aperçue à travers une séquence de plusieurs matrices comparables. Les rangs reçoivent alors l'espace des cas ou des sujets; les colonnes, celui des objets. Les matrices géographiques prennent plusieurs formes parmi lesquelles :

— les matrices d'inventaires géographiques (localisations/variables),
— les matrices de transports (origines/destinations),
— les matrices de connectivités (nœuds et arêtes),
— les matrices de coordonnées (longitudes/latitudes), etc...

72) et P. Muehrcke (1972) préparé par C. Cauvin (1975)

Combinaison		INTERPRETATION GRAPHIQUE	Exemples de formes des symboles cartographiques		
2 variables	plusieurs variables		ponctuelle	linéaire	aréale
redondance	diagramme d'Euler-Venn		villages selon la date d'implantation	liaison entre les villages	utilisation du sol
coefficient de corrélation de rang de Spearman Tau de Kendall	repérage multi-dimensionnel (MDS) (Shephard)	Graphes	hiérarchie administrative des localités	importance des routes selon gabarit et revetement	taille des communes
coefficient de corrélation de Bravais-Pearson	analyse linéaire	Vecteurs	altitudes en points cotés cercles proportionnels au nombre d'habitants des localités	longitudes en méridiens isolignes de densités	ancienneté d'occupation du sol densité par plages

La matrice étant un type particulier de nombre qui peut être traité en bloc à l'aide de procédures appropriées (calcul vectoriel et calcul matriciel), il est donc très intéressant de chercher à profiter de cette disposition des données.

Toutes ces possibilités reposent sur la reconnaissance préalable de groupes à l'intérieur d'ensembles d'éléments observables. Par exemple, pour relever et numériser des voies de circulation sur une carte, il faut y distinguer l'ensemble des routes de celui des chemins de fer et des canaux; c'est-à-dire qu'il faut concevoir une collection d'objets géographiques (les routes) chez qui on va chercher les formes constantes qui les empêchent d'appartenir à l'ensemble des voies ferrées et fluviales. Une telle collection s'appelle une catégorie. Cette catégorie peut ensuite être découpée en classes selon certains paramètres ou selon des conventions appelées « codes ». Les définitions complètes des notions de groupes, d'ensembles et de classes sont affaire de logiciens et de mathématiciens (J. Piaget, 1969); on se contera ici de souligner que si l'on peut encore reconnaître un groupe qui aurait subi des changements, c'est qu'il y existe une pérennité de relations entre certaines formes. Par exemple, que la route prenne les aspects de voie romaine, de piste saharienne ou de RN 4, elle se distingue toujours des voies ferrées et fluviales par une combinaison de constantes, soit négatives (refus technique des locomotives et des bateaux), soit positives (accès à des déplacements à pied ou en véhicules carrossables). Cette combinaison de constantes constitue un « invariant ». Or les notions de catégorie et de structure sont solidaires à travers celle d'invariant. Ainsi, le simple fait de collecter des données spatiales et de les ranger en catégories, introduit-il déjà dans les observations une certaine structuration.

Des remarques qui précèdent, le chercheur qui commence un travail d'analyse spatiale retire trois enseignements :

— Les catégories de données qu'il collecte ne sont pas entièrement neutres ou, du moins, amorphes. Elles traduisent à la fois une orientation de sa pensée et un début de structure.

— On ne peut pas soumettre n'importe quelles observations à n'importe quelles analyses : des variables mesurables et repérables, qui ont une structure mathématique, peuvent être traitées par les méthodes de la statistique descriptive et inférentielle; des variables nominales et ordinales doivent être traitées par la statistique non-paramétrique puisqu'elles n'ont pas de structure mathématique : on ne peut pratiquer sur elles des opérations arithmétiques.

— Pour pouvoir comparer des observations très voisines il faut les mesurer. La nécessité de la mesure, et donc de la numérisation, se trouve d'abord justifiée par celle de la comparaison. Mais les mesures brutes obtenues sont parfois peu adéquates pour le traitement ultérieur. Ce n'est pas une raison suffisante pour les rejeter aussitôt. Il est souvent possible et souhaitable de transformer les données brutes pour les faire apparaître sous un aspect plus adapté au problème étudié. Les transformations géométriques (anamorphoses de cartes, changements de projections, etc...) et les transformations numériques (changement d'origine, changement d'échelle, etc...) sont pratique courante.

Il importe donc que la démarche générale du travail de recherche donne lieu à une réflexion sur les méthodes à mettre en œuvre, dès le début de la collecte des données.

LA PRATIQUE DE LA COLLECTE DES DONNÉES

Qu'elle soit faite manuellement par un enquêteur, ou automatiquement par une tête de lecture à balayage optique (scanner), la question primordiale à poser est celle de savoir s'il est nécessaire de procéder à un relevé exhaustif ou si l'on peut se contenter d'un sondage spatial.

COLLECTE EXHAUSTIVE ET BANQUES DE DONNÉES

Le relevé exhaustif est souvent un travail long et coûteux. Les recensements nationaux effectués périodiquement, les couvertures régulières de photographies aériennes, l'établissement de cartes topographiques, en sont des exemples.

Quand ces relevés existent, le problème du chercheur consiste à trouver le moyen d'extraire rapidement d'une masse énorme, la seule information utile. Ce problème est à l'origine des banques de données géographiques. On appelle banque de données un ensemble de deux grands systèmes interdépendants : un système de fichiers, qui doit être ouvert pour permettre l'adjonction de nouvelles données et un système d'exploitation qui doit, soit sélectionner des informations, soit élaborer des combinaisons de données.

La conception de ces fichiers repose sur un examen des données géographiques; on a vu qu'elles sont triples (ou tri-dimensionnelles) : elles ont un caractère à la fois thématique, aréal et diachronique.

Du point de vue aréal (ou spatial), les localisations des observations peuvent être ponctuelles, linéaires ou liées à des unités de surface.

Les données ponctuelles se repèrent à l'aide de matrices de coordonnées X Y (géographiques, carroyage UTM, quadrillage Lambert, grille informatique orthographe, etc...). Ces localisations peuvent correspondre à des observations discrètes ou à des observations continues, artificiellement discrétisées : par exemple, la température à la surface du sol est un phénomène continu mais il est enregistré par des stations météorologiques dispersées. Les données linéaires (réseau hydrographique, limites administratives, etc...) sont généralement enregistrées de façon discrète par une suite de coordonnées séparées par un « pas » régulier très petit; cet enregistrement, comme celui des localisations précédentes, se fait semi-automatiquement au digitaliseur. Certains systèmes de géo-codage enregistrent les lignes par tronçons compris entre deux sommets : c'est le cas de beaucoup de plans de rues dont on ne digitalise que les points de changements de direction ou de croisement. Quant aux unités de surface elles peuvent être régulières (grilles hectométriques ou kilométriques) ou polygonales : communes, cantons, départements, forêts, terrains industriels, affleurements calcaires, etc. On enregistre à la fois le périmètre et le centre de gravité de chaque unité aréale.

Ces fichiers de localisations appartiennent à l'espace des sujets auquel il faut faire correspondre l'espace des objets des matrices géographiques. Il faut prévoir une identification commune aux sujets et aux objets qui s'y rapportent. L'établissement d'une liste complète des lieux qui vont contenir les observations est un des premiers travaux à effectuer. C'est alors seulement qu'on peut préparer les fichiers thématiques qui vont être remplis par les valeurs des différentes observations numérisées. Sans une telle correspondance entre fichiers, il serait impossible, par exemple, d'exploiter la banque en cartographie automatique. L'organisation des données dépend ensuite d'impératifs techniques : selon qu'on utilisera une bande ou un disque magnétique, on aura intérêt à adopter une structure séquentielle, aléatoire ou de liste. La structure de liste, qui suppose une hiérarchisation thématique, est la plus logique pour une grande banque de données; les enregistrements de données doivent être enchaînés les uns aux autres par un code procédant du général au particulier. C'est ce code qui permettra au chercheur de sélectionner les faits qui l'intéressent.

Il n'est évidemment pas question qu'un chercheur isolé établisse une banque à lui seul. Mais il importe qu'il sache que si ses observations ne sont pas correctement numérisées, localisées et codées, elles restent inutilisables par la machine. Ni lui, ni les autres personnes qui travailleraient après lui sur une même région, ne pourraient donc profiter des ressources de l'informatique.

LES SONDAGES SPATIAUX

Un sondage est un procédé qui consiste à tirer d'une population statistique préalablement définie, des groupes d'unités d'observations appelées échantillons, conformément à un plan, c'est-à-dire à un ensemble de règles fixant le mode de prélèvement d'un échantillon. Ces règles ont pour but d'assurer la représentativité de l'échantillon. Les sondages spatiaux permettent de tenir compte de l'espace dans lequel évoluent les individus à étudier; ils se caractérisent par l'unité d'échantillonnage qui est bi-dimensionnelle :

— le point (localisé par deux coordonnées X et Y),
— la droite, ou transverse ou transect,
— la surface qui est généralement un quadrat.

Quelle que soit la forme de l'unité de base, les plans de sondage spatiaux sont de trois types :

— sondage spatial par tirages au hasard (à l'aide d'une table de hasard),
— sondage spatial systématique avec tirages à intervalles fixes mais dont le point de départ est choisi au hasard,
— sondage spatial stratifié où l'on pratique les tirages précédents à l'intérieur de zones préalablement délimitées.

Quelle doit être la taille d'un échantillon pour qu'il soit représentatif de la population-mère avec un risque d'erreur limité? Pour répondre à cette question délicate il existe des graphiques de limites de confiance qui ont deux entrées :

- en abscisse on lit la proportion de la modalité à examiner (par exemple le pourcentage de terrain boisé de la région considérée),
- en ordonnée on lit le nombre d'observations (ou de tirages),
- à l'intérieur du graphique sont portées des courbes-limites de confiance avec un risque de 1 % ou de 5 % d'erreur.

Un de ces graphiques (dus à B. J. L. Berry) est reproduit dans la traduction française du *Locational Analysis* de P. Haggett (1973) et dans le manuel de lecture numérique des cartes (C. Cauvin-S. Rimbert, 1975).

Certes les sondages spatiaux ne peuvent convenir à tous les cas d'analyse spatiale : vouloir étudier l'évolution d'un paysage de banlieue très fragmenté en pratiquant des tirages aléatoires sur des photographies aériennes non restituées prises à deux époques différentes, tient de la recherche de l'aiguille dans la meule de foin (P. Haggett). Mais dans le cas où des strates plus homogènes peuvent être déterminées, les résultats des sondages sont assez satisfaisants pour valoir la peine d'économiser un temps considérable de travail.

DONNÉES BRUTES, DONNÉES DÉRIVÉES ET INFORMATION

L'acquisition et l'enregistrement des informations spatiales dans les banques géographiques ouvrent un très grand nombre de possibilités :

— exploitation des données brutes (sélections par tris et par croisements; transformations, etc.),

— extraction de données dérivées (mesures cartométriques, centrographiques, paramètres statistiques, etc.) (C. Cauvin-S. Rimbert, 1975),

— traitement géométrique et numérique (analyse des données, modélisation; interpolations, lissages, krigeage, etc...).

Une des applications les plus communes du tri est offerte par la production de cartes automatiques qui sélectionnent l'observation simultanée (croisement) de deux ou plusieurs critères ou variables : par exemple, la carte des zones de la plaine rhénane où l'on observe à la fois un recouvrement faible et une pollution plus ou moins forte de la nappe phréatique par les nitrates des Mines de Potasse d'Alsace (fig. 2).

Les données dérivées sont obtenues directement à partir des documents-source. Par exemple, en partant d'une carte digitalisée, on peut faire calculer la statistique « R » du voisin le plus proche afin de décrire la distribution d'un semis de localités repérées par leurs coordonnées. La méthode sera présentée plus loin.

Les très nombreuses méthodes que recouvre le mot de traitement ont essentiellement pour but de structurer les informations. Pour éviter d'entrer dans la littérature considérable qu'elle a suscitée, on se contentera de définir ici une structure comme un ensemble de rapports considérés comme caractéristiques d'éléments observés. En analyse spatiale, la structuration des données quantitatives (variables mesurables et repérables) se fait dans deux directions : d'une part l'établissement de groupes, conduisant à des typologies; de l'autre le filtrage des surfaces de tendance générale, par rapport auxquelles dégager résidus et bruits. Ces deux orientations méthodologiques seront développées aux chapitres consacrés aux analyses factorielles et aux lissages.

Mais comment traiter des données qualitatives ou caractères (variables nominales et ordinales)? Comment, par exemple, comparer l'information apportée par plusieurs cartes d'atlas décrivant des types de couvertures végétales à l'aide de couleurs diverses? Dans un message, apporté par une carte, ou par tout autre document-source, seule la partie originale nous apprend quelque chose. Aussi, l'information a-t-elle été définie comme la mesure d'une quantité d'originalité perçue par un récepteur. Cette mesure correspond au

MAP 2,SHEET 1,DATA SET 1

repérage des cellules kilométriques

001 002 003 004 005 006 007 008 009 010 011 012 013 014 015 016 017 018 019 020

020 019 018 017 016 015 014 013 012 011 010 009 008 007 006 005 004 003 002 001

NAPPES SOUTERRAINES

carte de relevé des observations :

LA POLLUTION PAR LES NITRATES

CARTE 2

NAPPES SOUTERRAINES

POLLUTION PAR LES NITRATES

données fournies par Michel Guldmann,
programme GRID,
traitement graphique et numérique par le Laboratoire de Cartographie Thématique,
Université Louis Pasteur et CNRS, Strasbourg 1975.

MINIMUM	.00	1.00	2.00	3.00	4.00	5.00	6.00	7.00	8.00	9.00
MAXIMUM	1.00	2.00	3.00	4.00	5.00	6.00	7.00	8.00	9.00	10.00

proportion de la surface de la cellule kilométrique couverte par le phénomène observé échelle de 1 à 10 .00 10.00

FREQUENCY DISTRIBUTION OF DATA POINT VALUES IN EACH LEVEL

LEVELS	0	1	2	3	4	5	6	7	8	9
SYMBOLS	....	'''''''''	•••••••••	+++++++++	XXXXXXXXX	●●●●●●●●●	OOOOOOOOO	■■■■■■■■■	■■■■■■■■■	
FREQUENCY	181	8	11	8	7	9	9	10	7	154

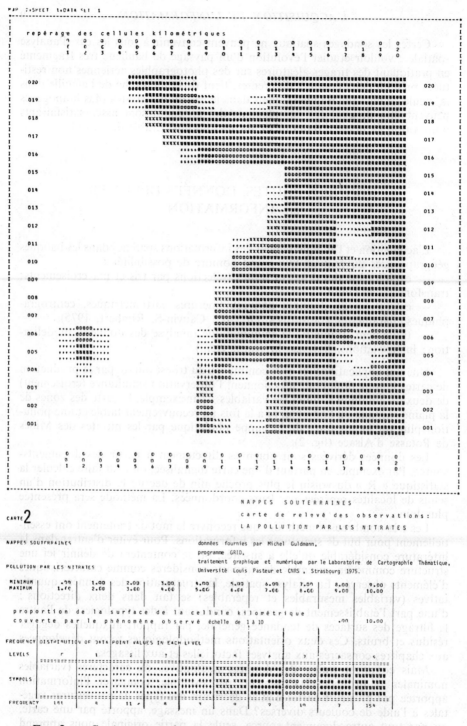

FIG. 2. — *Sortie cartographique automatique à partir d'un fichier de banque de données par kilomètres carrés sur la nappe phréatique d'Alsace : pollution par les nitrates (extrait).*

nombre de questions binaires qu'il est nécessaire et suffisant de poser pour découvrir le message, ce qui s'exprime par :

entropie absolue — nombre de groupes d'objets observés

$$H(A) = -\sum_{1=i}^{m} P_{(ai)} \cdot \log_2 P_{(ai)}$$

nombre d'alternatives (toujours positif, vu que les probabilités sont positives ou nulles) — probabilité qu'a un objet d'appartenir à la classe (*ai*) — pour mesure en digits binaires

Plus les probabilités sont égales, moins le message est original et plus le récepteur reste indécis. La valeur H est alors forte : elle mesure l'entropie absolue au sens de Shannon (B. Marchand, 1972). Évidemment, une bonne classification se traduira par une faible valeur de H (A). Lorsque toutes les classes sont équiprobables, l'entropie est maximale et égale à $\log.m$.

On a :

$$O \leqslant H(A) \leqslant \log m.$$

Le grand avantage de l'usage de l'entropie pour mesurer le contenu d'information des cartes géographiques, est sa généralité et sa simplicité puisqu'il suffit de déterminer des classes et de compter des fréquences. Les classes spatiales peuvent être des quadrats de grille informatique, ce qui permet d'envisager l'automatisation de l'opération. Quant aux variables quantitatives, il suffit de les discrétiser en classes pour les traiter de la même façon.

Comme variables et caractères sont rarement indépendants, on peut prendre en compte deux séries d'observations à la fois (A et B). Cela se mesure à l'aide de :

l'entropie conditionnelle — Probabilité qu'a un objet, tiré de l'ensemble des observations, d'appartenir à la classe b_j

$$H(A/B) = \sum_{j=1}^{n} H(A/B_j) . P(B_j)$$

et de la redondance

$$R(A/B) = H(A) - H(A/B)$$ (A. Kilchenmann, 1973)

Dans ce cas, la redondance est égale à la différence entre l'entropie absolue et l'entropie conditionnelle. On peut aussi la concevoir comme la différence entre l'information réelle du message et l'information maximale, ce qui est formulé, d'après Shannon, par :

$$R = 1 - H(P)/H\,m\,(P)$$

mais il vaut mieux tout pondérer par l'entropie maximale en divisant par H max ce qui donne :

$$R = H\,max - H(A)/H\,max$$

et

$$R = 1 - H(A)/H\,max$$

Bien qu'elle représente un excédent par rapport au nombre minimal de signes qui seraient suffisants pour convoyer une même quantité d'information, la redondance est loin de représenter, en géographie, un « gaspillage » : elle est liée aux contraintes qui cimentent les systèmes spatiaux et elle permet de les évaluer. Mais la redondance globale de Shannon ne les nuance pas; c'est pourquoi B. Marchand (1972) a proposé de distinguer la redondance interne et la redondance structurelle, dont il donne les exemples suivants :

— dans les deltas asiatiques, il y a redondance interne entre les fortes densités de population et la culture du riz sous la contrainte du contrôle de l'eau pour éviter la malaria. On a

$$Ri = 1 - Hd(P)/Hm(P)$$

— au Venezuela, il y a redondance structurelle entre les Andes caféières surpeuplées, siège de l'exode rural et les pâturages extensifs des Llanos de l'Orénoque qui accueillent une colonisation moderne. On a

$$Rs = 1 - H(P)/Hd(P)$$

En conclusion de ce qui précède, on voudrait rendre le chercheur attentif à trois points :

- l'importance de la précision du vocabulaire en matière d'information. Il existe des mots galvaudés comme structure ou quantification, dont il faut se méfier;
- les exigences d'une technologie capable de lire et de manipuler des masses d'observations correctement numérisées;
- la nécessité d'une réflexion, non seulement sur les buts du travail, mais sur les façons de l'économiser. N'y aurait-il pas, parfois, dans la collecte de très nombreuses données quantitatives, un simple aspect rassurant pour le chercheur qui est encore à « vide » d'hypothèse? Le traitement de quelques caractères soumis à la théorie de l'information peut apporter à l'étude régionale, dans certains cas, autant de lumière qu'une lourde analyse en composantes principales (B. Marchand, 1975).

CHAPITRE II

LA STRUCTURATION DE L'INFORMATION

En Sciences Humaines, les données se présentent généralement en tableaux dont les lignes représentent des points d'observation (villes, communes, ...) et les colonnes des variables (population, revenus, ...). On suppose d'ordinaire des relations linéaires entre ces données, et le tableau est alors considéré comme une matrice. Les nombreuses méthodes de l'analyse des données (analyse multivariée) reposent sur la décomposition d'une matrice en éléments indépendants (orthogonaux ou non-corrélés).

LA DÉCOMPOSITION SPECTRALE D'UNE MATRICE

Une matrice de rang r peut être décomposée en une somme de r matrices de rang 1 : c'est l'analyse spectrale.

$$\text{La matrice } M = \begin{bmatrix} 3 & 0 & 0 \\ 0 & 5/2 & 1/2 \\ 0 & 1/2 & 5/2 \end{bmatrix} \text{ est de rang } 3.$$

Ses valeurs propres sont : $\lambda_1 = 3 ; \lambda_2 = 3 ; \lambda_3 = 2$.

Elle admet pour vecteurs propres à gauche et à droite (Comme M est symétrique, les deux groupes de vecteurs sont identiques) :

$$\underset{V_1}{\begin{bmatrix} 1/\sqrt{3} \\ -1/\sqrt{3} \\ -1/\sqrt{3} \end{bmatrix}} \quad \underset{V_2}{\begin{bmatrix} 2/\sqrt{6} \\ 1/\sqrt{6} \\ 1/\sqrt{6} \end{bmatrix}} \quad \underset{V_3}{\begin{bmatrix} 0 \\ -1/\sqrt{2} \\ 1/\sqrt{2} \end{bmatrix}}$$

On vérifie qu'ils sont bien invariants lorsqu'ils sont pré- ou post-multipliés par M :

$$\underset{V_1}{[1/\sqrt{3} \quad -1/\sqrt{3} \quad -1/\sqrt{3}]} \; . \; \underset{M}{\begin{bmatrix} 3 & 0 & 0 \\ 0 & 5/2 & 1/2 \\ 0 & 1/2 & 5/2 \end{bmatrix}} = \underset{\lambda_1 . V_1}{[3/\sqrt{3} \quad -3/\sqrt{3} \quad -3/\sqrt{3}]}$$

Exercice 1 : Vérifier cette propriété en post-multipliant M par V2 et V3.

Pour chaque valeur propre, on peut définir un triplet : la valeur propre, et les deux vecteurs propres (à gauche et à droite) qui lui correspondent. Comme M est de rang 3, on a trois triplets de ce genre. Calculons, pour chaque triplet le produit externe des deux vecteurs propres pondéré par la valeur propre : $V_1 . {}^tV_1 . \lambda_1 = E_1$

$$\begin{bmatrix} 1/\sqrt{3} \\ -1/\sqrt{3} \\ -1/\sqrt{3} \end{bmatrix} \quad \underset{[1/\sqrt{3} \quad -1/\sqrt{3} \quad -1/\sqrt{3}]}{\begin{bmatrix} 1/3 & -1/3 & -1/3 \\ -1/3 & 1/3 & 1/3 \\ -1/3 & 1/3 & 1/3 \end{bmatrix}} .3 = \begin{bmatrix} 1 & -1 & -1 \\ -1 & 1 & 1 \\ -1 & 1 & 1 \end{bmatrix}$$

E_1 est évidemment de rang 1. En appliquant les mêmes opérations aux deux autres triplets, on obtient 3 matrices E_1, E_2, E_3, chacune de rang 1 et dont la somme est égale à la matrice donnée M.

$$\underset{E_1}{\begin{bmatrix} 1 & -1 & -1 \\ -1 & 1 & 1 \\ -1 & 1 & 1 \end{bmatrix}} + \underset{E_2}{\begin{bmatrix} 2 & 1 & 1 \\ 1 & 1/2 & 1/2 \\ 1 & 1/2 & 1/2 \end{bmatrix}} + \underset{E_3}{\begin{bmatrix} 0 & 0 & 0 \\ 0 & 1 & -1 \\ 0 & -1 & 1 \end{bmatrix}} = \underset{M}{\begin{bmatrix} 3 & 0 & 0 \\ 0 & 5/2 & 1/2 \\ 0 & 1/2 & 5/2 \end{bmatrix}}$$

Plus précisément, $M = \sum_{i=1}^{r} V_i {}^tV_i \lambda_i$, r étant le rang de M.

Exercice 2 : Vérifier que Trace $M = \sum_i \lambda_i$

$$\text{Dét. } M = \prod_i \lambda_i .$$

Exercice 3 : Soit P une matrice de rang 3 ayant les mêmes vecteurs propres que M, mais dont les valeurs propres correspondantes sont : $\lambda = \{1, 4, -2\}$ Calculer P et obtenir sa décomposition spectrale.

Comme les vecteurs propres n'indiquent qu'une direction (définis à une homotéthie près), ils doivent être normalisés (longueur unité).

La décomposition spectrale peut être représentée d'une façon plus condensée : soit G la matrice des vecteurs propres à gauche (disposés en colonnes), D celle des vecteurs propres à droite (en lignes) et Λ la matrice diagonale contenant les valeurs propres; on peut écrire :

$$M = G . \Lambda . D.$$

Géométriquement, cela signifie qu'il est possible de faire subir des rotations à tout nuage de points M (rôle de G et de D, sur ses colonnes et ses lignes) jusqu'à une position particulière où chaque axe fondamental du nuage peut être étiré ou rétréci (rôle des valeurs propres) indépendamment des autres.

$$\begin{bmatrix} 1/\sqrt{3} & 2/\sqrt{6} & 0 \\ -1/\sqrt{3} & 1/\sqrt{6} & -1/\sqrt{2} \\ -1/\sqrt{3} & 1/\sqrt{6} & 1/\sqrt{2} \end{bmatrix} . \begin{bmatrix} 3 & 0 & 0 \\ 0 & 3 & 0 \\ 0 & 0 & 2 \end{bmatrix} . \begin{bmatrix} 1/\sqrt{3} & -1/\sqrt{3} & -1/\sqrt{3} \\ 2/\sqrt{6} & 1/\sqrt{6} & 1/\sqrt{6} \\ 0 & -1/\sqrt{2} & 1/\sqrt{2} \end{bmatrix} = \begin{bmatrix} 3 & 0 & 0 \\ 0 & 5/2 & 1/2 \\ 0 & 1/2 & 5/2 \end{bmatrix}$$

$$\mathrm{G} \quad . \quad \Lambda \quad . \quad \mathrm{D} \quad = \quad \mathrm{M}$$

Cette décomposition est générale. Elle devient très simple si M est symétrique (alors, $G = {}^tD$) et définie positive (alors, les valeurs propres sont toutes positives ou nulles, et les vecteurs propres tous réels). C'est pourquoi on transforme d'ordinaire le tableau des données en une matrice de corrélations R qui possède, par construction, ces propriétés commodes, et que l'on analyse à sa place. Cette transformation doit être utilisée avec prudence car elle gâche de l'information (on perd unités, moyenne, écart-type de chaque variable) et suppose que toute corrélation parmi les données est linéaire.

L'ANALYSE EN COMPOSANTES PRINCIPALES

Puisque R est symétrique, $G = {}^tD$ et l'on peut écrire :

$$R = {}^tD.\Lambda.D$$

ou encore

$$R = ({}^tD.\Lambda^{1/2}).(\Lambda^{1/2}.D)$$

$$R = {}^tL \;.\; L$$

L est la matrice des vecteurs propres pondérés par la racine carrée des valeurs propres : ce sont les composantes principales (CP) du nuage de points. Ses éléments (coordonnées des variables) sont appelés saturations (loadings en anglais). Les CP forment la seule base par rapport à laquelle les coordonnées des observations ne sont pas corrélées entre elles. Elles découlent d'une simple transformation linéaire qui s'écrit :

$$x_j = \sum_{p=1}^{m} l_{jp} C_p$$

avec x_j = variable j
C_p = composante p
l_{jp} = corrélation variable-composante ou saturation.

L'analyse en CP transforme m variables initiales en m variables nouvelles qui sont toutes des combinaisons linéaires des anciennes. Cette transformation est purement mathématique et non statistique : elle est unique; aucune hypothèse n'est nécessaire, mais le rang de la matrice n'est pas changé : le volume des données manipulées reste le même. L'information contenue dans les données initiales n'est ni diminuée ni augmentée au cours de cette transformation, mais simplement présentée sous une forme nouvelle qui peut révéler des relations importantes difficiles à déceler parmi les données originales.

LE MODÈLE FACTORIEL

$$x_j = \sum_{p'=1}^{k} l_{jp'} f_{p'} + \epsilon_j$$

avec x_j = variable j $f_{p'}$ = facteur p' ϵ_j = variation unique de j

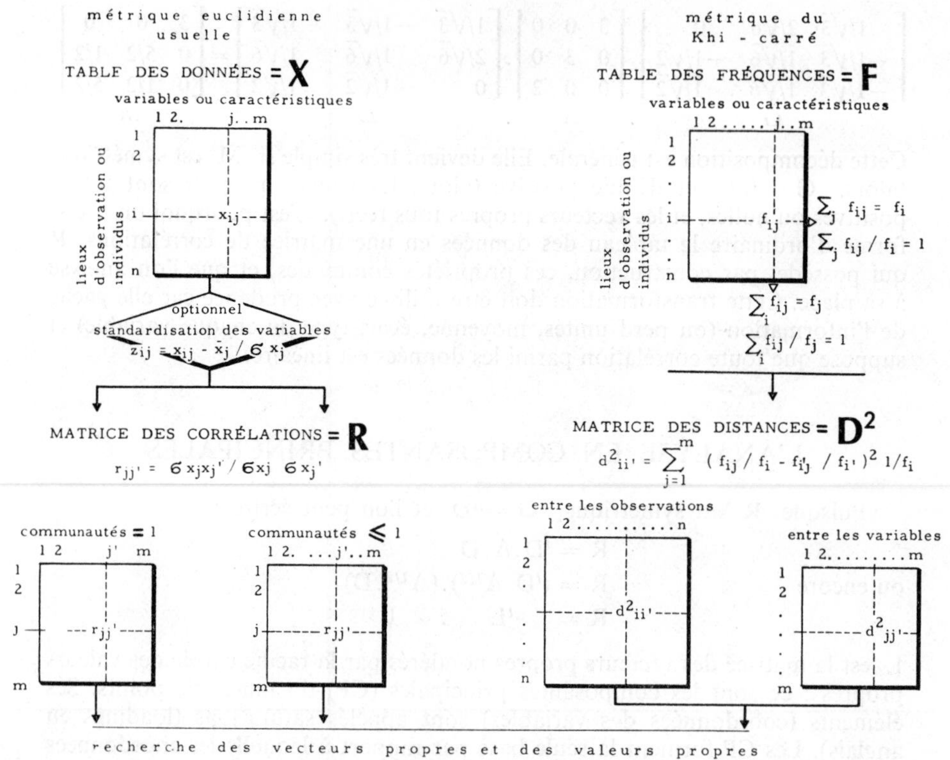

FIG. 3. — *Étapes et alternatives de l'analyse des données.*

Le but est de réduire le volume des données en transformant linéairement m variables en k facteurs, avec k nettement inférieur à m. Cela se justifie dans la mesure où les m variables étudiées ne peuvent jamais inclure la totalité des facteurs déterminants : il y a toujours des causes importantes qui n'ont pas été mesurées. Leur action, inconnue, apparaît comme un résidu E_j dans chaque variable j et l'on ne cherche à étudier que la partie de la variance qui est commune aux variables représentées : les communautés (diagonale de la matrice des corrélations) mesurent cette partie commune qui est nécessairement inférieure ou égale à 1. Lorsqu'elles sont nettement inférieures à 1, le rang de la matrice est réduit, et les m variables sont transformées linéairement en un nombre plus petit de facteurs. Là se situe le problème crucial de l'analyse factorielle : comment estimer les communautés (communalities) et combien de facteurs doit-on retenir?

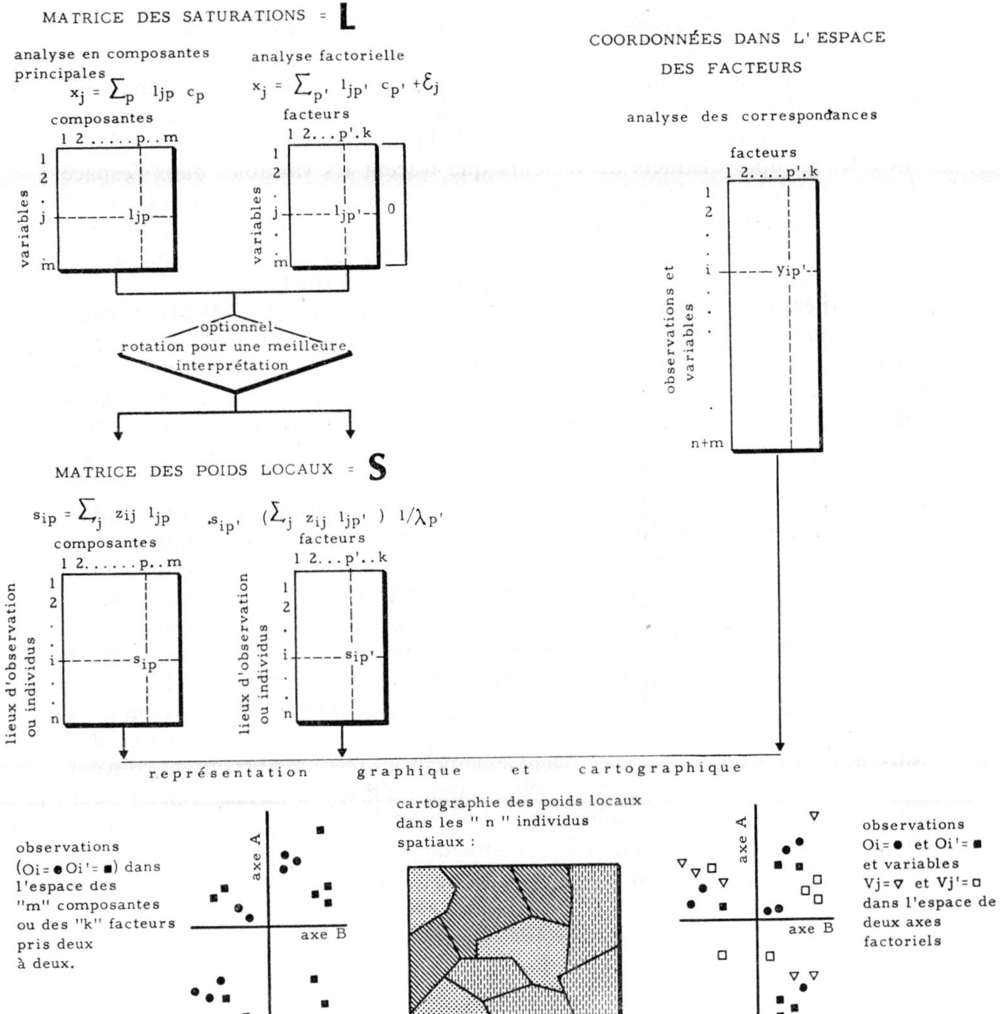

Il n'existe pas de critère objectif pour décider du nombre optimal de facteurs. Le chercheur doit faire appel à son jugement pour rejeter les facteurs auxquels il ne trouve aucune signification. Il doit cependant ne pas trop se hâter de rejeter les petits facteurs avant de les avoir soigneusement examinés car, « les plus grands facteurs sont habituellement déjà connus par les observateurs expérimentés, tandis que les plus petits facteurs sont masqués par des interdépendances plus grandes. En rejetant un facteur étrange, on risque par conséquent de rejeter une découverte importante » (Rummel, 1970, p. 362).

Ainsi, il est recommandé de procéder aux étapes suivantes de l'analyse, la rotation des facteurs et la cartographie des poids locaux, qui peuvent encore nous éclairer sur la signification des facteurs.

LA ROTATION DES COMPOSANTES OU FACTEURS

Il est souvent difficile d'interpréter les composantes ou les facteurs. Cela vient sans doute du fait que les composantes, calculées de manière à rendre compte de la plus grande partie possible de la variance sont souvent localisées entre les groupes distincts de vecteurs que tracent les variables dans l'espace des points d'observation. Cependant, un espace vectoriel a un nombre infini de bases, chacune étant simplement une transformation linéaire de n'importe quelle autre. Par simple rotation on peut amener les axes principaux à une nouvelle position où ils seront plus facilement identifiables.

Le critère de « simple structure » développé par Thurstone (1954) et rendu opérationnel par la technique « varimax » mise au point par Kaiser (1958), est le plus fréquemment utilisé. Son but est de maximiser la colinéarité de chaque facteur avec un groupe particulier de variables. Cela revient à maximiser la variance des saturations sur les facteurs, c'est-à-dire à rechercher pour chaque variable des saturations qui soient le plus proches possible de ± 1,0 ou de zéro. Pour chaque facteur, au lieu d'un grand nombre de saturations moyennes avant rotation, on aura, après rotation un petit nombre de fortes saturations et beaucoup de saturations insignifiantes. Ainsi, l'interprétation des facteurs en termes des variables initiales est rendue plus facile. Varimax conserve l'orthogonalité des axes factoriels. Bien que les facteurs ne coïncident plus avec les axes principaux de l'éllipsoïde de covariance, ils restent à angle droit l'un par rapport à l'autre, et sont encore linéairement non corrélés. La rotation oblique permet aux facteurs d'être corrélés. Cette approche compte de nombreux avantages. En premier lieu, les facteurs obliques sont plus facilement interprétables parce que des saturations encore plus extrêmes peuvent être obtenues. Deuxièmement les résultats procurent souvent une meilleure description de la réalité, parce qu'il n'y a aucune raison pour supposer à priori que les influences sous-jacentes que désignent les facteurs soient non corrélées. Enfin, il peut être utile de poursuivre l'analyse à un niveau supérieur d'abstraction. En effet, les corrélations entre les facteurs eux-mêmes peuvent être introduites dans une nouvelle analyse factorielle pour rechercher les concepts plus généraux et plus abstraits qui déterminent la variation entre les facteurs.

Cependant d'autres difficultés surgissent. Il existe un grand nombre de procédés qui respectent le critère de simple structure dans la rotation oblique (Harman, 1967 et Rummel, 1970). Mais aucune solution ne peut être considérée comme la plus satisfaisante. Ainsi, on reproche aux solutions obliques d'introduire une décision subjective de plus dans un processus déjà arbitraire. Enfin, beaucoup d'études à facteurs obliques ont conduit à des résultats triviaux, retrouvant les variables initiales. Cela explique sans doute le peu de faveur dont jouit la rotation oblique auprès des utilisateurs.

LES POIDS LOCAUX

Les poids locaux sont doublement utiles : ils permettent de représenter spatialement le phénomène étudié, d'autre part de préciser l'identification des facteurs en les rapprochant de phénomènes spatiaux connus.

Le calcul des poids locaux est un problème dont la complexité varie selon qu'on a affaire aux composantes principales ou aux résultats d'une analyse en

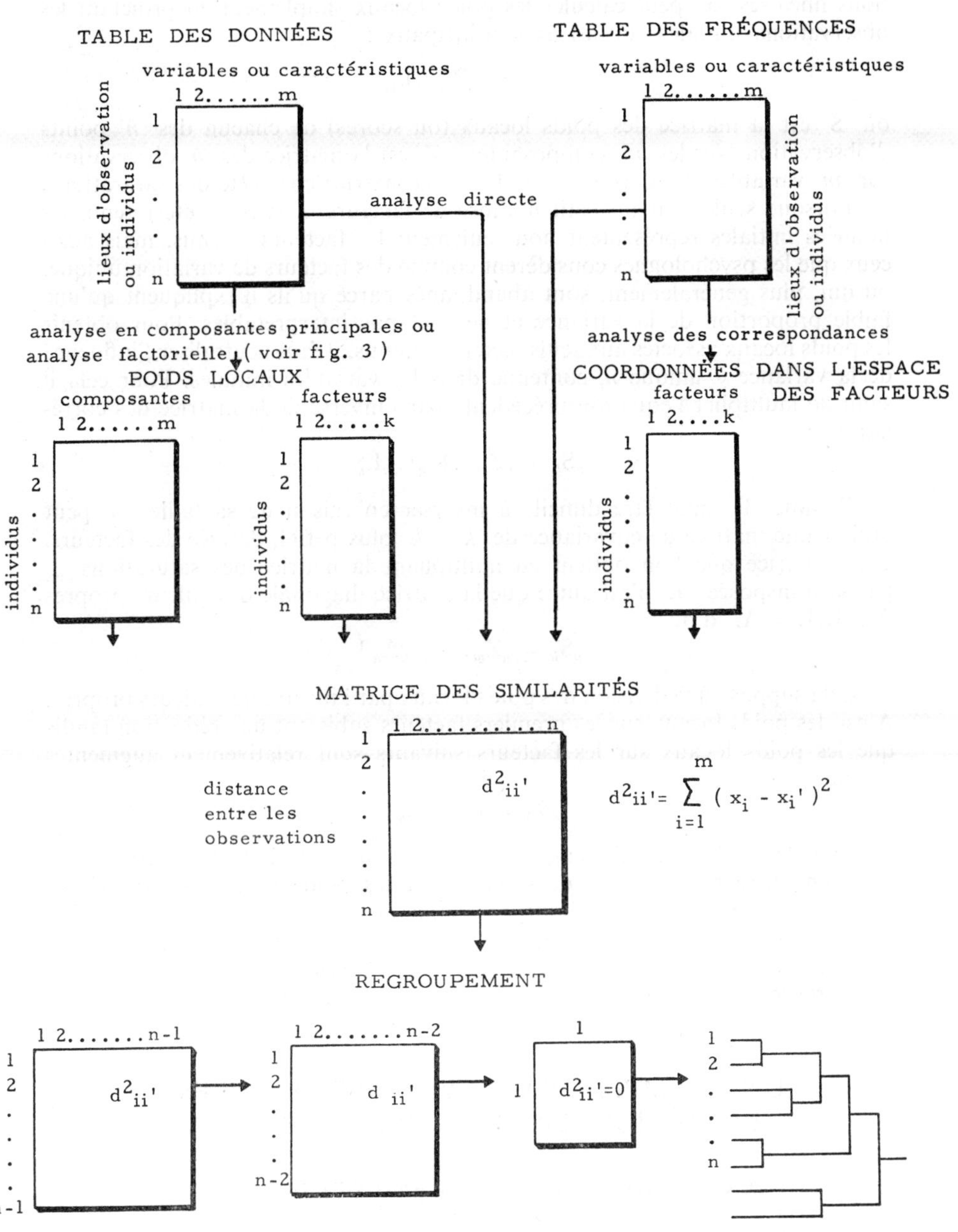

FIG. 4. — *Les étapes de l'analyse taxinomique.*

facteurs communs. Puisque les composantes principales sont des transformations linéaires, on peut calculer les poids locaux simplement en projetant les observations initiales sur les axes principaux :

$$ {}_nS_m = {}_nZ_m \cdot {}_mL_m $$

où S est la matrice des poids locaux (ou scores) de chacun des n points d'observations sur les m composantes; Z est la matrice des n observations sur m variables standardisées, et L est la matrice complète des saturations.

Lorsque seulement un petit nombre de facteurs $k < m$ a été retenu, les données initiales représentent non seulement les facteurs retenus, mais aussi ceux que les psychologues considèrent comme des facteurs de variation unique, ou qui, plus généralement, sont abandonnés parce qu'ils n'expliquent qu'une faible proportion de la variance et ne sont pas interprétables. Pour obtenir les poids locaux associés aux seuls facteurs retenus, il faut neutraliser l'influence de la variance « unique », contenue dans les variables initiales. Pour cela il suffit de multiplier l'équation précédente par l'inverse de la matrice des corrélations :

$$ {}_nS_k = {}_nZ_m \cdot {}_mR_m^{-1} \cdot {}_mL_k $$

Comme R peut être difficile à inverser en raison de sa taille, on peut utiliser une matrice de covariance de $k \times k$ plus petite, dérivée des facteurs. Cette matrice que l'on obtient en multipliant la matrice des saturations L par sa transposée ${}^tL$ n'est autre que la matrice diagonale des valeurs propres Λ : ${}^tL . L = \Lambda$, d'où

$$ {}_nS_k = {}_nZ_m \cdot {}_mL_k \cdot {}_k\Lambda_k^{-1} $$

Cela suppose une division des poids locaux par l'inverse des valeurs propres. Ainsi, les poids locaux sur les premiers facteurs subissent une réduction tandis que les poids locaux sur les facteurs suivants sont relativement augmentés puisque

$$ \lambda_1 > \lambda_{p'} > \lambda_k $$

Dans les deux cas, qu'il s'agisse de composantes ou de facteurs communs, il est en outre recommandé de standardiser les poids locaux (Berry, 1961), pour permettre leur comparabilité en éliminant des pondérations non délibérément voulues. Ainsi, un poids local de valeur zéro indique une intensité moyenne du phénomène représenté par la composante ou par le facteur, et $\pm$ 1, représente un écart type au-dessus ou en dessous de cette moyenne.

UN EXEMPLE D'ANALYSE DES DONNÉES : LA RÉGIONALISATION DU VENEZUELA

L'ORGANISATION DU TABLEAU DES DONNÉES

La matrice des données est composée de n observations pour lesquelles on mesure m variables. Le choix des données à introduire dans l'analyse est sans doute l'étape la plus importante. Puisque les facteurs produits par l'analyse représentent la structure des données, leur validité en tant que critères de différenciation dans une étude de classification ou de régionalisation dépend essentiellement du choix de ces données.

La table I montre les 37 variables choisies pour effectuer une régionalisation du Venezuela à partir des 157 points d'observation, ou districts. Le but est de rassembler le plus d'informations possibles sur les thèmes à priori considérés par le chercheur comme importants dans l'élaboration de régions homogènes. Cependant, certains thèmes jugés essentiels peuvent être mal ou pas du tout représentés dans les statistiques disponibles. Ici, les variables démographiques au nombre de 16 sont largement représentées; l'agriculture également. Les conditions physiques, et surtout l'industrie et l'exploitation minière pour lesquelles peu de données étaient disponibles, sont en comparaison sous-représentées. On verra plus loin les conséquences de ce déséquilibre. Lorsque cela est nécessaire, pour assurer leur linéarité et leur normalité, certaines variables sont mesurées en logarithmes. Dans notre exemple, une transformation logarithmique a été effectuée sur les mesures de population totale, à différentes époques, pour tenir compte de leur progression géométrique. La table I n'offre comme exemple, que la première colonne de la matrice des données (mesure des variables sur le District de Caracas). En fait, la matrice des données complète comprend une ligne de 37 variables pour chacun des 157 districts du Venezuela, soit 157 $\times$ 37 $=$ 5 809 chiffres.

L'EXAMEN DU TABLEAU DES CORRÉLATIONS

L'examen des corrélations joue un rôle important dans la sélection des données. Il peut conduire à la suppression de certaines variables soit parce qu'elles sont trop redondantes et font double emploi avec d'autres variables qui suffisent à bien représenter le phénomène étudié, soit au contraire parce qu'elles ne sont pas du tout corrélées avec aucune des autres variables et risquent d'introduire un bruit de fond qui brouille la clarté d'autres relations. Dans notre exemple, après un remaniement des données, une seconde matrice de corrélations est calculée (table II). On remarque de fortes corrélations entre les variables démographiques mesurées à travers les cinq dates de recensement allant de 1891 à 1961, avec les plus forts coefficients pour les corrélations entre les mesures de 1936 et celles de 1941. Aussi, il est intéressant de voir que la densité démographique en 1891 est encore très fortement liée à la densité démographique mesurée en 1936, mais que cette relation commence à s'affaiblir nettement entre 1936 et 1941 pour décliner ensuite rapidement jusqu'en 1961 (fig. 5).

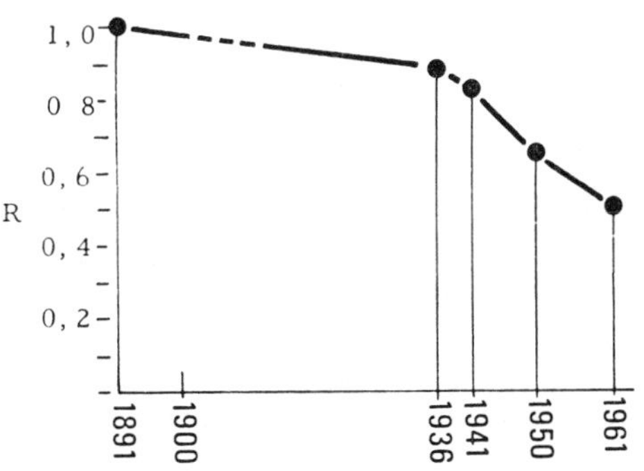

FIG. 5. — *Évolution de la densité démographique à travers le temps: autocorrélation.*

TABLE I. — DESCRIPTION DES VARIABLES.

DESCRIPTION DES VARIABLES	NUMERO D'ORDRE	DONNEES BRUTES (District de Caracas)
DENSITE DE POPULATION : (habitants par km^2)		
En 1891	1	58.70000
En 1936	2	146.80000
En 1941	3	196.90000
En 1950	4	367.70000
En 1961	5	651.60000
POPULATION TOTALE : (logarithmes)		
En 1891	6	5.05386
En 1936	7	5.45243
En 1941	8	5.57990
En 1950	9	5.85102
En 1961	10	6.09951
MIGRATIONS : (taux)		
De 1936 à 1941	11	0.03970
De 1941 à 1950	12	0.05250
De 1950 à 1961	13	0.02680
POPULATION RURALE : (taux)		
En 1936	14	0.08863
En 1950	15	0.07111
En 1961	16	0.03269
PRECIPITATIONS : (en cm)	17	10.00000
RELIEF (en dizaine de mètres)	18	80.00000
INDUSTRIE : (en % de la main-d'oeuvre industrielle nationale)	19	20.00000
MINES : (en % des travailleurs miniers venezueliens)	20	0.0

Brièvement, cela indique qu'il y a eu davantage de changements dans la répartition de la population au cours des vingt dernières années qu'au cours des cinquante années précédentes.

Exercice 4 : Il existe une forte corrélation entre la densité de population en 1961 et la proportion de main-d'œuvre industrielle à la même époque, et plus on s'éloigne dans le temps plus cette corrélation s'affaiblit. Rapprocher ce phénomène des faits exposés.

Exercice 5 : Commenter la forte association positive entre la variable 33, — tête de bétail par habitant — et la variable 35, — taille moyenne de l'exploitation.

TABLE I *(suite)*.

INTERPRETATION DES VARIABLES	NUMERO D'ORDRE	Mesures sur le District de Caracas
RECOLTES : (rapports de surfaces)		
Café (/surface cultivée totale)	21	0.1253850
Maïs (/surface cultivée totale)	22	0.0066450
Riz (/surface cultivée totale)	23	0.0
Bananes (/surface cultivée totale) ..	24	0.0030010
TENURE DE LA TERRE : (rapports sur la surface totale cultivée)		
Exploitée par les propriétaires	25	0.8946160
Louée en fermage	26	0.0337210
Louée en métayage	27	0.0122520
Occupée illégalement	28	0.0533100
TYPES DE CULTURES : (rapports de surfaces)		
Cultures permanentes et annuelles/ surface totale	29	0.2054250
Cultures permanentes/cultures annuelles	30	4.5765400
Prairies artificielles/prairies naturelles	31	0.0463621
Prairies naturelles et artificielles/ surface cultivée totale	32	0.1019700
ELEVAGE : (tête de bétail par habitant en 1961)	33	0.001400
Cacao (rapport sur la surface totale)	34	0.0001150
Taille moyenne de l'exploitation	35	23.4790000

Lorsque l'on passe à l'examen des corrélations négatives, il semble normal de trouver une assez forte corrélation inverse entre la densité de population et la proportion de population rurale aux mêmes dates. Cela indique une opposition entre les districts de forte densité (urbains sans doute), d'une part, et les districts ruraux d'autre part. Cependant, il est assez surprenant de constater que cette opposition qui s'accentue jusqu'en 1950 devient plus faible en 1961. Cela nous permet de proposer deux hypothèses, que bien entendu il est recommandé de vérifier.

TABLE II. — TABLE DES CORRÉLATIONS ENTRE LES VARIABLES MESURÉES SUR LES DISTRICTS DU VENEZUELA.

	1	2	3	4	5	6	7	8	9	10	11	12
2	0.89											
3	0.83	0.98										
4	0.66	0.85	0.92									
5	0.52	0.69	0.79	0.95								
6	0.19	0.08	0.09	0.07	0.08							
7	0.15	0.31	0.35	0.35	0.32	0.49						
8	0.10	0.27	0.33	0.36	0.34	0.48	0.97					
9	0.07	0.25	0.32	0.41	0.43	0.42	0.91	0.96				
10	0.03	0.20	0.28	0.41	0.47	0.39	0.81	0.87	0.95			
11	−0.16	−0.11	−0.03	0.09	0.15	−0.20	0.00	0.14	0.27	0.31		
12	−0.01	0.04	0.11	0.33	0.46	−0.13	−0.02	0.03	0.26	0.44	0.46	
13	−0.02	−0.03	−0.00	0.13	0.28	−0.01	−0.18	−0.15	−0.00	0.26	0.11	0.65
14	−0.31	−0.34	−0.35	−0.37	−0.34	0.04	−0.32	−0.21	−0.24	−0.26	−0.11	−0.23
15	−0.44	−0.49	−0.49	−0.50	−0.47	−0.07	−0.42	−0.40	−0.41	−0.42	−0.02	−0.20
16	−0.41	−0.44	−0.45	−0.46	−0.43	−0.12	−0.48	−0.50	−0.53	−0.47	−0.12	−0.23
17	−0.34	−0.32	−0.30	−0.24	−0.18	−0.18	−0.13	−0.10	−0.07	−0.04	0.15	0.05
18	0.03	0.05	0.07	0.05	0.05	0.09	0.24	0.22	0.17	0.11	−0.09	−0.08
19	0.29	0.38	0.47	0.64	0.73	0.26	0.38	0.40	0.47	0.54	0.11	0.33
20	−0.11	−0.07	−0.07	−0.04	−0.02	−0.17	0.09	0.11	0.17	0.21	0.21	0.16
21	0.17	0.22	0.26	0.25	0.23	0.13	0.28	0.28	0.24	0.19	−0.00	−0.04
22	0.19	0.15	0.16	0.14	0.09	−0.08	−0.09	−0.07	−0.03	−0.00	0.04	0.21
23	−0.03	−0.11	−0.11	−0.07	−0.04	0.00	−0.17	−0.16	−0.09	−0.02	0.02	0.28
24	−0.14	−0.07	−0.07	−0.06	−0.05	−0.11	0.10	0.11	0.09	0.12	0.05	−0.05
25	0.03	−0.06	−0.08	−0.09	−0.06	0.25	0.03	0.00	−0.04	−0.07	−0.11	−0.20
26	0.03	0.01	0.03	0.04	0.05	−0.02	−0.14	−0.12	−0.08	−0.00	0.06	0.19
27	0.34	0.34	0.32	0.19	0.08	−0.01	0.08	0.06	0.00	−0.06	−0.11	−0.13
28	−0.19	−0.04	−0.01	0.03	0.02	−0.27	0.03	0.07	0.11	0.13	0.16	0.13
29	0.21	0.28	0.32	0.29	0.23	−0.09	0.16	0.17	0.17	0.14	0.06	0.10
30	0.14	0.24	0.28	0.33	0.39	0.08	0.33	0.33	0.30	0.29	0.02	0.01
31	−0.14	−0.09	−0.08	−0.05	−0.04	−0.03	0.15	0.17	0.17	0.17	0.10	−0.04
32	−0.39	−0.47	−0.48	−0.45	−0.39	−0.04	−0.24	−0.23	−0.22	−0.19	0.08	−0.08
33	−0.30	−0.31	−0.32	−0.28	−0.23	−0.18	−0.23	−0.23	−0.21	−0.20	0.00	−0.05
34	−0.05	0.02	0.02	0.01	0.00	−0.04	0.11	0.10	0.07	0.05	−0.03	−0.07
35	−0.26	−0.29	−0.29	−0.24	−0.19	−0.09	−0.18	−0.18	−0.15	−0.12	0.00	−0.00

TABLE II (suite). — CORRÉLATIONS ENTRE LES VARIABLES.

	13	14	15	16	17	18	19	20	21	22	23	24
14	−0.09											
15	−0.08	0.55										
16	0.17	0.41	0.79									
17	0.06	0.09	0.32	0.30								
18	−0.08	0.08	0.11	0.05	−0.10							
19	0.31	−0.30	−0.39	−0.35	−0.12	0.04						
20	0.15	−0.12	−0.12	−0.12	0.00	−0.08	0.08					
21	−0.07	−0.02	−0.06	−0.07	0.04	0.31	0.14	−0.08				
22	0.13	−0.07	−0.04	−0.04	−0.03	−0.05	−0.05	−0.03	0.11			
23	0.18	0.02	0.13	0.06	0.15	−0.06	−0.07	−0.03	−0.05	0.59		
24	0.08	−0.04	−0.03	0.10	0.19	0.15	−0.06	−0.02	−0.00	0.01	0.01	
25	−0.16	0.06	−0.04	−0.12	−0.13	−0.12	0.09	0.00	−0.25	−0.57	−0.32	−0.22
26	0.31	−0.03	0.11	0.26	0.06	0.09	0.03	−0.07	0.12	0.26	0.33	0.09
27	−0.14	−0.03	−0.00	−0.02	−0.18	0.43	−0.08	−0.05	0.07	0.14	−0.07	0.08
28	0.02	−0.03	0.01	0.04	0.21	−0.04	−0.08	0.04	0.27	0.30	0.10	0.14
29	−0.00	−0.13	−0.14	−0.14	−0.06	0.24	0.02	−0.11	0.54	0.61	0.25	0.14
30	0.03	−0.12	−0.23	−0.17	0.07	0.12	0.37	−0.08	0.50	−0.18	−0.12	0.26
31	−0.02	−0.05	−0.09	0.00	0.06	−0.02	0.06	0.10	−0.06	−0.05	−0.03	0.46
32	−0.02	0.16	0.31	0.26	0.32	−0.18	−0.18	0.09	−0.35	−0.46	−0.15	−0.04
33	−0.07	0.16	0.40	0.29	0.50	−0.21	−0.14	−0.05	−0.24	−0.27	−0.07	−0.05
34	−0.05	−0.03	−0.02	0.00	0.10	−0.10	−0.03	−0.03	−0.02	0.06	−0.01	0.09
35	0.01	0.07	0.24	0.15	0.41	−0.23	−0.08	0.01	−0.23	−0.29	−0.07	−0.13

	25	26	27	28	29	30	31	32	33	34
26	−0.48									
27	−0.17	0.02								
28	−0.80	0.05	−0.14							
29	−0.62	−0.24	0.25	0.43						
30	0.00	−0.04	−0.00	0.07	0.36					
31	−0.10	0.10	−0.04	0.10	−0.06	−0.00				
32	0.41	−0.17	−0.25	−0.25	−0.73	−0.36	0.03			
33	0.16	−0.14	−0.15	−0.03	−0.42	−0.20	−0.01	0.60		
34	−0.08	−0.08	0.01	0.15	0.33	0.37	−0.06	−0.24	−0.10	
35	0.22	−0.16	−0.17	−0.09	−0.43	−0.20	−0.06	0.58	0.87	−0.10

1) Certains districts à forte proportion de population rurale ont à nouveau une densité plus forte, effet de la descente des paysans des Andes dans les districts ruraux des piémonts qui eut lieu durant cette période.

2) Certains districts qui ne sont plus considérés comme ruraux en raison de la migration à l'intérieur du même district des paysans vers les villes, n'ont cependant pas vu leur densité générale s'accroître.

Exercice 6 : Proposer une explication pour la forte corrélation inverse qui lie la variable 25 — terres exploitées par les propriétaires — et la variable 28 — terres illégalement occupées. Cela ne vous suggère-t-il pas qu'un coefficient de corrélation peut être utilisé comme un indice de discrimination régionale ?

A l'inverse, on peut observer que la variable 28 — terres illégalement occupées — varie d'un district à l'autre presqu'indépendamment de la tenure en fermage ou en métayage comme en témoignent des coefficients de corrélation voisins de zéro, entre les variables 26, 27 et 28. (Il ne s'agit pas d'indépendance en probabilité, mais de non-corrélation linéaire.) Il est possible qu'une certaine dépendance non-linéaire existe entre ces variables. La proportion de population rurale varie indépendamment de la plupart des variables agricoles sur les types de culture ou sur la tenure de la terre. Cela vient sans doute de la construction même de la variable de population rurale qui, en tant que taux de rapport à la population totale est très sensible à la présence ou à l'absence de villes dans un même district. Si nous avions voulu examiner les relations entre la population rurale et les diverses variables agricoles, il eut fallu employer un autre indice comme la population totale du district ou mieux, la densité de population rurale pour tenir compte du fait que les districts sont de taille différente.

Exercice 7 : Seule la variable 33 — indice d'élevage — a une corrélation notable (0,29) quoique qu'encore très faible puisqu'elle n'explique qu'environ 9 % de la variance, avec la variable 16 — proportion de population rurale —. Pouvez-vous relier ce phénomène au modèle de Von Thünen liant le type d'exploitation de la terre à la distance des villes, marchés de consommation. Pouvez-vous en conclure de quel type d'élevage il s'agit ?

En résumé la matrice des coefficients de corrélation est une précieuse source d'information dont on recommande de ne pas négliger l'examen avant de poursuivre l'analyse.

LES COMPOSANTES PRINCIPALES

Les composantes sont extraites dans l'ordre de leur capacité à rendre compte de la variance entre les 35 variables, mesurées à l'origine sur chacun des 157 districts du Venezuela. Plus l'intercorrélation est grande entre les variables, moins il faut d'axes pour expliquer une grande proportion de la variance.

Dans le cas présent, quatre composantes expliquent 53,23 % de la variance qui existe parmi les 35 caractéristiques de départ. La première rend compte à elle seule de 23,75 %. Les niveaux d'explication apportés par la deuxième, la troisième et la quatrième composante tombent respectivement à 11,57 %, 9,67 % et 8,23 %. A partir de la cinquième composante, les contributions de chaque composante à l'explication sont de plus en plus négligeables. C'est pour cette raison que, de manière générale, les chercheurs s'attachent surtout à examiner les premières composantes. Un point de rupture commode pour

TABLE III. — POURCENTAGE DE LA VARIANCE EXPLIQUÉE PAR LES COMPOSANTES PRINCIPALES.

Numéro d'ordre des composantes	1	2	3	4	5	6	...	32	33	34	35
Valeur propre	8,31	4,05	3,38	2,88	1,89	1,76	...	0,005	0,002	0,001	0,001
% de la variance expliquée	23,75	11,57	9,67	8,23	5,43	5,04	...	0,02	0,01	0,00	0,00
% cumulé	23,75	35,33	45,00	53,23	58,65	63,69	...	99,99	99,99	100	100

décider du nombre de composantes à retenir est de considérer seulement les composantes dont la valeur propre est supérieure à 1,0 car la quantité de variance dont ces composantes rendent compte est supérieure à celle contenue dans une variable au moins. Cependant, selon le type d'étude que l'on entreprend, selon son niveau de généralité, et surtout selon la représentativité des données disponibles, il est parfois recommandé de considérer aussi les composantes mineures comme on le verra plus tard au cours de cette analyse.

TABLE IV. — SATURATIONS DES VARIABLES SUR LES CINQ PREMIÈRES COMPOSANTES.

Variables	Composante 1	Composante 2	Composante 3	Composante 4	Composante 5
1	0.61	0.09	-0.61	-0.15	0.05
2	0.76	0.07	-0.49	-0.13	0.19
3	0.81	0.07	-0.40	-0.16	0.22
4	0.83	0.01	-0.21	-0.32	0.25
5	0.79	-0.03	-0.07	-0.40	0.25
6	0.27	-0.36	-0.02	0.31	-0.23
7	0.68	-0.42	0.29	0.40	-0.04
8	0.68	-0.41	0.38	0.37	-0.04
9	0.70	-0.39	0.49	0.18	-0.07
10	0.68	-0.35	0.57	0.00	-0.10
11	0.10	-0.02	0.47	-0.32	-0.01
12	0.28	0.09	0.41	-0.68	-0.11
13	0.08	0.15	0.29	-0.59	-0.09
14	-0.46	0.07	-0.01	0.27	0.04
15	-0.67	0.19	0.07	0.17	0.21
16	-0.65	0.29	0.05	0.09	0.21
17	-0.34	0.02	0.44	-0.09	0.52
18	0.18	0.11	-0.00	0.45	0.04
19	0.62	-0.28	0.08	-0.32	0.12
20	0.03	-0.16	0.27	-0.18	-0.25
21	0.39	0.24	0.10	0.34	0.35
22	0.20	0.70	0.08	-0.12	-0.25
23	-0.05	0.47	0.21	-0.22	-0.27
24	0.03	0.14	0.35	0.23	0.11
25	-0.17	-0.76	-0.40	-0.01	-0.08
26	0.04	0.49	0.17	-0.16	-0.08
27	0.22	0.23	-0.34	0.26	0.05
28	0.09	0.47	0.49	0.05	0.22
29	0.47	0.69	0.15	0.24	0.11
30	0.46	-0.00	0.13	0.23	0.48
31	0.02	-0.07	0.34	0.11	-0.10
32	-0.62	-0.53	0.08	-0.19	0.07
33	-0.54	-0.32	0.11	-0.23	0.52
34	0.10	0.14	0.11	0.23	0.23
35	-0.46	-0.40	0.10	-0.30	0.43

Une des plus grandes difficultés de l'analyse en composantes principales est d'identifier les composantes produites, c'est-à-dire de les interpréter à la lumière des données initiales. Le degré de corrélation entre les variables et les composantes principales, ou saturation, sert de point de départ à l'identification de ces nouvelles bases. Ainsi, une saturation de 0,50 et plus en valeur absolue signifie qu'au moins 25 % de la variance d'une variable donnée est expliquée par la composante. Donc en général, on accorde peu d'attention aux variables dont les saturations sont inférieures à 0,50, considérant qu'elles ne contribuent que fort peu à la nature de la composante. Cependant les variables de saturation modérée (entre 0,30 et 0,50) ne doivent pas être complètement négligées car elles peuvent encore servir à confirmer la définition des composantes.

Dans notre exemple (table IV), les variables les plus fortement corrélées avec la première composante sont la densité démographique pour les années 1936, 1941, 1950 et 1961, le logarithme de la population aux mêmes dates, la main-d'œuvre industrielle en 1961. Des variables encore fortement corrélées, mais avec un signe négatif, représentent la direction opposée de l'axe formé par la première composante. Ce sont la population rurale en 1950 et en 1961, et l'élevage. Cette première composante oppose les districts densément peuplés, de population urbaine et industrielle, aux districts qui comprennent une forte proportion de population rurale et qui se consacrent surtout à l'élevage. Cependant, il ne s'agit pas d'une pure opposition urbain-rural. En effet, du côté positif, se trouvent les variables 29 et 30, — cultures permanentes et cultures annuelles — et à l'opposé, la variable 35 — taille de l'exploitation. Cela suggère que les districts de forte densité, principalement urbains, peuvent inclure aussi une population rurale importante, quoique relativement moins forte, qui s'occupe de cultures permanentes et annuelles, alors que dans les districts peu densément peuplés c'est l'élevage extensif lié à la grande exploitation qui domine.

La seconde composante présente de fortes corrélations positives avec la culture du maïs et les cultures permanentes et annuelles d'une part, et d'autre part de fortes corrélations négatives avec les propriétaires exploitants et les prairies naturelles et artificielles. Dans cette seconde composante, orthogonale, à la première, ce sont, indépendamment de la densité, les types de cultures et les types de tenure qui servent à départager les districts. Cela est confirmé par des saturations plus faibles mais encore notables qui associent d'une part la variable 28 — terres illégalement occupées — aux terres cultivées en général et à la culture du maïs en particulier, et d'autre part la variable 33 — élevage — aux prairies et aux propriétaires exploitants. Le fait que l'élevage et les cultures permanentes et annuelles contribuent aussi de façon inverse à la définition de la première composante ne veut pas dire que ces deux composantes corrélées avec des variables communes devraient être corrélées entre elles. On voit comment la variable « cultures permanentes et annuelles » par exemple peut se décomposer en deux constituants non corrélés : l'un qui est surtout fonction de la densité du district charge sur la première composante; l'autre qui est fonction du type de tenure et du type de culture charge sur la seconde composante. On comprendra encore mieux ce phénomène si l'on examine la construction même de la variable 29 — cultures permanentes et annuelles — et celle de la variable 30 — rapport des cultures permanentes sur les cultures annuelles — et si l'on compare le comportement de ces variables vis-à-vis des composantes. Alors que la variable 30 a la même corrélation positive moyenne que la variable 29 avec la première composante, elle n'est corrélée avec la seconde composante que de façon insignifiante et d'ailleurs inverse. La portion de la variable 29 qui contribue à la définition de la première composante est formée essentiellement des cultures permanentes, alors que la portion de la même variable qui charge sur la seconde composante est plutôt formée des cultures annuelles, comme en témoigne la forte contribution de la variable maïs à la définition de cette composante.

Cette interprétation est rendue facile ici par la construction même de la variable 29. Mais des variables apparemment monolithiques comme la surface cultivée en maïs ou la surface cultivée en café, etc... peuvent encore être décomposées selon leur plus ou moins grande association directe ou inverse avec la densité de population, la tenure de la terre, etc... Plus le nombre de variables est grand, plus il existe un grand nombre de combinaisons possibles qu'il devient très vite impossible de manipuler. Le rôle de l'analyse en composantes principales est justement de classer en ordre décroissant les combinaisons les plus importantes formées des variables qui varient le plus étroitement ensemble, et de les isoler en concepts distincts, non corrélés, supprimant la redondance présente dans les variables initiales.

Exercice 8 : Connaissant le Venezuela, il devrait être possible de distinguer dans la variable 33 — indice d'élevage —, au moins deux constituants: l'un associé à l'élevage laitier intensif, près des villes, l'autre associé à l'élevage extensif pour la viande, loin des villes. Si la variable 33 comprend réellement en elle cette distinction, quelle devrait être sa saturation:

a) sur la première composante?

b) sur la seconde composante?

Dans notre étude cette distinction n'apparaît pas.

c) Pouvez-vous en donner la raison la plus probable?

Réponse :

a) La saturation devrait être proche de zéro parce que la variable 33 devrait charger à la fois positivement (effet de la portion élevage laitier) et négativement (effet de la portion élevage extensif) sur la première composante, un effet annulant l'autre.

b) Sur la seconde composante la saturation de la variable 33 devrait être négative puisque cette variable dépend ici des types de cultures (prairies naturelles et artificielles opposées aux cultures permanentes et annuelles) et non plus de la densité de population.

c) Par construction — tête de bétail par habitant — la variable 33 inclut la densité de population. Ainsi, l'aspect laitier n'apparaît pas, car près des villes, là où on s'attend à le trouver, la variable prend une valeur relativement faible. Seul donc apparaît l'élevage extensif qui par définition présente un nombre élevé de têtes de bétail par rapport au nombre d'habitants.

Il faut accorder la plus soigneuse attention au choix des données initiales, aux effets qu'elles transmettent tout au long de l'analyse, et finalement à leur prise en compte dans le commentaire des résultats.

La troisième et la quatrième composante représentent le même phénomène dynamique, mais d'un point de vue opposé. On observe en effet sur la troisième composante de fortes saturations positives pour des variables telles que la population en 1961, les terres occupées, et, dans une moindre mesure, les précipitations. Inversement, la densité de population en 1891 et les terres exploitées par les propriétaires présentent des saturations négatives. Cette nouvelle combinaison de variables suggère que la troisième dimension représente le phénomène dynamique du mouvement de la population vers les plaines humides, entraînant une nouvelle répartition de la population opposée à celle de la fin du XIXe siècle. Ce mouvement s'accompagne en plus de l'occupation par les paysans affamés de terres d'exploitations, non cultivées par leurs propriétaires.

Curieusement, la quatrième composante oppose la population en 1936 et les régions de fort relief du côté positif de l'axe, aux migrations entre 1941 et 1961, et à la densité de population en 1961. Si l'on inverse les signes (ce qui n'altère en rien les résultats) cette composante représente presque exactement le même phénomène que la précédente. Cependant, puisque ces deux composantes sont non corrélées, elles devraient représenter des phénomènes complémentaires et non pas identiques. Nous sommes ici en face de la plus grande difficulté des modèles factoriels : l'interprétation des facteurs ou des composantes. En effet, il serait trop simple de pouvoir dire que tous les districts montagnards, fortement peuplés en 1936 et en 1941 se sont vidés au profit de tous les districts des plaines humides qui en conséquence apparaissent relativement plus peuplées en 1961. Il est plus réaliste de penser que ce phénomène dynamique ne touche au « départ » comme à « l'arrivée » qu'une partie des districts ayant cette combinaison de variables. C'est sans doute pourquoi, la relation « départ-arrivée » a dû être représentée par deux composantes complémentaires. Nous sommes ici à la limite de l'interprétabilité. D'ailleurs les composantes suivantes qui n'expliquent plus qu'une proportion infime de la variance présentent des combinaisons de variables de plus en plus impénétrables.

Cependant, certaines composantes font ressortir quelques variables isolées remarquables par leur manque d'association avec aucune autre variable : la composante 13, de valeur propre inférieure à 1, représente presqu'exclusivement la proportion de main-d'œuvre employée dans les mines (saturation = — 0,56). Cette variable n'apparaissait corrélée avec aucune autre dans la table de corrélation. Il est donc normal qu'elle forme presque à elle seule une composante distincte. Cela signifie-t-il que cet indice n'a pas sa place dans la régionalisation du Venezuela? Une telle conclusion serait trop hâtive. Les composantes ne révèlent que la structure des données. Elles ne nous informent sur la structure « réelle » du pays que dans la mesure où les données la reflètent. Les données initiales comprennent ici un grand nombre de caractéristiques démographiques et d'indices liés à l'agriculture, mais pour ce qui touche d'une part l'industrie et d'autre part les mines, elles ne fournissent qu'une information grossière. Il est probable que de fortes associations positives ou négatives qui s'annulent dans un indice recouvrant des aspects différents d'un même phénomène apparaissent lorsqu'on fournit un plus grand nombre d'indices plus détaillés, et suffisant à créer une composante non négligeable. Par exemple, il est probable que chacun des aspects de l'industrie minière (fer, pétrole, exploitations côtières, exploitations des Ilanos, etc...) pris séparément soit lié à certains phénomènes démographiques.

LES FACTEURS APRÈS ROTATION

Puisque généralement la rotation ne se fait que sur un petit nombre $k < m$ de facteurs, il est intéressant, à titre d'exercice, de voir l'effet de la rotation sur l'ensemble des m composantes issues des m variables initiales. Un des premiers effets de la rotation est de répartir à travers tous les facteurs [1] la variance qui avant la rotation était concentrée dans les premières composantes. Le premier facteur après rotation des 35 composantes ne rend plus compte que de 12,81 % de la variance (table V).

Avant la rotation le chiffre correspondant était de 23,75 (table III). Alors que quatre composantes suffisaient à rendre compte ensemble, de plus de 50 % de la variance des données, il faut huit facteurs après rotation pour atteindre la même proportion. De plus, avant la rotation les composantes sont classées dans l'ordre décroissant de leur capacité à expliquer la variance. On voit que cet ordre n'est pas nécessairement respecté après la rotation. Ici, les facteurs 2 et 3 expliquent respectivement 6,22 % et 13,95 % de la variance contre 11,57 % et 9,67 % de la variance expliquée par la deuxième et par la troisième composante avant la rotation.

La table VI permet d'examiner quelques-unes des saturations les plus remarquables. On retrouve regroupés dans le facteur I les quatre indices de population de 1936 à 1961 dont on avait remarqué la très forte association dans la table des corrélations. Le facteur 2 oppose essentiellement les terres cultivées par leurs propriétaires et les terres illégalement occupées. Dans le facteur 3 sont regroupées les densités de population de 1891 à 1961. Le facteur 4 a presque une colinéarité parfaite avec le vecteur qui représente la variable migration de 1950 à 1961, et se trouve associé dans une moindre mesure aux migrations de 1941 à 1950. Deux caractéristiques, le bétail et la taille de l'exploitation contribuent fortement au facteur 5. Parmi les facteurs suivants, une dizaine qui ont encore des valeurs propres supérieures à 1,0 sont chacun étroitement liés à une seule variable. Dans l'ordre de leur contribution à l'explication de la variance, ils correspondent respectivement aux indices suivants : la population rurale en 1950 et en 1961, le riz, le café, le cacao, les terres en fermage, les terres en métayage, les bananes, les mines, le relief, etc...

En résumé la rotation sur l'ensemble des 35 composantes de notre exemple ne nous apprend rien de plus sur la structure des données qu'un examen sérieux de la matrice des corrélations. C'est pourquoi lorsque $k < m$ axes suffisent à expliquer les données de façon satisfaisante, il est préférable d'éliminer les axes en surplus avant d'effectuer la rotation. Les k axes qui nous intéressent peuvent bouger plus librement et trouver une meilleure position dans l'espace des données s'ils ne sont pas contraints par le fait que $k - m$ axes non nécessaires doivent aussi être placés en respectant le critère de simple structure et leur orthogonalité. Les facteurs obtenus lorsque $k = 2$ subissent la rotation sans aucune contrainte. Les mêmes facteurs ne sont pas aussi libres de se déplacer lorsque $k = 3$ en raison de la contrainte que présente le troisième axe orthogonal; et, plus le nombre de facteurs augmente, plus les contraintes sont grandes.

---

1. En effectuant une rotation sur les composantes quel que soit leur nombre, on perd le caractère unique de la solution en composantes principales, car les axes qui résultent de la rotation ne correspondent plus aux axes principaux de l'ellipsoïde formé par les variables dans l'espace des observations. Ils peuvent prendre n'importe quelle position selon le procédé utilisé ou selon le nombre d'axes retenus. Pour cette raison on ne peut pas garder le terme spécifique de composantes et on désignera de préférence ces nouveaux axes par le terme plus vague de facteurs.

TABLE V. — POURCENTAGE DE LA VARIANCE EXPLIQUÉE PAR LES FACTEURS APRÈS ROTATION.

Numéro d'ordre des facteurs	1	2	3	4	5	6	7	8	9	10
Valeur propre	4,49	2,18	4,88	1,80	2,27	1,01	1,04	1,14	1,20	1,14
% de la variance expliquée	12,81	6,22	13,95	5,13	6,49	2,90	2,96	3,26	3,42	3,27
% cumulé	12,81	19,03	32,98	38,11	44,60	47,50	50,46	53,72	57,14	60,41

TABLE VI. — SATURATIONS DES VARIABLES SUR LES CINQ PREMIERS FACTEURS APRÈS ROTATION.

Variables	Facteur 1	Facteur 2	Facteur 3	Facteur 4	Facteur 5
1	-0.05	-0.11	-0.83	0.04	-0.12
2	0.12	0.00	-0.94	0.05	-0.11
3	0.17	0.02	-0.95	0.02	-0.11
4	0.23	0.04	-0.88	-0.11	-0.07
5	0.24	0.02	-0.76	-0.26	-0.04
6	0.44	-0.21	-0.02	0.01	-0.08
7	0.92	-0.01	-0.15	0.14	-0.07
8	0.95	0.01	-0.14	0.11	-0.06
9	0.95	0.04	-0.14	-0.04	-0.04
10	0.90	0.05	-0.12	-0.29	-0.03
11	0.14	0.07	0.03	-0.10	0.00
12	0.13	0.10	-0.11	-0.68	0.02
13	-0.04	0.03	-0.03	-0.96	-0.01
14	-0.15	-0.02	0.25	0.06	0.02
15	-0.28	0.01	0.36	0.10	0.18
16	-0.38	0.06	0.32	-0.11	0.08
17	-0.03	0.11	0.20	-0.03	0.32
18	0.15	0.00	0.00	0.04	-0.13
19	0.33	-0.08	-0.40	-0.23	-0.00
20	0.12	0.00	0.07	-0.08	-0.01
21	0.17	0.18	-0.15	0.06	-0.12
22	0.07	0.30	-0.12	-0.07	-0.19
23	-0.08	0.10	0.07	-0.10	-0.04
24	0.07	0.10	0.08	-0.03	-0.06
25	0.00	-0.85	0.03	0.09	0.09
26	-0.08	0.12	-0.03	-0.16	-0.09
27	-0.01	-0.01	-0.23	0.09	-0.07
28	0.06	0.95	0.04	-0.00	-0.02
29	0.08	0.40	-0.18	0.02	-0.26
30	0.21	-0.00	-0.19	-0.02	-0.10
31	0.13	0.05	0.08	0.03	-0.02
32	-0.11	-0.25	0.35	0.00	0.42
33	-0.11	-0.03	0.17	0.05	0.89
34	0.06	0.08	0.01	0.03	-0.06
35	-0.07	-0.08	0.16	-0.03	0.93

TABLE VII. — POIDS LOCAUX SUR LES CINQ PREMIÈRES COMPOSANTES DE VINGT-CINQ DISTRICTS DU VENEZUELA.

Etats	Districts	Composantes				
		1	2	3	4	5
CARACAS	1	3.03	-0.28	-5.31	0.25	0.55
ANZOATEGUI	1	0.02	-0.29	0.52	0.35	0.06
	2	0.97	0.73	0.53	0.01	-0.41
	3	-0.39	0.31	0.51	0.90	-0.14
	4	-1.54	0.66	0.45	-0.56	-0.02
	5	0.25	0.74	0.32	-1.58	-0.30
	6	-0.46	0.03	0.73	0.92	-0.32
	7	-1.86	0.18	0.50	0.85	-0.53
	8	-0.44	-0.51	0.65	0.95	-0.08
	9	-0.50	-0.55	0.35	0.53	1.44
	10	-0.52	-0.41	0.51	1.10	-0.28
	11	0.25	-0.83	0.77	-1.69	-0.58
	12	-0.11	1.45	-2.87	-1.65	-0.21
APURE	1	0.12	0.43	0.18	0.42	4.13
	2	-0.18	-0.36	-0.17	0.18	9.30
	3	0.08	-0.15	0.34	-0.38	2.09
	4	1.38	0.55	0.75	0.07	1.13
ARAGUA	1	1.15	-0.58	-0.70	-1.53	-0.10
	2	-0.38	-0.20	0.51	-0.14	-0.19
	3	0.96	-0.72	-0.28	-0.36	-0.44
	4	-0.99	-0.65	-0.06	0.92	-0.41
	5	-1.54	-0.63	0.46	1.01	-0.32
	6	-1.20	-0.39	-1.78	-0.40	-0.22
	7	-1.17	-0.67	0.44	-0.65	0.30
	8	-0.03	-0.56	0.11	-0.14	-0.24

LES POIDS LOCAUX DES DISTRICTS VENEZUÉLIENS SUR LES COMPOSANTES

A partir de la table des poids locaux, on peut représenter graphiquement la position des districts par rapport aux composantes prises deux à deux. La figure 6 montre la position de quelques-uns des districts venezuéliens par rapport aux composantes 4 et 5.

Exercice 9 : Identifier les districts les plus représentatifs de ces deux composantes.

On peut aussi cartographier les poids locaux sur les composantes comme on le ferait des mesures sur de simples variables. Par exemple, la cartographie des poids locaux (fig. 7) sur la 4e composante fait ressortir l'opposition entre les zones dites de « départ » qui ont subi une forte migration entre 1941 et 1961, et les zones « d'arrivée » qui ont bénéficié de l'immigration. Les zones de départ ne forment pas une région continue. On peut distinguer deux types de migrations : d'une part celles des districts de montagne vers les districts des piémonts, et d'autre part, celles des districts du Bas-Orénoque vers les districts miniers des États Monagas (pétrole) et Bolivar (fer).

Un second exemple (fig. 8) oppose une région contiguë où se trouvent associés l'élevage extensif, la grande exploitation et de fortes précipitations, aux zones sèches qui pratiquent des cultures annuelles comme le maïs sur de petites exploitations. La localisation même des districts où se manifestent ces associations aide à mieux les comprendre. Cependant, peut-on dire que la cartographie des poids locaux sur les composantes ou les facteurs apporte davantage d'information que ne le ferait une cartographie combinée des

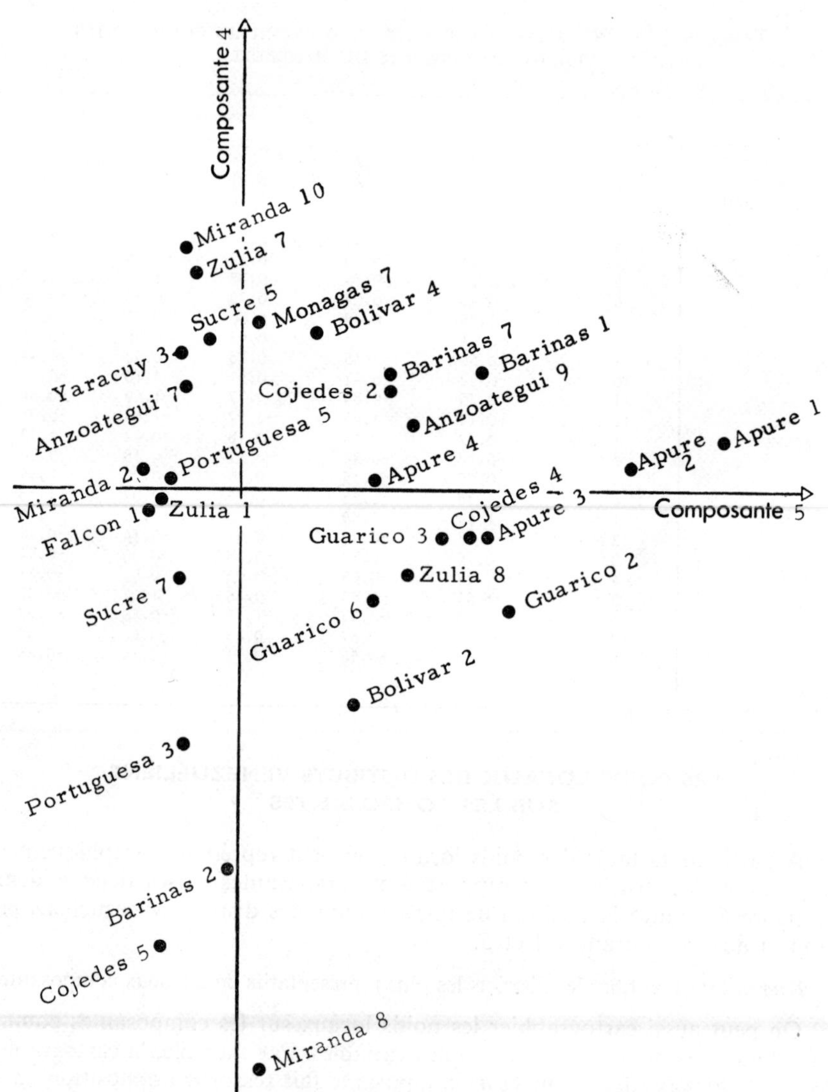

FIG. 6. — *Position de quelques districts vénézuéliens par rapport aux composantes 4 et 5.*

variables dont ils sont composés? La différence est sans doute très faible. Il reste que l'un des principaux avantages de l'analyse en composantes principales ou de l'analyse factorielle est d'identifier, parmi toutes les combinaisons possibles des variables choisies, celles qui sont les plus importantes et qui permettent la meilleure discrimination spatiale. En ce sens, ces méthodes peuvent être considérées en elles-mêmes comme des méthodes satisfaisantes de classification polythétique, où une combinaison de plusieurs critères est employée pour découper l'espace en zones homogènes. Cependant, on peut considérer aussi que chaque composante ou facteur représente un seul critère redéfini à partir de plusieurs critères initiaux de façon à être linéairement indépendant de chacun des autres. Les mesures ou poids locaux de ces nouveaux critères en chacun des points d'observation peuvent alors être introduites dans des algorithmes taxinomiques plus rigoureux qui conduisent de façon optimale à la formation de classes ou de régions intérieurement homogènes et hétérogènes entre elles.

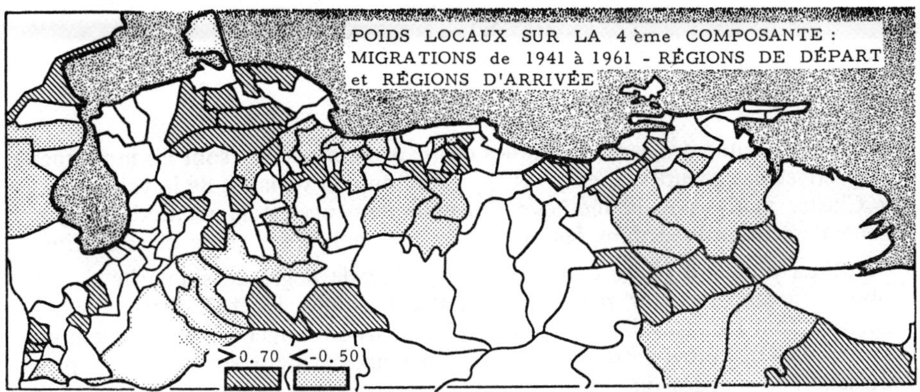

Fig. 7.

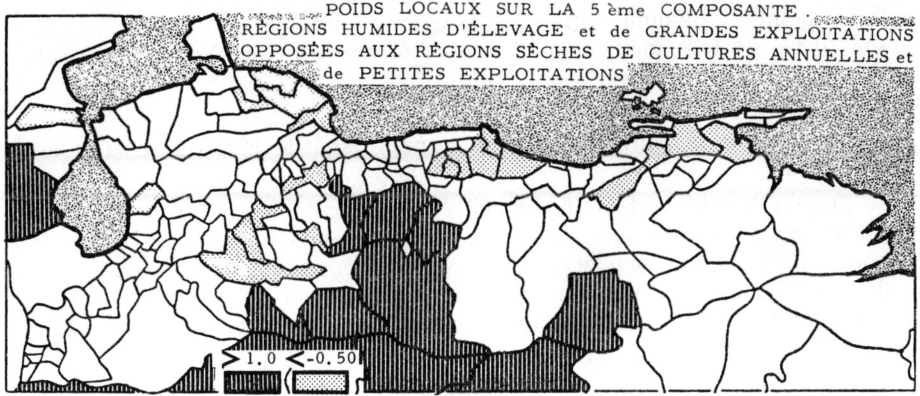

Fig. 8.

RÉGIONALISATION PAR LA MÉTHODE TAXINOMIQUE DES EMBOITEMENTS OU CLUSTER ANALYSIS

De manière générale, les techniques de classification regroupent les points d'observation d'après une mesure quelconque des ressemblances entre ces observations prises deux à deux. Cette mesure de ressemblance peut être le coefficient de corrélation r_{ij} ou bien la distance d_{ij} qui sépare deux observations i et j dans un espace euclidien à m dimensions et se définit comme :

$$d_{ij} = \frac{\sqrt{\sum_{k=1}^{m} (x_{ik} - x_{jk})^2}}{m} = \frac{1}{m}$$

où x_{ik} représente la $k$ième variable mesurée sur l'observation i et x_{jk} est la $k$ième variable sur l'observation j. En tout, m variables sont mesurées sur chacune des n observations. Lorsque des groupes d'observation sont en jeu, la distance entre les paires de groupes est définie par l'indice de distance généralisée de Mahalanobis qui s'écrit :

$$D_{ij}^2 = \frac{\sum_{k=1}^{m} (\bar{x}_{ik} - \bar{x}_{jk})^2}{s_k}$$

où pour chacune des caractéristiques de 1 à m, $\bar{x}_i$ et $\bar{x}_j$ sont les moyennes respectives des groupes i et j, et s_k représente la variance de la variable k. « Cluster analysis », la méthode des emboîtements est la méthode la plus généralement utilisée dans les études de régionalisation et de classification.

a) La première phase consiste à déterminer le degré de similarité des n observations prises par paire. Dans notre exemple, les 157 districts vénézuéliens sont localisés dans l'espace à 35 dimensions engendré par les composantes. Les distances entre les districts pris deux par deux sont calculées produisant une matrice de 157 par 157.

b) Au cours de la deuxième phase, des procédés de regroupement sont appliqués à la matrice des similarités. Le but est de réduire progressivement les n points en un nombre plus petit de groupes jusqu'à ce qu'un seul groupe soit formé de telle manière qu'à chaque étape, la perte d'information soit minimum.

Pour atteindre ce but, il faut :

1) identifier la paire d'observations pour laquelle la distance D^2 est minimum;

2) combiner les vecteurs lignes et les vecteurs colonnes de ces deux observations en un seul vecteur ligne et un seul vecteur colonne représentant le nouveau groupe. Les éléments de ce nouveau vecteur sont les distances au carré du centroïde du groupe à tous les autres points. La matrice de similarité est maintenant d'ordre $(n - 1) \times (n - 1)$ soit dans notre exemple 156×156.

3) répéter ce procédé pour aller de $n - 1$ à $n - 2$ groupes et ainsi de suite jusqu'à l'obtention d'un seul groupe contenant toutes les observations de départ.

Le résultat peut se représenter par un arbre de connections ou « dendrogramme » qui montre la hiérarchie entière des groupes d'observation.

Une telle classification n'assure pas forcément la réunion de zones contiguës, et produit des types régionaux plutôt que des régions au sens ou l'entendent généralement les géographes. L'introduction au cours de l'analyse précédente d'une contrainte de contiguïté permet d'obtenir de telles régions. Cela consiste par exemple à coder par le signe — toutes les distances entre les districts non contigus et à ne considérer lors du processus de groupement que les distances positives. Il suffit qu'un district soit contigu à un membre quelconque d'un groupe, avant que le groupe soit formé, pour qu'il soit considéré comme contigu à ce groupe entier.

Pour la clarté de l'illustration, nous n'avons représente qu'une partie de l'arbre de connections (fig. 9) (qui dans son entier compte seize niveaux d'agrégation) et la carte des régions correspondantes (fig. 10). Au plus haut niveau

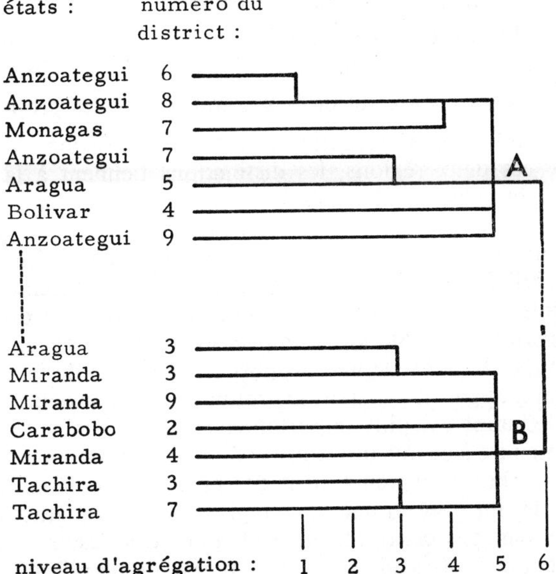

FIG. 9. — *Portion de l'arbre taxinomique des districts vénézuéliens.*

d'agrégation représenté ici, nous pouvons considérer, dans un premier temps, que l'ensemble des 14 districts forme une seule région. Or sur la carte ces districts n'apparaissent pas contigus. Que peuvent avoir de commun des districts du Tachira, du Miranda ou du Monagas, situés à des points du Venezuela

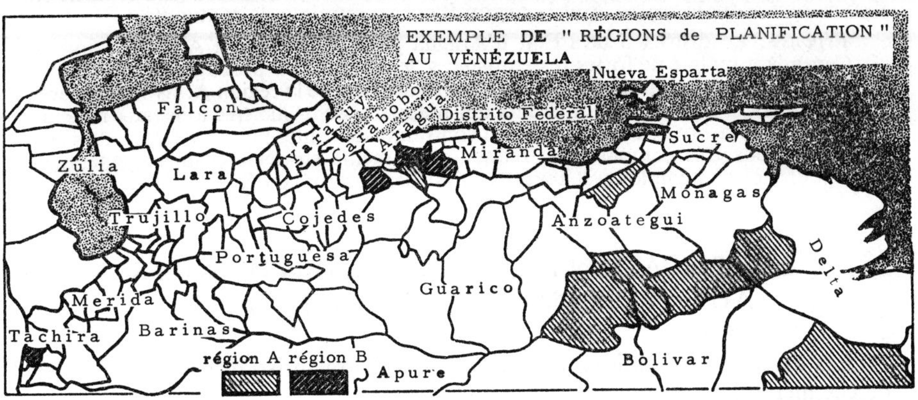

FIG. 10. — *Exemples de « Régions de planification » au Venezuela.*

aussi éloignés? L'examen de leurs poids locaux montre qu'ils ont un profil très semblable sur toutes les composantes, et, si l'on parle pour plus de clarté en termes des variables initiales, on remarque de nombreux points communs :

1) Tous ces districts ont une population de taille comparable, plus rurale qu'urbaine qui a décliné régulièrement depuis 1936;

2) les pluies y sont partout relativement abondantes, proches de la moyenne du pays;

3) l'industrie et les mines y sont absentes;

4) la culture du riz est inexistante, celle des bananes n'apparaît que dans une proportion insignifiante, alors que les prairies et l'élevage dominent;

5) le type de tenure est celui de l'exploitation par les propriétaires.

A un niveau inférieur d'agrégation (5), deux sous-régions A et B apparaissent. Entre ces deux régions, les distinctions tiennent à la taille et à la localisation des districts. Les districts du groupe B sont plus petits et ont une densité de population plus forte que ceux du groupe A; ils sont aussi plus proches des grandes ville venézueliennes et ont subi de ce fait de plus fortes migrations. Le relief aussi distingue le groupe A dont l'ensemble des districts se trouve à faible altitude (autour de 150 m) du groupe B dont les districts s'élèvent aux environs de 700 m. L'impact du relief sur les cultures est aussi notable; le groupe B possède une proportion moyenne de terres cultivées en café, culture qui n'apparaît pas dans le groupe A où par contre la proportion de bétail par habitant est plus importante.

On doit s'attendre à ce que des districts dont le comportement est semblable sur un grand nombre de facteurs aient des problèmes comparables. S'il n'est pas possible de les intégrer en une seule région au sens géographique du terme parce qu'ils ne sont pas contigus, on peut, pour des besoins d'aménagement les considérer comme une seule et même « région de planification » au niveau d'agrégation considéré.

Si l'on juge que la discontinuité est un obstacle et ne convient pas par exemple pour l'application de plans d'aménagement à des cadres administratifs pré-établis, il est possible d'introduire une contrainte de contiguïté avant d'effectuer les regroupements.

Exercice 10: En regardant simplement la carte, établir une nouvelle répartition des districts entre la région A et la région B sous contrainte de contiguïté.

Réponse: Le district 5 de l'État d'Aragua passe de la région A à la région B. Cependant malgré de fortes ressemblances, le district 7 de Monagas et le district 4 de Bolivar ne peuvent pas être joints aux autres districts de la région A. Ils sont séparés par des districts miniers très différents qui n'apparaissent que très loin (aux niveaux 10 et 14) dans l'arbre de connections. La contrainte de contiguïté risque donc de séparer des régions très comparables, requérant la même stratégie d'aménagement, et c'est pourquoi son emploi systématique n'est pas recommandé.

L'APPLICATION DE L'ANALYSE DES DONNÉES AUX PROBLÈMES DE L'ESPACE HABITÉ

Les diverses applications utilisent les trois caractéristiques fondamentales de ces méthodes factorielles :

— la transformation des variables en un ensemble unique (pour une métrique donnée) d'axes orthogonaux non-corrélés (analyse en composantes principales ACP);

— le remplacement des n variables par un nombre plus petit k de facteurs en perdant le moins possible d'information (méthodes factorielles proprement dites où les « communautés » sont inférieures à 1). Il en résulte une économie de temps et de moyens; on tient compte aussi, de cette façon, de toutes les variables importantes que l'on n'a pu inclure dans l'analyse;

— enfin, rotation des axes à une position plus commode.

TRANSFORMATION DES VARIABLES EN FACTEURS NON-CORRÉLÉS: LES TAXINOMIES

Le grand avantage est que la distance entre les observations (lieux, blocs de recensement, ...) peut être calculée en sommant les écarts le long de chaque axe. La distance généralisée de Mahalanobis se ramène alors à la distance euclidienne usuelle; la classification des observations (taxinomie) est simplifiée. L'ACP est ainsi l'étape préalable de toute classification.

Typologies urbaines : on a pu ainsi identifier des types urbains et classer les villes en groupes à peu près homogènes. La classification des villes britanniques par Moser est exemplaire (Moser et Scott, 1961), ainsi que les remarques et les études de Berry (Berry et Smith, 1972).

Régionalisation : Une ACP préalable permet de construire un arbre représentant des régions emboîtées de taille croissante et de moins en moins homogènes. A la différence des typologies urbaines, on ajoute d'ordinaire une contrainte de contiguïté de façon à obtenir des régions d'un seul tenant. Cela revient à introduire une relation binaire entre les objets classés, dont on n'a pas assez étudié les effets : cette relation, non-linéaire, consiste à imposer une forte auto-corrélation spatiale et s'oppose aux hypothèses fondamentales de l'analyse des données.

Une solution factorielle plus directe aux deux problèmes taxinomiques précédents semble, curieusement, avoir été négligée. La coutume est de prendre un chemin détourné : la matrice des données (*p* villes, par exemple, par *n* variables) produit une matrice des corrélations entre les variables (*n* par N) qui est analysée en composantes principales et sert à classer les villes. Il suffit cependant de transposer la matrice des données pour obtenir une table des corrélations entre les villes (*p* par *p*) dont l'analyse permettrait d'isoler directement des types urbains. Une difficulté est que les variables sont en général moins nombreuses que les lieux à classer (*n* inférieur à *p*), ce qui provoque un phénomène de colinéarité.

L'isolement d'un facteur original :

Des géographes ont utilisé un modèle « bi-factoriel » particulièrement intéressant (Jeffrey et al., 1969) pour isoler un facteur régional de distribution du chômage aux États-Unis. Ils font l'hypothèse que l'évolution du chômage observée en une région est l'effet de deux phénomènes indépendants : une évolution nationale, pour tous les États-Unis, et des composantes locales propres à chaque région. L'analyse sépare nettement un facteur commun (national) et un groupe de facteurs non-corrélés et propres, chacun, à une région : Chicago, Détroit, etc... La propriété d'indépendance statistique entre les facteurs est ici fondamentale.

LA CONCENTRATION DES DONNÉES: RÉDUCTION DU NOMBRE DES VARIABLES

De très nombreuses analyses factorielles semblent avoir pour but principal de condenser les données sur un petit nombre d'axes. L'APC s'y prête si le chercheur accepte d'abandonner les composantes dont les valeurs propres sont faibles. Mais l'analyse factorielle proprement dite, en estimant la corrélation des variables avec elles-mêmes inférieures à 1. (communautés introduites dans la diagonale de la matrice des corrélations) triomphe à ce genre d'exercice.

On sait malheureusement que l'estimation de ces communautés est en partie arbitraire, encore que les résultats des différentes méthodes proposées ne diffèrent pas beaucoup, d'ordinaire. Deux problèmes moins techniques, mais plus profonds se posent :

Comment identifier et interpréter ces facteurs synthétiques qui vont remremplacer un groupe de variables? L'approximation est d'autant plus dangereuse que ces facteurs sont non-corrélés dans de nombreuses études américaines : le « niveau social » apparaît alors sans corrélation avec le facteur « race »... Les facteurs sont en effet orthogonaux, mais ne représentent que partiellement l'étiquette qu'on leur a donnée. La manipulation idéologique est alors trop aisée.

Quels facteurs abandonner? L'exemple du Venézuéla montre le danger d'une règle trop mécanique. Le chercheur est alors pris dans un dilemne posé de mauvaise foi par ceux qui utilisent des méthodes plus traditionnelles : ou bien il n'utilise que les premiers facteurs, les plus aisés à identifier mais aussi les plus évidents et se voit reprocher de n'aboutir qu'à des résultats triviaux, ou bien il utilise les facteurs moins importants (faibles valeurs propres) et plus cachés, mais l'on refuse alors une étude dont les étapes ne sont plus toujours aisément comprises par une simple intuition.

La solution est sans doute de conserver le plus de facteurs possibles, de négliger les premiers parce qu'ils représentent des phénomènes si importants qu'ils crèvent les yeux, et de concentrer l'analyse sur les facteurs moins évidents qui étaient précisément cachés sous les premiers facteurs triviaux.

LA RECHERCHE DE STRUCTURES CAUSALES PROFONDES

En concentrant l'information disponible sur quelques facteurs (analyse factorielle) et grâce à des rotations habiles (dont le rôle est sans doute plus important et plus utile que la détermination des communautés), certains chercheurs espèrent atteindre la structure profonde des phénomènes, parfois même des relations causales. Cela est peut-être possible en psychologie, où ces méthodes sont nées, mais paraît bien douteux dans l'analyse de l'espace. On a ainsi décrit efficacement, et essayé d'interpréter la structure interne des villes.

L'ÉCOLOGIE FACTORIELLE

Dès 1948, deux sociologues, Bell et Shevky, ont montré que les variables du recensement mesurées dans chaque îlot (*census tract*) se regroupaient sur trois axes fondamentaux; lorsqu'on cartographiait les poids locaux de chaque îlot sur ces axes, des distributions assez régulières apparaissaient :

— L'axe « statut socio-économique » concentre plusieurs variables : scolarité élevée, forte proportion de cols blancs, loyers élevés, hauts revenus, etc... Sa structure spatiale est sectorielle : des lignes droites partant du centre de la ville séparent des secteurs plus ou moins riches ou plus au moins pauvres.

— L'axe « statut familial » représente la taille de la famille, et la structure par âge (position dans le « cycle de vie ») : jeunes célibataires, jeunes mariés, familles avec enfants, vieillards isolés. Cet axe détermine sur la carte des anneaux concentriques autour du centre urbain.

— Le facteur « race et ressources » distingue les blancs et les groupes de couleur, et se distribue en noyaux distincts.

De multiples études ont reconnu, aux États-Unis, l'importance de ces trois facteurs, et la régularité de leur structure dans l'espace. Berry et ses élèves, à Chicago, ont multiplié les « écologies factorielles » de villes choisies dans le monde entier. (Berry et Horton, Chapitre 10 (1970); Murdie, 1968; Ahmad, 1965).

L'ANALYSE FACTORIELLE A PLUSIEURS NIVEAUX

Lorsqu'une analyse factorielle se termine par une rotation en axes obliques, ces facteurs sont encore corrélés, et peuvent être de nouveaux analysés à un deuxième niveau. Par exemple, une quarantaine de variables peuvent être réduites à un ensemble de 6 facteurs obliques, eux-mêmes analysés en deux facteurs fondamentaux. On suppose plus ou moins implicitement que la structure causale est parallèle à la structure factorielle : que les deux facteurs fondamentaux sont la « cause » des 6 facteurs premiers, eux-mêmes « causes » des phénomènes observés.

Cette analyse à plusieurs niveaux, assez courante en psychométrie, n'a guère été utilisée pour analyser des phénomènes dans l'espace.

FAIBLESSES ET PIÈGES DE L'ANALYSE DES DONNÉES

Les méthodes factorielles sont puissantes et dangereuses parce qu'elles sont faciles à appliquer (les programmes d'ordinateur se trouvent aujourd'hui partout) mais d'une interprétation et d'un usage délicats.

L'HYPOTHÈSE DE LINÉARITÉ

Tous les outils présentés ici, depuis le coefficient de corrélation jusqu'aux rotations supposent implicitement une structure linéaire parmi les données. Cette hypothèse est généralement fausse quand on étudie des phénomènes qui changent avec le temps : croissance, diffusion... Des lois de Poisson, ou exponentielles sont alors la règle. On peut souvent retomber dans le cas linéaire à l'aide d'une transformation logarithmique des variables. Des mesures ordinales ou binaires posent aussi des cas troublants.

LE CHOIX DE L'ÉCHELLE

Un problème typiquement géographique est posé par le choix de l'unité spatiale. Même en négligeant l'auto-corrélation spatiale, rarement absente, le niveau d'agrégation change gravement les résultats, selon que l'on étudie les relations entre les groupes ou les individus : par exemple, la corrélation entre le nombre de Noirs et l'analphabétisme, aux USA, est très forte au niveau des régions (0,95) alors qu'elle est très faible à l'échelle des individus (0,20). Cette « erreur écologique » s'explique par la concentration des pauvres blancs illettrés dans les régions où les Noirs sont nombreux. Toute l'Écologie Factorielle suppose implicitement que la variance est concentrée entre les unités spatiales, et que celles-ci sont homogènes, d'une variance nulle. Selon la taille des unités, ce postulat est acceptable, ou absurde.

LES RAPPORTS ENTRE LES FACTEURS

Par construction, les facteurs (orthogonaux) sont non-corrélés, mais ils ne sont pas nécessairement indépendants. Des formes de relation non-linéaires peuvent encore exister, auxquelles l'analyse des données est aveugle.

STRUCTURE DU MONDE OU STRUCTURE DES DONNÉES?

L'analyse fait apparaître uniquement la structure linéaire qui peut exister entre les variables. Même si celles-ci sont nombreuses, et bien choisies, il serait naïf de croire qu'elles représentent fidèlement la structure des phénomènes. L'introduction des « communautés » a précisément pour but de laisser de la place (de la variance), en quelque sorte, pour toutes les variables qui jouent un rôle dans le phénomène étudié, mais n'ont pu être incluses dans l'étude. Lorsque le choix des variables est limité par le volume et la qualité des recensements disponibles, comme dans l'exemple vénezuélien étudié plus haut, la structure qui apparaît n'a pas grand-chose à voir avec la structure humaine ou économique réelle : l'activité pétrolière au Venezuela risque d'apparaître sur un facteur peu important qui sera peut-être abandonné... Plus grave encore : dans le même pays, les variables disponibles dans le recensement sont les mêmes pour toutes les études factorielles, ce qui explique peut-être, en partie au moins, la réapparition, dans la plupart des villes américaines, des mêmes « structures urbaines » sur lesquelles l'Écologie Factorielle a tant insisté. En serait-il de même si le recensement offrait deux ou trois fois plus de variables?

LE FACTEUR TEMPS

Le temps joue un rôle original, dans ces études, que les géographes n'ont guère remarqué, mais qui inquiète depuis longtemps les psychologues :

— N'est-il pas absurde de supposer, comme tant d'économistes, que le temps est une variable comme une autre, apparaissant souvent sur un facteur qui lui est propre et qui se trouve, du coup, orthogonal aux autres : on pourrait éliminer le rôle du temps sans transformer profondément toutes les autres variables.

— Faut-il imaginer alors que le temps est un facteur commun à la plupart des variables, mais qui ne peut en être extrait sans les détruire? C'est le plus vraisemblable, mais on est loin alors du modèle factoriel.

— Enfin, peut-on imaginer un temps authentique, mais réversible, comme le modèle linéaire l'exige? On touche ici aux limites de la méthode, et sans doute même, des mathématiques, pour entrer dans celui de la dialectique.

Orientation bibliographique : Auriac-Bernard (1974), Benzecri (1973), Gould-White (1974), Harman (1960), Jeffrey-Casetti-King (1969), Torrens-Ibern (1972).

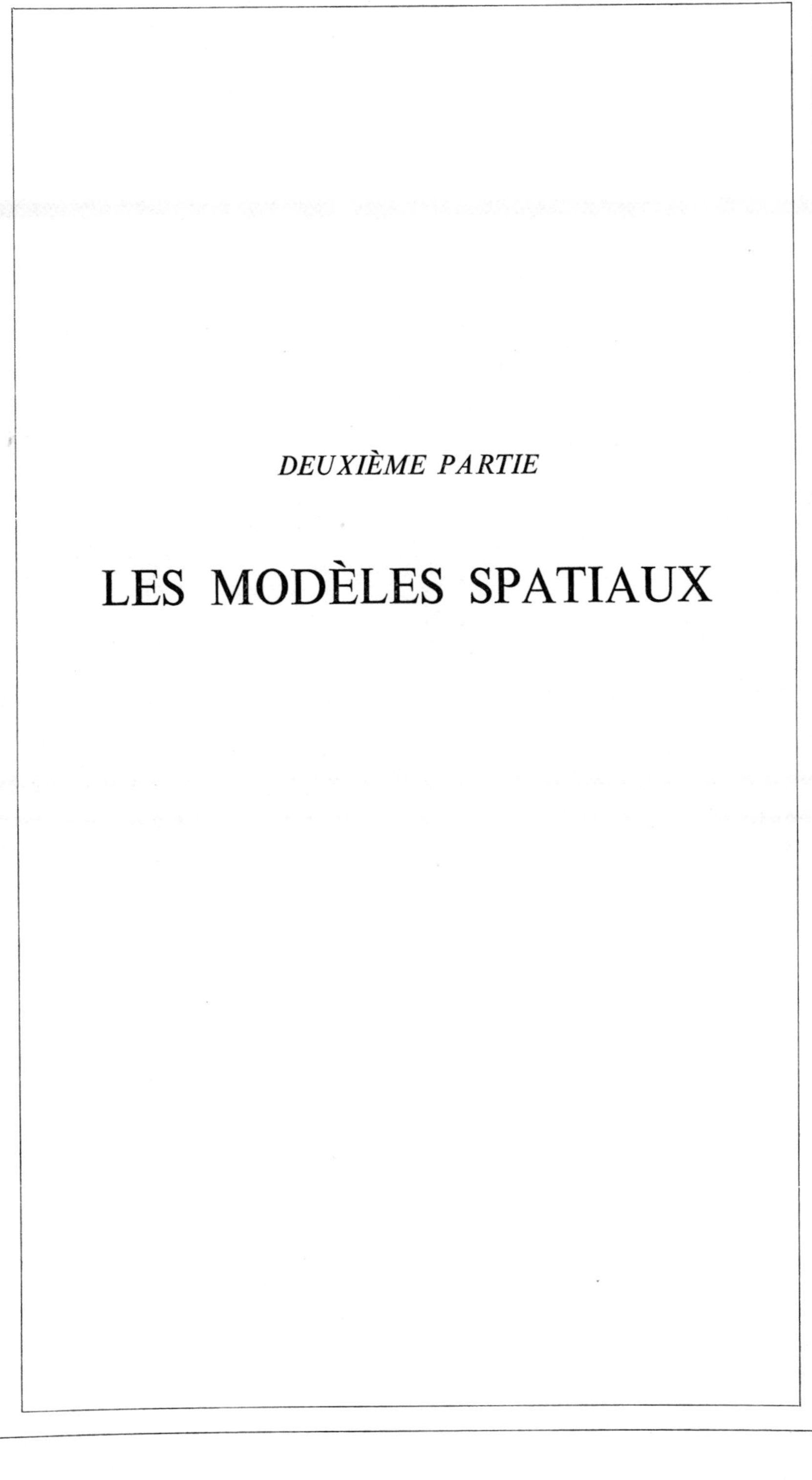

DEUXIÈME PARTIE

LES MODÈLES SPATIAUX

CHAPITRE III

L'ORGANISATION FONCTIONNELLE DE L'ESPACE

MODÈLES DE MAXIMISATION EN ESPACES DISCRETS : GRAPHES ET RÉSEAUX

Un espace discret est formé d'éléments distincts : villes, entreprises, régions, considérées séparément, mais aussi groupes sociaux, phénomènes ou concepts entre lesquels existent des relations. La nature de ces relations constitue l'objet principal d'étude; leur forme est analysée grâce à la Théorie des Graphes, une branche moderne des mathématiques.

FORME ET CARACTÉRISTIQUES D'UN RÉSEAU: LE GRAPHE

Intuitivement, un graphe G est un ensemble de points (sommets) reliés par des traits ou des flèches (arcs), comme un réseau routier ou de chemin de fer. Il est constitué de deux parties : un ensemble X (les points) et une relation R (les flèches) : G = (X, R).

La forme d'un graphe, c'est-à-dire la position relative des sommets et des arcs, est une caractéristique fondamentale. Une transformation qui la laisse invariante est un homomorphisme : les figures 11-*a* et 11-*b* sont homomorphiques, ainsi qu'une ligne du métro parisien et la carte qui la représente dans les wagons. Aucune mesure de distance ou de trafic n'est utilisée ici. On appelle souvent une pareille représentation « topologique », terme qu'il faut éviter puisque la topologie étudie toutes les formes d'espaces, y compris les espaces métriques où l'on peut définir de vraies « distances ». Pour comparer des graphes, on peut utiliser deux types de mesures : les unes définies par des mathématiciens, les autres par des géographes.

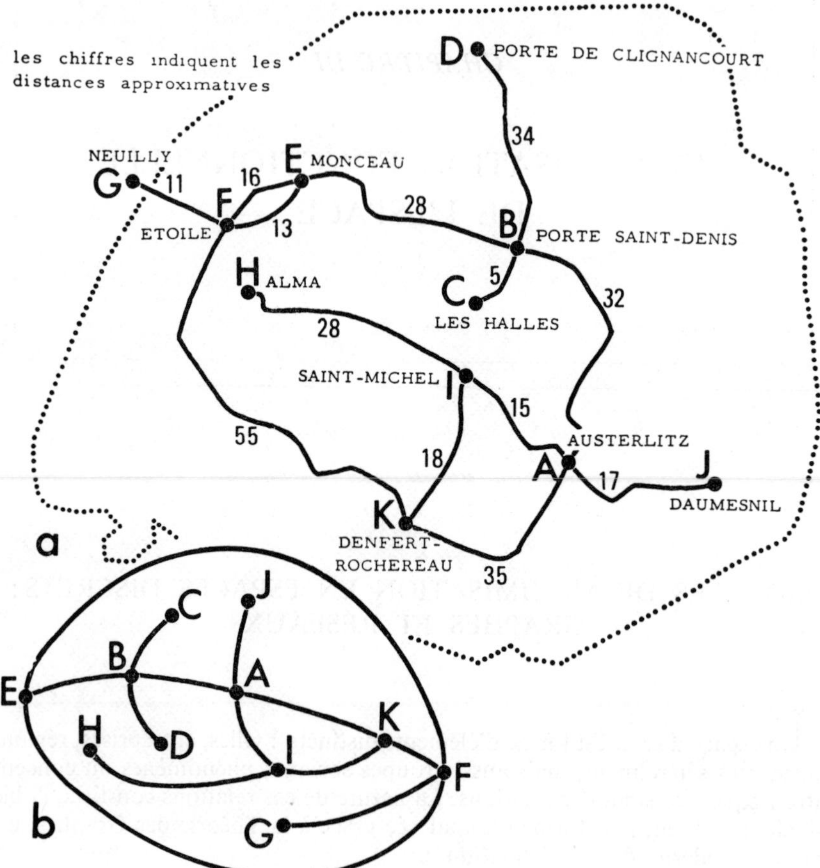

FIG. 11. — *Représentation « topologique » simplifiée du métropolitain de Paris.* Premier projet (1882). (Source, *L'Illustration*, n° 204).

Les indices de réseau.

Considérons seulement ici les graphes planaires : les arcs (l) ne se rejoignent qu'à un sommet. On appelle cycles le nombre de chemins différents qui existent d'un sommet à un autre. Dans un graphe à n sommets, le nombre maximum de cycles est ($2n$-5), et le nombre maximum d'arcs : 3(n-2).

Le nombre cyclomatique : $c = l - n + 1$.

C'est l'indice fondamental d'un graphe. Si c est nul, le réseau contient juste le nombre d'arcs nécessaire à relier tous les points : on ne peut enlever un arc sans déconnecter le graphe. Les valeurs positives de c indiquent le nombre de cycles indépendants qui existent dans le réseau. Malheureusement c est fonction du nombre de sommets, ce qui ne permet pas de comparer des réseaux ayant un nombre de carrefours différent. Les géographes ont essayé de pallier cet inconvénient en définissant trois indices relatifs :

— l'indice $\alpha = c/(2n - 5)$ mesure le nombre relatif de cycles en excès;
— l'indice $\beta = l/n$;
— l'indice $\gamma = l/3(n - 2)$ (nombre relatif d'arcs en excès).

Exercice 1 : Quelles sont les limites de α et γ?
Quelles sont celles de β quand la taille du réseau augmente (quand n augmente)?

Ces trois indices sont défectueux :

1) ils sont linéairement dépendants, et redondants;

2) ce ne sont pas des fonctions linéaires du nombre de carrefours (n), si bien que des comparaisons entre réseaux de tailles différentes restent difficiles;

3) ils dépendent de deux variables (l et n), ce qui rend leur interprétation délicate. Des progrès restent à faire pour décrire convenablement la forme des réseaux.

Représentation matricielle des réseaux.

Un réseau de n sommets est souvent représenté par une table de n par n où la case ij porte un zéro, s'il n'y a pas de liaison directe de i vers j, un 1 s'il en existe une : c'est la matrice de connectivité ou matrice associée. Le grand avantage de cette représentation est de permettre un traitement facile par l'ordinateur. Les caractéristiques du réseau correspondent à des propriétés de la matrice : elle est symétrique si, et seulement si, les axes de transport le sont. La somme d'une ligne indique le nombre de voies partant de ce sommet, la somme des colonnes, le nombre de voies qui y arrivent.

Exercice 2 : Dans quel cas la matrice a-t-elle un vecteur nul?

Exercice 3 : Dans quel cas la matrice est-elle singulière?

La matrice associée élevée à la puissance 2, 3, 4... contient le nombre de chemins de longueur 2, 3, 4, entre deux sommets. Par exemple (fig. 12), il y a deux manières différentes d'aller (2 chemins) de C vers A en parcourant deux arcs successifs (CBA et CDA). Dans une table M', enregistrons, pour chaque paire de points, la puissance de la matrice associée dans laquelle

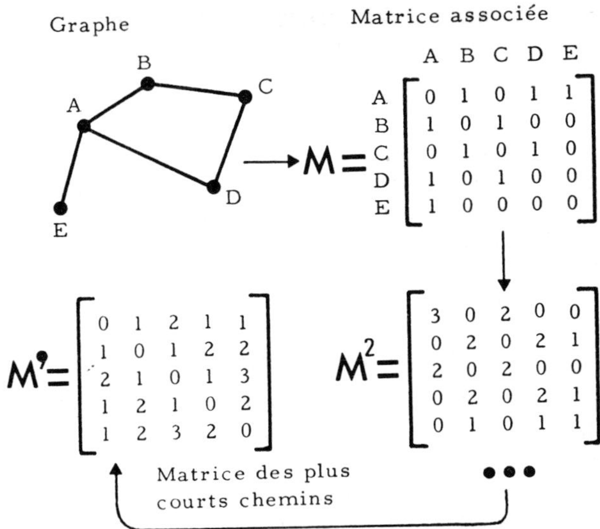

FIG. 12. — *Graphe, matrice associée et matrice des plus courts chemins.*

est apparue pour la première fois une valeur différente de zéro (c'est l'exposant de la matrice, donc la longueur du chemin qui est enregistré). M' contient alors le chemin topologique de longueur minimale entre deux points. La valeur maximale contenue dans M_0' est le « diamètre » du graphe (fig. 12 : diamètre = 3). La somme des lignes (et des colonnes, si le graphe est dissymétrique) mesure l'accessibilité d'un sommet.

Exercice 4 : Que devient la matrice associée M^k lorsque k est plus grand que le diamètre du graphe?

Pour évaluer l'efficacité d'un réseau de transport, on pourrait être tenté d'additionner les puissances successives de la matrice associée, c'est-à-dire les trajets possibles de longueur croissante. Mais les chemins de longueur 3 ou 4 sont évidemment moins « efficaces » que les chemins plus courts. D'où l'idée de pondérer les chemins en fonction inverse de leur longueur. Garrison a proposé un facteur $r = 0{,}30$ qui est arbitraire, mais semble mesurer assez bien l'accessibilité d'un carrefour. La matrice T intégrant l'ensemble des chemins est :

$$T = rM + r^2M^2 + r^3M^3 + \ldots = \sum_i r^i M_i.$$

Si I est la matrice unité, l'on a :

$$T = (I - rM)^{-1} - I.$$

T représente l'ensemble des trajets possibles dans le réseau, en tenant compte de toutes les manières d'aller d'un point à un autre, et donne une bonne estimation de l'accessibilité d'un carrefour. Malheureusement, cette méthode a encore été très peu utilisée.

Exercice 5 : Quelles doivent être les propriétés d'une matrice associée pour que les valeurs qu'elle contient soient de vraies « distances » ?

RÉSEAUX AVEC COUTS DE TRANSPORT: DISTANCES DANS UN GRAPHE

Les « distances topologiques » utilisées jusqu'ici sont rarement de vraies distances (voir *exercice* 5). Même si les propriétés de la fonction distance sont observées, ces mesures topologiques sont assez grossières : elles reviennent à attribuer à chaque arc une longueur unité. On peut d'ordinaire attacher à chaque trajet élémentaire un coût (distance kilométrique, temps de trajet, prix de transport en francs, coût subjectivement perçu, ...), ce qui produit un graphe valué. Nous supposerons ici que ce coût a les propriétés d'une distance (il est indispensable de le vérifier).

Les réseaux optimaux.

La forme d'un réseau varie selon l'avantage recherché. Si chaque paire de points est reliée par un arc direct (graphe fortement connexe), le réseau est optimal pour l'usager (fig. 13*a*) mais très coûteux à construire. Si le réseau est minimum, sans aucun cycle (nombre cyclomatique nul), sa construction est bon marché, mais l'usager perdra beaucoup de temps (fig. 13*b*). On recherche d'ordinaire un compromis : c'est tout le problème du choix des itinéraires d'autobus en ville. Pour la construction d'un réseau routier, Steiner a trouvé une solution géométrique devenue classique : le kilométrage total est minimal si les arcs se rejoignent par trois en faisant des angles égaux (120°) (fig. 13*c*). Beckman a proposé de pondérer ces angles en fonction de l'importance des flots, ce qui revient à minimiser le kilométrage par usager.

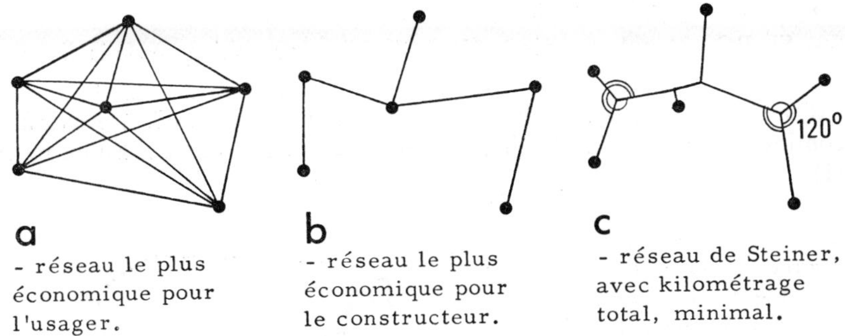

120°
a
- réseau le plus économique pour l'usager.
b
- réseau le plus économique pour le constructeur.
c
- réseau de Steiner, avec kilométrage total, minimal.

FIG. 13. — *Exemples de réseaux optimaux.*

Le chemin le plus court dans un graphe.

Dans un réseau, rechercher le chemin le plus court entre chaque paire de points est un problème fréquemment rencontré qui devient vite formidable si le graphe a beaucoup de sommets, et nécessite l'usage d'un ordinateur. L'une des solutions les plus commodes est :

L'algorithme de la Cascade (voir fig. 14 et 15) : Dans un réseau de n sommets, contruire une table D (n par n) où :

— La diagonale est remplie de zéros;

— La longueur minimale de chaque arc élémentaire ij est inscrite dans la case d_{ij}

— Toutes les autres cases indiquent une distance « infinie » (en pratique, une distance arbitraire supérieure à la plus grande distance dans le réseau)

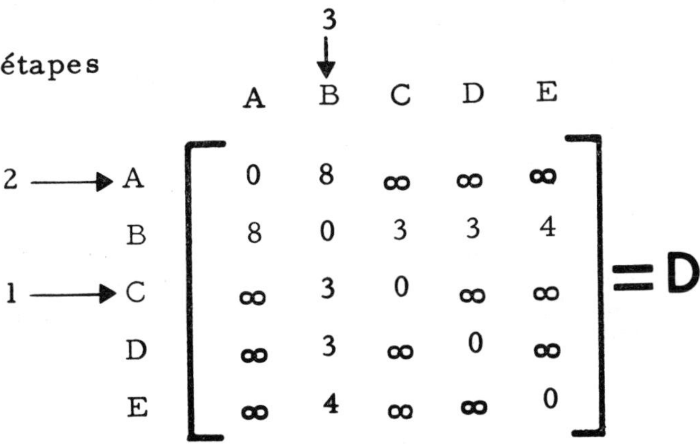

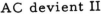

FIG. 14. — *L'algorithme de la cascade.*

(1) choisir une ligne (ex. : C),

(2) balayer cette ligne de gauche à droite et retenir la première distance non nulle (ici, CA = ∞),

(3) balayer la ligne A et retenir la première distance non nulle (AB = 8),

(4) balayer la colonne B.

— Si BC est nul, revenir à (3) et lire une case suivante de la ligne A;

— Sinon (ici : BC = 3), comparer AC′ = AB + AC (8 + 3 = 11) et AC (= ∞) et inscrire la plus petite valeur dans la case AC. Revenir à (3) et continuer à balayer A. Ensuite, revenir à (2) et balayer C. Enfin, revenir à (1).

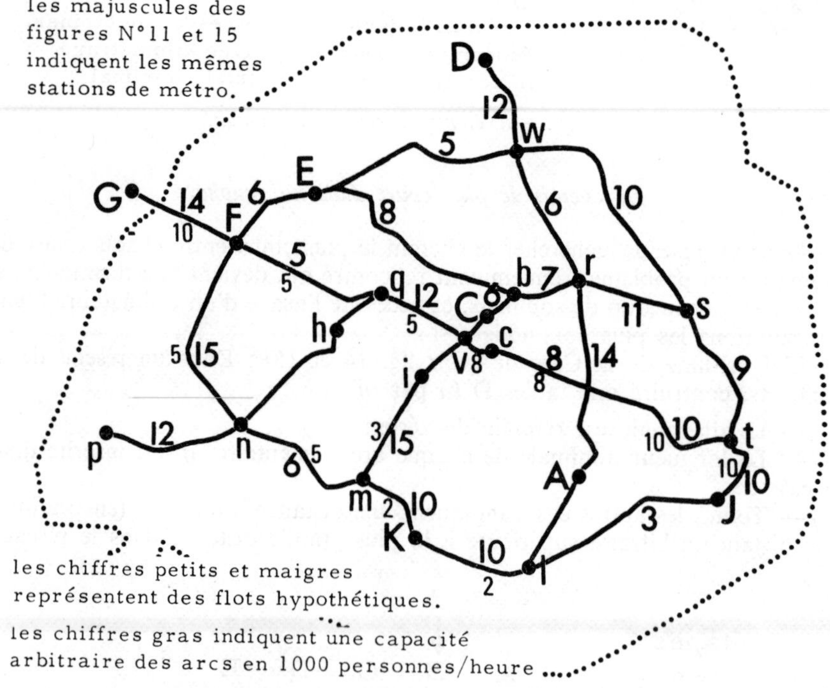

FIG. 15. — *Schéma simplifié du métropolitain de Paris*, 1897. (Source: *l'Illustration*, n° 2837, 10 juillet 1897, p. 23).

Remarques :

— Les valeurs inscrites dans D doivent être de vraies distances;

— Cet algorithme ne peut être utilisé que sur un graphe connexe;

— Pour chaque ligne, il faut balayer *n* fois *n* colonnes : le nombre total d'opérations est fonction de n^3.

L'accessibilité d'un lieu.

Il est fondamental de mesurer l'accessibilité d'un sommet dans un réseau. La mesure la plus commode est l'Indice de Shimbel : si D est la table des plus courts chemins, la somme d'une colonne indique la distance globale d'un point à tous les autres, et la somme de ces totaux marginaux, le kilométrage total pour aller de chaque point à chaque autre. L'indice est alors :

$$\mathrm{SH}_i = \sum_i \sum_j d_{ij} / \sum_j d_{ij}$$

C'est un scalaire qui permet même des comparaisons entre des réseaux différents. Un point est d'autant plus accessible que son indice de Shimbel est plus grand.

Exercice 5 : Estimer l'accessibilité des stations dans le premier projet de métro de Paris (fig. 11*a*).
La table des chemins minimaux est:

	A	B	C	D	E	F	G	H	I	J	K	
A		32	37	64	60	73	84	43	15	17	35	
B	32		5	34	28	41	52	75	47	49	67	
C	37	5		39	33	46	57	80	52	54	72	
D	64	34	39		62	75	86	109	81	83	101	
E	60	28	33	62		13	24	103	75	77	68	
F	73	41	46	75	13		11	101	73	90	55	
G	84	52	57	86	24	11		112	84	101	66	
H	43	75	80	109	103	101	112		28	60	46	
I	15	47	52	81	75	73	84	28		32	18	
J	17	49	54	83	77	90	101	60	32		52	
K	35	67	72	101	68	55	66	46	18	52		
$\sum_i$	460	430	475	734	543	578	677	757	505	615	580	$\sum_i \sum_j =$ 6354
Sh_i	13.8	14.8	13.4	8.7	11.7	11.	9.4	8.4	12.6	10.3	11.	

La Porte Saint-Denis (B) est la station la plus accessible: curieusement, le pont de l'Alma (H) est le point le moins accessible.

Exercice 6 : En utilisant les mêmes distances approchées, estimez l'accessibilité de ces mêmes points avec les connections du réseau de 1897 (fig. 15). Étudiez les changements d'accessibilité et commentez.

Exercice 7 : Dans une matrice des distances minimales, deux vecteurs peuvent-ils être linéairement dépendants ? Discutez.

RÉSEAUX A CAPACITÉ LIMITÉE: FLOTS DANS UN GRAPHE

Négligeons maintenant les coûts et considérons l'autre caractéristique d'un réseau : la capacité maximale de chaque arc.

Vulnérabilité d'un réseau.

Un réseau est vulnérable lorsqu'il peut être séparé en deux tronçons (déconnecté). Dans le réseau X, considérons un fragment $A(A \subset X)$ qui peut comprendre un ou plusieurs sommets. L'ensemble des arcs conduisant (incidents) à A est une coupe (Cut) du réseau relativement à A : si ces arcs sont coupés, tout trafic vers A est interrompu. Il peut y avoir plusieurs coupes relatives à A : si A, sur la figure 15, comprend M et K; les arcs (NM, IM, LK) forment une coupe; les arcs (FN, HN, VI, AL, JL) en forment aussi une. Une coupe minimale relative à un sous-graphe A est une coupe telle que la capacité totale des arcs qui la forment est minimale (si A = M, K), la coupe (NM, IM, LK) est minimale). Un graphe est particulièrement vulnérable s'il comprend un grand nombre de coupes minimales : il peut être aisément tronçonné.

Flot maximal dans un graphe.

Considérons deux sommets dans un graphe, origine et destination d'un ensemble de flots. On démontre :

Théorème de Ford-Fulkerson (Max Flow-Min Cut).

Le flot maximal entre deux points est égal à la capacité de la coupe minimale entre ces deux points.

Par exemple, la coupe minimale entre W et R (fig. 15) a une capacité de 21 unités, ce qui mesure le flot maximal entre ces deux sommets. Il reste à trouver comment acheminer ce flot.

L'algorithme de Ford-Fulkerson pour trouver le flot maximal :

Dans un réseau de transport dont le théorème précédent a permis d'estimer le flot maximal possible entre deux sommets, on peut le réaliser de la façon suivante :

1) marquer les arcs saturés (ceux dont le flot réel est égal à la capacité maximale),

2) identifier un chemin de l'origine à la destination qui soit fait d'arcs non saturés, même si certains sont orientés à contre-sens,

3) pour chaque arc, élément de ce chemin, en changer le flot
 — de + 1 unité, si cet arc va dans le sens du chemin,
 — de — 1 unité, si cet arc est en sens opposé à celui du chemin,

4) revenir en 2 et continuer jusqu'à ce que le flot total soit maximal.

Exercice 8 : Dans le réseau représenté figure 15:

1. Quel flot maximal peut circuler entre E et B?
On observe un flot (hypothétique) de 10 000 personnes entre G et J dont les détails sont indiqués sur la figure.

2. Est-il possible d'augmenter ce flot? Jusqu'à quel volume?

3. Donner un exemple du flot maximal.

Exercice 9 : Supposez que certains arcs (fig. 15) soient orientés : de A vers I, et de I vers M.
Quel est alors le flot maximal de J vers G ? Donner un exemple.

Exercice 10 : Expliquer pourquoi l'algorithme de Ford-Fulkerson prescrit de retrancher une unité au flot des arcs orientés à contre-sens.

Exercice 11 : Sur le réseau de la figure 16 :

1. Quel est le flot existant entre A et D ?
2. Quel est le flot maximal entre ces deux sommets ?
3. Donner un exemple de ce flot maximal.
4. Est-il unique ?

les chiffres gras mesurent la capacité maximale de chaque arc.

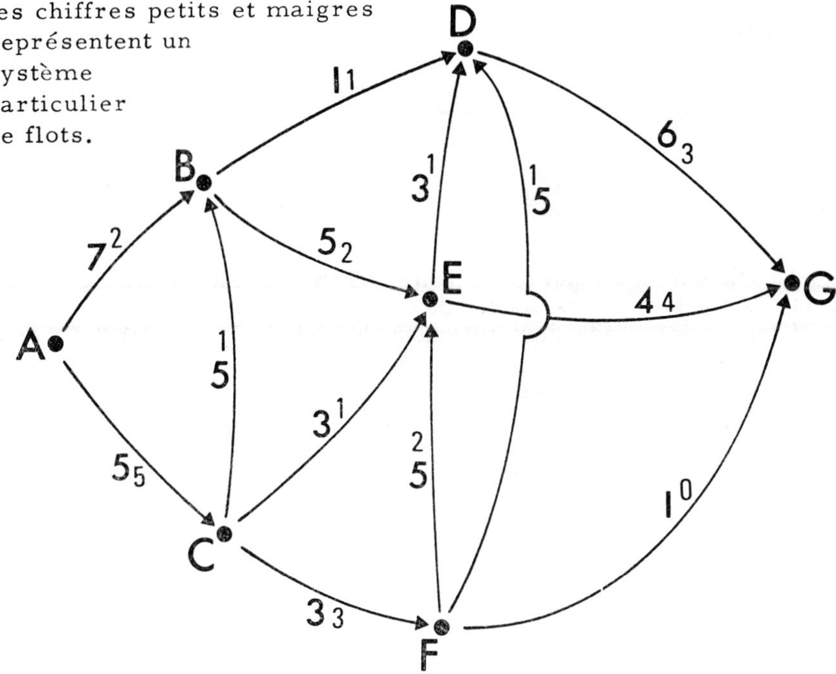

FIG. 16. — *Flots dans un graphe à capacité limitée.*

DOUBLE CONTRAINTE SUR UN RÉSEAU : COUTS ET CAPACITÉ

Déterminer un flot maximal dans un réseau pour lequel une capacité limitée et un coût (ou distance) ont été attachés à chaque arc est un problème plus compliqué. Deux méthodes générales ont été employées pour le résoudre :

La programmation linéaire.

La programmation linéaire est une solution élégante et très puissante, à condition que les hypothèses de base soient observées (coûts de transport linéaires, pas d'économie d'échelle, ce qui n'est vrai que pour un ensemble de distances peu différentes). Le « problème de transport » est devenu un exemple classique : un ensemble de n régions fabriquent un produit, chaque région i ayant une capacité de production limitée à s_i. D'autre part, m régions j ont besoin de ce produit, et leur consommation minimale est r_j. Appelons c_{ij} le coût de transport d'une unité entre i et j et q_{ij} la quantité de produit transportée entre ces deux régions. Le problème est de minimiser les coûts

$$C = \sum_i \sum_j c_{ij} q_{ij}$$

en respectant les contraintes :

$$\sum_j q_{ij} \leqslant s_i$$

et

$$\sum_i q_{ij} \geqslant r_j \qquad \text{avec} \qquad q_{ij} \geqslant 0.$$

La solution est classique : on montre même que si les contraintes s et r sont des nombres entiers, les solutions q sont aussi des entiers.

Il faut noter cependant que cette méthode minimise le coût global C, ce qui se justifie si les usines fabriquant le produit, dans l'exemple ci-dessus, appartiennent à la même compagnie. Dans le cas contraire, chaque usine essaiera de réduire ses propres coûts sans se préoccuper de ses voisins, et la solution globale sera probablement différente. C'est l'un des points faibles de ce modèle lorsqu'on l'applique, par exemple, aux États-Unis, aux flots d'automobilistes dans une ville : on suppose alors que chaque automobiliste néglige ses dépenses individuelles et essaie de diminuer le coût collectif. Cela revient à introduire un modèle idéologique de comportement collectif qui contredit le fondement même de cette société. Noter aussi que la contrainte de capacité est introduite sur les sources et destinations et non sur les arcs du réseau.

L'algorithme out-of-kilter.

Cette méthode tient compte à la fois du coût de transport et de la capacité maximale de chaque arc. Elle est trop complexe pour être exposée ici.

L'analyse d'un réseau permet de résoudre des problèmes plus généraux de localisation d'activités. Ces problèmes de localisation ou d'attribution (*Location-Allocation problems*) font l'objet principal de la programmation combinatoire.

```
      SUBROUTINE SHOPAT (DIST,N)
C     CETTE SUBROUTINE CALCULE LE CHEMIN LE PLUS COURT
C     ENTRE CHAQUE PAIRE DE POINTS.
C     PROGRAMME ECRIT PAR BERNARD MARCHAND;LOS ANGELES, 1970.
C     LA MATRICE COMPLÈTE DES DISTANCES EST RETOURNEE DANS LE PROGRAMME
C     PRINCIPAL DANS DIST.
C     N EST LA DIMENSION DE LA MATRICE DES DISTANCES.
C     LE GRAPHE DOIT ETRE CONNECTE.
C     LES DISTANCES ELEMENTAIRES SONT LUES DANS LA DEMI-MATRICE INFERIEURE.
C     CHAQUE CARTE LUE PORTE =
C           -L'INDICE DE LA PREMIERE VILLE (IA)
C           -L'INDICE DE LA SECONDE VILLE (JA) AVEC (IA.GT.JA)
C           -LA DISTANCE X
C     Z DOIT ETRE SUPERIEUR A LA PLUS GRANDE DISTANCE DANS LE GRAPHE.
C     IL DOIT Y AVOIR MOINS DE 500 CARTES DE DONNEES A LIRE (NC).
C     TERMINER LES CARTES DE DONNEES EN PERFORANT -1 SUR UNE DERNIERE
C     CARTE EN COL. 4 ET 5.
C
      DIMENSION DIST (N,N)
      LOGICAL MARIE
C     PARAMETRES
      Z=999999.
      NC=500
C     REMPLIR LA DEMI-MATRICE DE DISTANCES INFINIES.
      DIST(1,1)=0.
      DO 1 I=2,N
      DIST(I,I)=0.
      N2=I-1
      DO 1 J=1,N2
      DIST(I,J)=Z
    1 CONTINUE
C     INPUT.
      DO 30 I=1,NC
      READ(5,100) IA, JA, X
      IF (IA.LT.0) GO TO 10
   30 DIST (IA,JA) =X
   10 MARIE = .FALSE.
      DO 12 I=2,N
      N1=N-1
      DO 12 J = 1,N1
      IF (DIST(I,J) .EQ.Z) MARIE = .TRUE.
      DO 12 K=1,N
      IF (I-K) 14, 12, 13
   14 L3=K
      L4=J
      L1=K
      L2=I
      GO TO 17
   13 L1=I
      L2=K
      IF (K-J) 15, 12, 16
   15 L3=J
      L4=K
      GO TO 17
   16 L3=K
      L4=J
   17 PROV = DIST(L1,L2) + DIST (L3,L4)
      IF (PROV-DIST(I,J)) 18, 12, 12
   18 DIST (I,J) = PROV
   12 CONTINUE
      IF (MARIE) GOTO 10
C     COMPLETER LA MATRICE SYMETRIQUE
      DO 20 J = 2,N
      N1=J-1
      DO 20 I =1,N1
      DIST (I,J) = DIST (J,I)
   20 CONTINUE
      RETURN
  100 FORMAT (2I5,F5.0)
      END
```

FIG. 17. — *Programme du plus court chemin.*

Fig. 18. — Tableau chronologique de publications pionnières en matière de localisation théorique des activités socio-économiques.

TEXTES	CONTEXTE	OBJET	THESE
1826 / Rostock / Johann Heinrich von Thünen / Der isolierte Staat in Beziehung auf Landwirtschaft und Nationalökonomie.	Europe agricole sur un modèle prolongeant le XVIIIème siècle.	Localisation permettant la maximisation des revenus provenant d'activités primaires.	L'utilisation agricole du sol en région d'habitat groupé est fonction de la distance des surfaces exploitables au marché local. La trame résultante est composée d'anneaux concentriques à une seule ville sur une plaine uniforme.
1909 / Tübingen. Alfred Weber / Ueber den Standort der Industrien / Reine Theorie des Standort.	Europe centrale récemment industrialisée et en voie de croissance urbaine rapide.	Localisation permettant la maximisation des revenus provenant d'activités primaires (extraction) et secondaires (transformation industrielle).	L'optimisation est affaire de relations entre plusieurs types de produits, les coûts de transport, la proximité des usines entre elles. La méthode comporte trois niveaux : triangle, isodapane, agglomération.
1931 / New-York . / William J. Reilly / The law of Retail Gravitation .	Lendemain de crise économique en Amérique du Nord, d'où l'intérêt pour l'étude des marchés.	Etudier les marchés scientifiquement par analogie avec les sciences exactes dont la physique .	- On assimile les villes marchandes connues par leur taille démographique et leurs fonctions à un corps dans un champ gravitationnel - En tenant compte des tailles et des distances des villes, on calcule leurs limites d'influence - On en déduit un découpage déterministe, satisfaisant surtout en régions rurales.
1933 / Iena. . / Walter Christaller / Die zentralen Orte in Süddeutschland : eine ökonomisch-geographische Untersuchung über die Gesetzmässigkeit der Verbreitung und Entwicklung der Siedlungen mit städtischen Funktionen.	Europe centrale où les moyens de transport et de communication sont en plein progrès.	Théorie générale et déductive de la distribution des centres d'échange à activités tertiaires importantes.	Deux principes économiques et un principe politique : - Il existe une relation entre la taille des villes et la région complémentaire qu'elles desservent ce qui crée une trame de surface hexagonale. - Les routes s'établissent de la façon la plus économique, ce qui crée une trame linéaire. - Le découpage administratif organise l'espace par inclusion.

1936 / Leipzig . / D. König / Theorie der endlichen und unendlichen Graphen.	Premier ouvrage de mathématicien sur le traitement topologique des réseaux et des flux, qui devait être développé (en particulier par Claude Berge, 1962) avant de recevoir ses premières applications géographiques.. Bien que très souvent cité, on préfèrera à "Structure of Transportation Networks" de K.J. Kansky (1963), ces deux ouvrages de non-géographes :		
1962 / Princeton. / L.R. Ford Jr. and D.R. Fulkerson / Flows in Networks. 1963 / Princeton G.B. Dantzig / Linear Programming and Extensions.	Délocalisation par multiplication des techniques de communication, expansion des sociétés multinationales, développement du secteur quaternaire, progrès du traitement de l'information.	analyser les localisations relatives des objets en mouvement à l'intérieur de circuits.	On aborde le traitement de "systèmes spatiaux" où chaque variable est fonction des autres. D'où l'appel à la programmation linéaire, puis aux matrices de variation dont les entrées sont des équations différentielles (Théorie générale des systèmes).
1943 / Iena . / August Lösch / Die raumliche Ordnung der Wirtschaft; Untersuchung über Standort, Wirtschaftsgebiete und internationalen Handel.	Europe centrale en économie de marché capitaliste.	Théorie générale de différentiation spatiale économique.	Lösch prouve que même en faisant abstraction des facteurs physiques et humains, une différentiation spatiale poussée peut se développer en milieu homogène par le jeu de facteurs "systémiques cette idée devait être reprise par la "General System Theory".
1944 / Princeton/John von Neumann Oskar Morgenstern / The theory of games and economic behavior.	Ouvrage fusionnant les mathématiques et l'économie sur les problèmes d'échanges dans la perspective d'un jeu de stratégie. Il a permis l'apparition de modèles stochastiques de comportement en géographie, dont il y a au moins deux types : . les solutions alternatives (choix) . les solutions probabilistes (simulations)		
1953 / Lund/Torsten Hägerstrand / Innovationsförloppetur Korologisk Sympunkt . 1963 / Washington / Peter Gould / Man against his environment : a game-theoretic framework .	La rapidité des innovations techniques, du changement des demandes de la clientèle, des systèmes politiques et sociaux, fait que les décisions des entreprises modernes ne cherchent plus à maximiser la production, mais la sécurité, en tenant compte des probabilités d'évolution .	Analyse d'un processus de diffusion spatiale dans le temps. Minimiser les risques de mauvaise récolte en face de cinq stratégies .	. Une innovation fournit un "traceur" permettant de suivre la diffusion. . La localisation d'innovations est liée à la combinaison de processus spatiaux, économiques et de comportement. . La simulation repose sur : - un ensemble de novateurs au départ - l'énoncé de règles stochastiques de diffusion - la comparaison avec les données observées.

MODÈLES DE MAXIMISATION EN ESPACES CONTINUS

DÉFINITIONS PRÉLIMINAIRES

Ce chapitre repose sur l'idée que, derrière la très riche variété des paysages concrets que nous observons à la surface du globe, existent des organisations structurantes résultant du désir des habitants ou de leurs dirigeants d'aménager le sol pour leur plus grande commodité.

Pour déchiffrer les structurations que nous soupçonnons, on va partir non pas de la description de la réalité (selon la démarche de la géographie inductive), mais de constructions mentales. Ces constructions, qu'elles s'appellent lois, principes, concepts, selon leurs degrés de généralisation, ne sont pas détachées des idéologies des groupes et des époques où elles ont été formulées. C'est ce que l'on a essayé de souligner dans le tableau bibliographique 18 en associant aux ouvrages pionniers en matière de localisation théorique des activités socio-économiques, les « contextes historiques » qui les ont vu paraître. De ces constructions seront déduites des théories ou, plus simplement, des modèles soit explicatifs soit prévisionnels qui, même s'ils n'ont pas toujours une valeur universelle, se sont révélés d'excellents outils d'analyse.

La recherche de la manière la plus efficace d'utiliser la surface terrestre implique une triple réflexion sur :

— les motivations qui poussent à adopter certains comportements de mise en valeur,

— la marge d'autonomie de décision des habitants ou des groupes en matière de choix de solutions,

— la nature de la surface ou des espaces à mettre en valeur.

a) En ce qui concerne le premier point, on trouve, à la base de la plupart des théories de localisation, deux lois fondamentales :

- La loi du moindre effort ou loi de Zipf (1949) : quelle que soit sa société, l'homme cherche à économiser certaines formes de sa vie.
- La loi du profit maximal : le producteur choisit la solution la plus avantageuse dans un contexte donné.

Georges Kingsley Zipf (1902-1950) découvrit que la longueur des mots d'une langue parlée, loin d'être affaire de hasard, était liée à la fréquence de son emploi. Un mot très employé est toujours très court quelle que soit la langue considérée. Pour interpréter cette régularité statistique, Zipf montra que l'homme recherche l'économie de l'effort en réduisant son vocabulaire à la limite du nécessaire pour être compris des autres. Il montra, en outre, que les relations rang-fréquence des mots suivaient une distribution en progression constante se traduisant par une droite sur un papier fonctionnel bi-logarithmique. Or ce qui est vrai de la linguistique s'est révélé l'être aussi de l'ensemble des activités humaines. Ceci est tout à fait logique puisque la langue est une création mentale au même titre que l'organisation politique.

En fait les géographes retrouvent la loi de Zipf dans bien des analyses spatiales, en particulier celles qui ont trait aux hiérarchies urbaines.

b) L'autonomie de décision signifie que les habitants d'un espace quelconque ne sont régis entièrement ni par le déterminisme, ni par l'indépendance, mais qu'ils entretiennent avec le « milieu » extérieur des relations aléatoires. Il faut entendre par là que, parmi toutes les solutions simultanément possibles qui s'offrent à eux, ils en choisissent certaines qui, dès lors, excluent les autres (P. Vendryès, 1956). Dans cette optique le déterminisme apparaît comme un cas particulier de l'aléatoire : c'est le cas où les solutions simultanément possibles se trouvent limitées à une seule et où le choix est donc prévisible. C'est ainsi que les processus de choix de mise en valeur de l'espace tendant soit vers la maximisation du profit, soit vers la minimisation des dépenses et des risques, pourront être étudiés selon deux grands types de modèles : ceux qui utilisent des constructions déterministes et ceux qui pondèrent de probabilités les divers cas d'une épreuve.

D'une manière générale les modèles déterministes sont assez satisfaisants pour rendre compte des comportements collectifs c'est-à-dire dès que les foules des grands nombres fondent les comportements individuels en une attitude « moyenne » dominante. Les modèles probabilistes sont plus adaptés aux cas individuels, qu'il s'agisse d'un fermier indépendant, d'une firme, d'un état-major.

Parler d'optimiser par maximisation ou par minimisation, c'est sous-entendre qu'on ne peut tendre vers l'infini mais seulement vers une limite à définir. Ces limites sont de deux sortes : des contraintes et des seuils.

Les contraintes nous ramènent à l'espace concret où l'on en distingue de plusieurs sortes : physiques, biologiques, socio-économiques, socio-culturelles. En effet la surface du sol n'est pas uniforme; relief, sols, minerais, climats sont inégalement distribués et ils imposent leurs répartitions dans les problèmes de localisation. Par ailleurs les ressources naturelles n'ont pas une valeur absolue et leur valeur relative dépend à la fois du stade technologique atteint par les clients éventuels, de leur situation géographique et des relations politiques qui règnent entre eux. Le tungstène n'avait aucun intérêt pour le négociant hanséatique, la pourpre phénicienne n'en a plus pour le fabricant d'aniline de Rhénanie et le pétrole d'Alaska n'en prend vraiment qu'à cause des menaces arabes. Quant aux contraintes personnelles elles tournent autour des faits biologiques qui veulent que la vie soit limitée et rythmée par des cycles quotidiens, saisonniers, professionnels. Les limitations de temps, de fatique physique, de capacités intellectuelles, sont des obstacles parmi les plus sérieux.

La notion de seuil est différente. Il ne s'agit plus de limite absolue mais d'une limite relative dépendant d'un rapport entre deux ou plusieurs contraintes. Ainsi entre les tendances contraires qui veulent que plus un candidat propriétaire se rapproche du centre-ville, plus le prix du terrain augmente mais plus les frais de transport au quartier des affaires diminuent. Il y a un lieu où les deux inconvénients des contraintes financières offrent, sinon un équilibre, du moins un rapport acceptable pour les revenus de l'individu en question. Les seuils sont donc des limites abstraites qui se traduisent par l'apparition concrète d'une nouvelle possibilité ou d'une nouvelle fonction.

c) La nature des surfaces sur lesquelles vont s'appliquer les décisions de mise en valeur, demande à être précisée.

Certes la surface de la Terre est une donnée matérielle, explorée, connue, mesurée, finie qui ne devrait pas donner lieu à quantités d'interprétations différentes. Elle est pourtant aperçue sous des optiques très variées : le géographe régionaliste est sensible à sa différenciation spatiale tandis que l'économiste n'y voit qu'une étendue isomorphe; le peintre y voit surtout des espaces subjectifs tandis que le promoteur y saisit un réseau législatif encadrant des valeurs foncières, etc... Mais toutes ces optiques et bien d'autres se regroupent sous deux conceptions fondamentales :

— La conception qui pousse à y voir une juxtaposition d'unités spatiales ayant chacune leur originalité. Elle correspond au concept d'« espace discret ».

— La conception qui conduit à saisir l'espace comme une continuité où seules varient les propriétés géométriques de réseaux de relations. Elle correspond au concept d'espace continu.

Cette opposition du continu et du discontinu est bien connue à la fois des physiciens et des mathématiciens. Aux « corpuscules » observables de Newton et aux « grains » de la physique quantique, on a opposé l'aspect ondulatoire de Louis de Broglie, c'est-à-dire un aspect continu de la matière. Einstein semble avoir concilié les deux en soulignant que la matière c'est encore de l'espace.

« La Réalité est continue, toute chose est formée d'étendue, seules les propriétés géométriques varient d'un point à un autre. Le « discontinu » est le fruit de l'humain seulement... » (E. Charron, 1962).

Dans ce contexte, la discrétisation de l'espace en régions apparaît beaucoup plus comme une commodité méthodologique et administrative que comme une approche fondamentale des relations où nous vivons. Tandis que la géographie empirique a volontiers mis l'accent sur la description des paysages, leur partition et leur classification en types, les modèles théoriques classiques d'explication et de prévision de l'organisation spatiale ont été bâtis sur des espaces continus. Cette continuité s'y accompagne souvent d'uniformité; or, si la réalité est continue, elle est rarement uniforme et bien des modèles ont dû être corrigés par l'introduction de contraintes variées.

Dans ces espaces continus, la géographie théorique met l'accent sur les relations et sur les transformations qu'elle cherche à formuler à l'aide d'équations et de fonctions.

Le type de relations qu'ont privilégié les modèles de localisation optimale, s'exprime par des fonctions distance-revenus que, d'une manière générale, on peut écrire comme suit :

variable dépendante		constantes ou paramètres				variable indépendante
R	= E (	p	− a	) − E (	f	. k)
revenu par unité de surface	rendement par unité de surface	prix de vente au marché	coût de production par unité		prix de transport par unité de distance et par catégorie de produit	distance

$$R = E(p - a) - E(f \cdot k)$$

En général la relation qui s'établit entre la distance et les revenus est négative, soit de manière linéaire, soit selon une fonction polynomiale qui se traduit par une courbe. En matière agricole, par exemple (M. Chisholm, 1962), les champs les plus éloignés de la ferme qui reçoivent moins de soins et pour lesquels le transport des ouvriers agricoles revient plus cher, rapportent relativement beaucoup moins que les champs les plus proches. Dans ce cas, les revenus décroissent plus rapidement que la distance n'augmente.

Il découle de ces quelques remarques que l'affectation optimale du sol change avec la distance. Depuis que Von Thünen nous en a fait prendre conscience, les problèmes d'assignation optimale ont donné lieu à une abondante littérature dont on trouvera une bonne analyse dans « Location-allocation systems » (A. J. Scott, 1970).

L'ORGANISATION A PARTIR D'UN CENTRE UNIQUE

Le modèle de Von Thünen ou l'affectation agricole du sol à partir d'un bourg-marché.

La théorie spatiale est née avec la recherche des meilleures localisations agricoles en fonction des marchés. Ce problème pratique de maximisation a été soulevé par Von Thünen lorsqu'il entreprit de diriger l'exploitation de son domaine de Tellow, à 35 km environ du marché principal de Rostock, en Mecklembourg. Le contexte technologique dans lequel il raisonna était celui de la fin du XVIIIe siècle plutôt que celui du XIXe, malgré la date de publication de son « domaine isolé » (1826). Les distances s'évaluaient en temps de piéton, de roulier ou de batelier. Ceci explique que sa célèbre zonation ne corresponde plus toujours à notre logique contemporaine, en particulier en ce qui concerne l'emplacement de sa couronne forestière. Cependant, et à condition d'opérer des changements d'échelles liés aux progrès des moyens de transport, l'intérêt de son modèle demeure.

Cet intérêt est double : méthodologique et spatial. Du point de vue des moyens de recherche l'apport direct ou indirect de Von Thünen se traduit par les développements suivants :

— L'apparition de la pensée géographique s'appliquant à un espace *a priori* homogène (ou uniforme, ou isotrope) que l'on complique progressivement pour se rapprocher de la réalité. La grande plaine d'Europe du nord lui a donné l'idée de la construction théorique à partir d'une surface indifférenciée, largement utilisée, depuis, par les économistes.

— La formulation de relations entre la localisations de productions agricoles et le coût de leur transport, fonction de la distance les séparant du marché. L'expression de ces relations peut se faire par des moyens de cartographie théorique (les schémas de zonation) ou par des moyens graphiques et algébriques.

Du point de vue des échelles géographiques auxquelles s'applique le modèle, on a distingué :

— L'échelle du bourg rural et de l'espace communal périphérique qu'il organise. C'est celle qu'a considérée Von Thünen et qui appartient à un stade technologique du passé européen pré-industriel où une « économie fermée » était encore concevable.

— L'échelle macrogéographique du continent européen, soudé par des réseaux ferroviaires qui apportent la concurrence des régions agricoles spécialisées dans tous les villages. Il n'y a plus de domaine isolé d'échelle communale, mais il existe encore, dans la première moitié du XXe siècle, des « continents isolés ». C'est ce qu'on aperçoit vers 1950, sur la carte de S. Van Valkenburg (dans P. Claval, 1962). Depuis nous vivons à l'échelle mondiale.

— L'échelle microgéographique de l'exploitation agricole individuelle. C'est à celle-là que s'intéressent les théoriciens contemporains du *home-field organization* tels que M. Chisholm (1962) et W. Found (1971).

Johann Von Thünen part du marché central. En effet c'est le marché de consommation qui règle la valeur des produits agricoles, donc le choix de l'utilisation du sol par le producteur. La demande d'une petite ville de la fin du XVIIIe siècle, peut se résumer aux articles suivants : des produits frais de conservation difficile qui gagnent donc à la minimisation de leur transport; du combustible domestique limité au bois, encombrant et pondéreux, dont le charroi est coûteux; des matières premières pouvant se stocker telles que céréales, laines, peaux qui peuvent supporter des transports longs et peu fréquents. Par ailleurs, la ville du XVIIIe, qui utilise une nombreuse cavalerie est fournisseuse de fumier, matière qui ne justifie pas un long déplacement.

Le modèle qui découle de ces observations propose une organisation spatiale en couronnes concentriques de largeurs inégales. La première est la couronne maraîchère dont la proximité minimise à la fois le transport de légumes périssables et celui de fumier dont les jardins horticoles sont consommateurs. Cette couronne péri-urbaine a existé autour de la plupart de nos villes, qu'il s'agisse dans le cas parisien des petits pois de Clamart d'autrefois ou des asperges d'Argenteuil. La seconde couronne est celle des bois fournisseurs de combustible et de matériaux de construction. P. Claval fait remarquer qu'elle se dessine encore autour de Paris, de Saint-Germain à Fontainebleau via Ecouen et que le désir des rois de s'offrir des terrains de chasse commodes n'est pas seul responsable de cette ceinture verte : source de bois de construction et de chauffage autrefois, elle est aujourd'hui revalorisée comme zone de loisirs. La troisième zone est consacrée à la culture alterne où dominent les céréales qui demandent des travaux saisonniers mais non quotidiens, donc des déplacements beaucoup moins fréquents que pour la première couronne. Au-delà, les zones d'assolement et de pacage demandent encore moins de déplacements.

Il faut remarquer que Von Thünen, sur sa plaine idéale, a cependant été conscient de la différenciation géographique et qu'il a compliqué son modèle en y faisant couler une rivière navigable. L'existence de cette voie de transport très bon marché a pour effet immédiat de diminuer le coût : le transport du bois par flottage y devient facile, celui des sacs de blé par péniche l'est également. La zonation en subit donc une distorsion géométrique.

Le modèle graphique est représenté sur la figure 19.

Exercice : Comment passer de cette zonation empirique à une délimitation précise des couronnes, de façon à ce qu'elles correspondent concrètement aux endroits économiquement les plus avantageux?

En transformant le modèle graphique en modèle algébrique, grâce à la programmation linéaire.

Les idées de Von Thünen peuvent s'écrire comme suit:

$$R = (p - c - td)\,y$$

R	=	(p	−	c	−	td	)	y
revenu par unité de surface exploitée		prix par unité de production		coût par unité de production		coût de transport par la distance au marché		production par unité exploitée

Cette expression est de forme linéaire en distance.

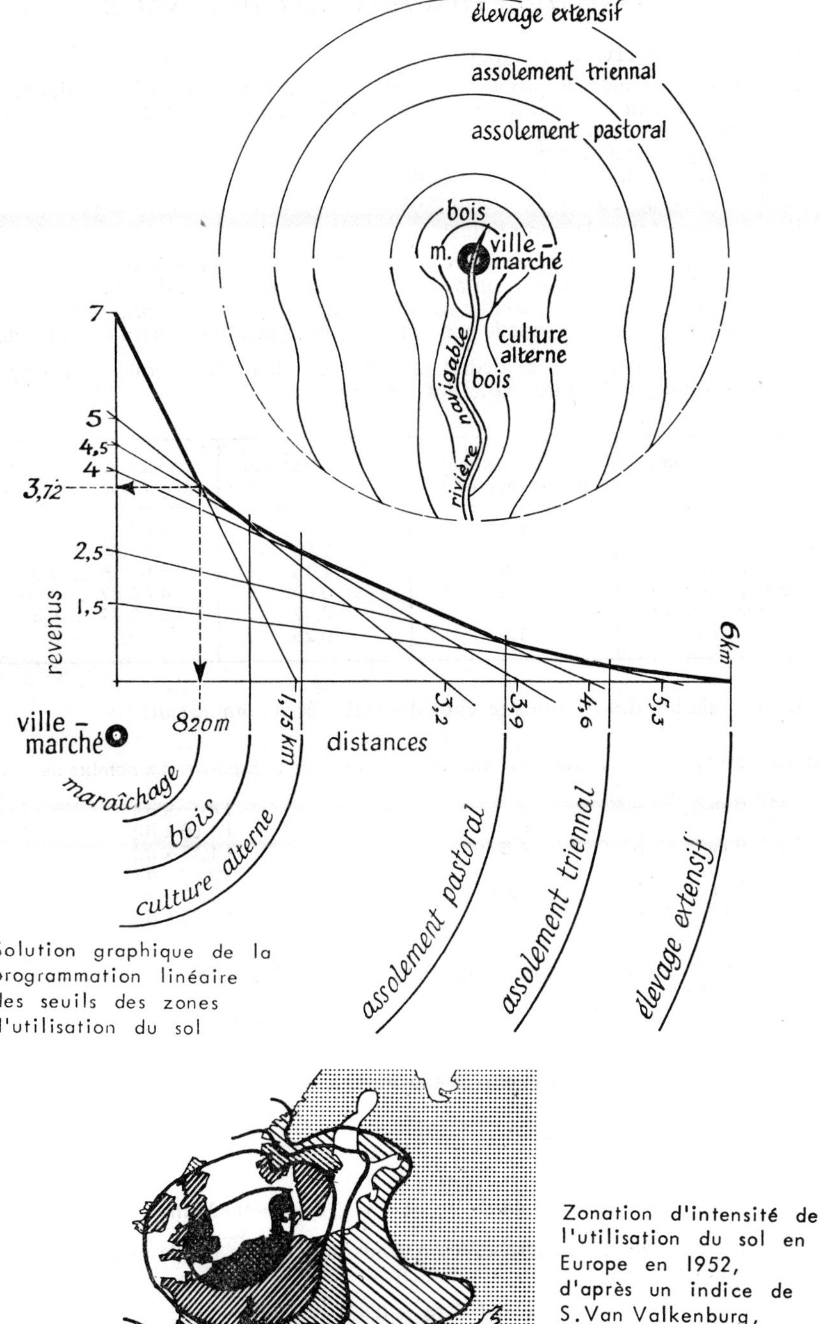
élevage extensif
assolement triennal
assolement pastoral
bois
m.
ville -
marché
culture
alterne
bois
rivière navigable
7
5
4,5
4
3,72
2,5
1,5
revenus
6km
1,75 km
3,2
3,9
4,6
5,3
ville -
marché
820m
distances
maraîchage
bois
culture alterne
assolement pastoral
assolement triennal
élevage extensif
Solution graphique de la programmation linéaire des seuils des zones d'utilisation du sol
Zonation d'intensité de l'utilisation du sol en Europe en 1952, d'après un indice de S. Van Valkenburg, cité par P. Claval

FIG. 19. — *Modèle graphique de Von Thünen.*

L'exercice comporte cinq étapes:

1) énoncer clairement le problème: quelles doivent être les dimensions des zones pour maximiser leur rentabilité en minimisant les déplacements?
2) définir les contraintes;
3) formuler les relations;
4) formuler les objectif de maximisation;
5) dessiner le polygone de maximisation.

Il y a deux sortes de contraintes:

— un revenu maximal par hectare fixé par les prix du marché de l'époque (en l'absence de données historiques on adoptera ici des unités hypothétiques),
— un coût de transport variable suivant qu'il s'agit d'un troupeau de moutons qui se déplace de lui-même sous le conduite d'un berger, d'un charroi de bois, etc...

De ces deux contraintes se déduit la distance à laquelle le coût du transport annule le revenu par hectare. Voici les données:

Type d'utilisation du sol	revenu maximal par ha (hypoth.)	coût de transport par km (hypothét.)	distance maximale en km annulant le revenu
maraîchage	7	4	7 / 4 = 1,75
bois	5	1,56	5 / 1,56 = 3,20
culture alterne	4,5	1,15	4,5 / 1,15 = 3,90
assolement pastoral	H 4	0,87	4 / 0,87 = 4,60
assolement triennal	2,5	0,47	2,5 / 0,47 = 5,3
élevage extensif	1,5	0,25	1,5 / 0,25 = 6

La formulation des relations revenus/distance s'écrit comme suit:

Revenu par type		Revenu maximal/Ha	.	Coût de transport/Km x nombre de Km
(1) R m	=	7	—	(4 x d)
(2) R b	=	5	—	(1,56 x d)
(3) R ca	=	4,5	—	(1,15 x d)
(4) R ap	=	4	—	(0,87 x d)
(5) R at	=	2,5	—	(0,47 x d)
(6) R ee	=	1,5	—	(0,25 x d)

On formule ensuite les objectifs de maximisation. Pour abréger la démonstration on ne va considérer que les deux premières équations (1) et (2). Ce que l'on veut déterminer c'est le seuil à partir duquel l'occupation en bois devient plus rentable que la culture maraîchère, c'est-à-dire:

Rm plus grand ou égal à Rb

au seuil on a Rm = Rb soit

$$\begin{aligned} 7 - 4\,d &= 5 - 1{,}56\,d \\ 7 - 5 &= 4\,d - 1{,}56\,d \\ 2 &= 2{,}44\,d \qquad d = 2/2{,}44 = 0{,}82 \text{ km.} \end{aligned}$$

A la distance de 820 m du marché, les revenus nets offerts par le maraîchage et le bois sont équivalents. Le revenu du maraîchage s'élève alors à:

$$\text{Rm} = 7 - (4 \times 0{,}82) = 3{,}72.$$

Au-delà le revenu net du maraîchage devient inférieur à celui du bois. La zone de maximisation du maraîchage doit donc s'étendre entre les seuils:

distance minimale	0 km,	revenu net maximal	7
distance maximale	0,82,	revenu net maximal	3,72.

Ces coordonnées se lisent directement sur le graphique de la figure 19.

On dessine ensuite le polygone de maximisation. Toutes les relations considérées ici étant linéaires, de forme générale $y = ax + b$, le polygone est délimité par des fragments de droites compris entre les seuils. Ces seuils correspondent aux intersections des droites de chacune des six équations de la seconde étape. Sur la figure 19, on a projeté ces seuils sur un rayon émanant de la ville-marché afin de tracer les cercles délimitant les zones où les différentes occupations du sol sont les plus avantageuses.

Dans la réalité ces relations sont rarement rectilinéaires. En effet certains éléments ne sont pas parfaitement constants. Des études empiriques effectuées à l'échelle de l'exploitation (*home-field*) ont montré que certains coûts décroissaient avec de longues distances (par exemple l'amortissement d'un camion ou d'un tracteur) ce qui se traduirait par une fonction racine de la distance ou par une fonction exponentielle négative. Il peut y avoir, au contraire, des revenus qui diminuent plus rapidement que l'accroissement de la distance (par exemple les rendements des champs éloignés, souvent moins bien soignés que les plus proches, peuvent leur être inférieurs) ce qui s'exprime par une courbe convexe vers le haut.

Supposons cependant que, pour la zone de bois proche du bourg central, les relations soient bien représentées par le graphique de la figure 20; on voit facilement que si le coût de transport diminue, les seuils-limites sont repoussés à la fois vers l'extérieur et vers l'intérieur de la zone; il en est de même si le revenu augmente (voir fig. 20). En transposant ces relations à l'échelle du commerce entre pays de plantations et pays industrialisés, on constate qu'il suffit d'un léger abaissement des prix de transports maritimes pour entraîner des variations spatiales considérables dans la

On a gardé, pour les zones de maraichage et de culture alterne, les mêmes données que dans la figure précédente.

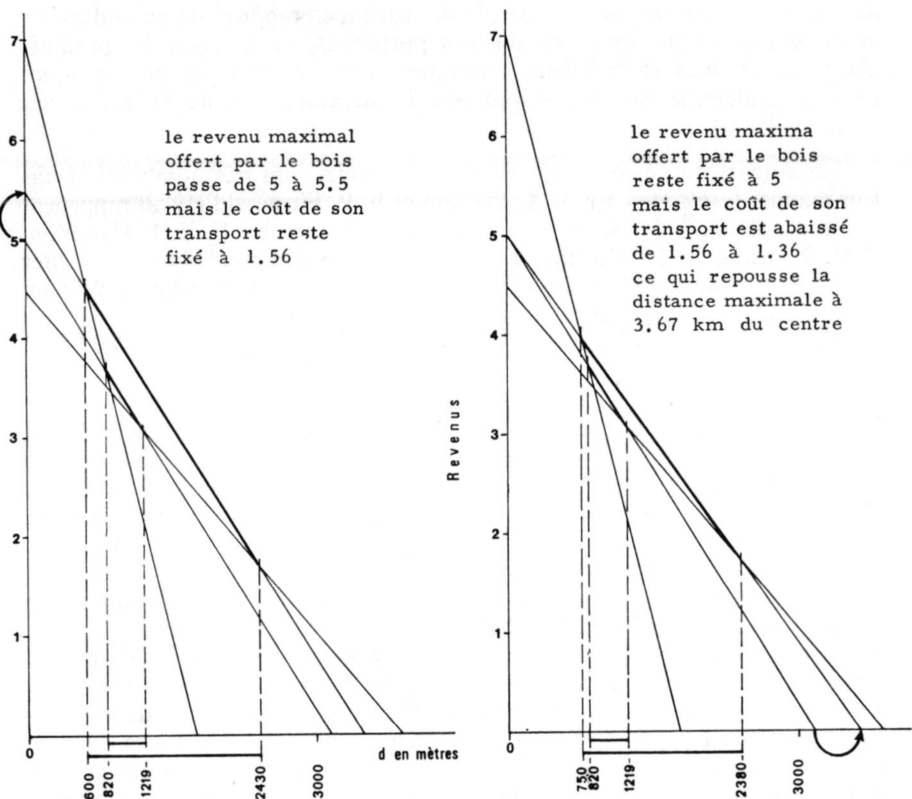
7
6
5
4
3
2
1
0
le revenu maximal
offert par le bois
passe de 5 à 5.5
mais le coût de son
transport reste
fixé à 1.56
600
820
1219
2430
3000
d en mètres
Revenus
le revenu maxima
offert par le bois
reste fixé à 5
mais le coût de son
transport est abaissé
de 1.56 à 1.36
ce qui repousse la
distance maximale à
3.67 km du centre
750
820
1219
2380
3000

FIG. 20. — *Variations hypothétiques de l'extension de la zone de bois.*

culture du café ou de l'arachide. On constate également qu'il suffit d'une légère augmentation du prix des bois coloniaux ou du caoutchouc pour que l'espace consacré aux cultures vivrières risque d'être grignoté.

Le modèle d'Alonso et la différenciation urbaine à partir d'un seul centre des affaires.

Ces modèles s'apparentent à ceux de Von Thünen pour au moins trois raisons :

— Ils sont fondés sur une décroissance des prix en fonction de la distance à un point, qui veut, par exemple, que les prix fonciers urbains diminuent du centre à la périphérie (*distance decay function*).

— Les courbes qui représentent ces fonctions prix/distances, pour différentes firmes, se rangent sur le modèle du polygone de maximisation de la figure 19, en ce sens que les pentes les plus fortes se trouvent au cœur de la ville et les plus faibles à l'extérieur.

— Les localisations des industries dans une métropole ont tendance à dessiner une zonation par catégories : pour le Grand Londres, J. E. Martin (1964) a proposé une carte montrant la répartition de quatre groupes d'industries de plus en plus éloignés du centre. Dans la couronne centrale on trouve les industries graphiques, les journaux, la confection, les machines de bureau; dans la seconde, celles qui ont besoin de place d'entrepôt et de main-d'œuvre moins qualifiée telles que les industries portuaires, les meubles, les produits alimentaires; dans la troisième couronne on trouve le matériel électrique; dans la dernière, le montage automobile, la mécanique lourde, les raffineries, etc...

Les auteurs qui se sont intéressés à ces modèles sont très nombreux. Dans leur manuel *Inside the City*, J. A. Everson et B. P. Fitzgerald (1972) rappellent les études de B. J. L. Berry, C. C. Colby, B. J. Garner, F. E. I. Hamilton, J. H. Johnson, R. E. Murphy, J. Simmons. Dans l'impossibilité de les citer tous, on rappellera ici l'un des premiers articles sur ce sujet, celui de William Alonso sur *Theory of the urban Land Market* (1960) et surtout son ouvrage classique *Location and Land-Use : toward a general theory of land rent* (1964).

W. Alonso fait d'abord remarquer que ce qui est vrai pour les firmes ne l'est pas moins pour les résidences. D'une part l'homme d'affaires recherche n'importe quelle localisation à l'intérieur de la couronne qui assure à son type d'industrie le profit maximal; de l'autre le résident achète en une seule fois un bien à deux faces qui sont, l'une quantitative, la surface de terrain à bâtir, l'autre qualitative, la situation. Il s'agit donc dans ce dernier cas de maximiser non plus le profit économique, mais la satisfaction.

Pour expliquer la maximisation de l'industriel, W. Alonso établit des familles de courbes individuelles (bid rent curves) figurant des liaisons rentabilité/distances. Le profil général de ces droites rangées par degrés de pentes, est curviligne et concave. Puis il leur superpose la courbe des prix des terrains. La concavité de celle-ci est généralement plus accentuée que celle de la précédente; en effet les prix ne sont pas simplement proportionnels à la distance au centre, mais également sensibles à la relative rareté du terrain central, aux plus fortes densités de population et de clientèle, au plus grand nombre de services, etc...

Deux cas peuvent se poser : la courbe des prix est tangente à celle de la fonction de distance et la localisation de profit maximal se place au point de tangence; la courbe est sécante et la maximisation se place entre deux seuils plutôt qu'à celui qui est le plus proche du centre (voir fig. 21).

La zonation schématique qui découle du modèle d'Alonso n'explique pas ce qu'il appelle « le paradoxe des villes américaines » et qui a été aussi celui des villes européennes : les quartiers situés immédiatement sur le pourtour du centre des affaires où le terrain est très cher, ont été longtemps des taudis d'économiquement faibles. Ceci s'explique par des considérations psychologiques simples : les riches ont fui les habitations dégradées et exiguës du centre pour aller chercher des villas à jardins à la périphérie avant de retourner, de nos jours, dans les cœurs historiques rénovés. Il y a là un phénomène de substitution sociologique à caractère cyclique de nature tout à fait différente de celle des processus purement économiques, que nous avons abordé dans les « Paysages urbains » (S. Rimbert, 1973).

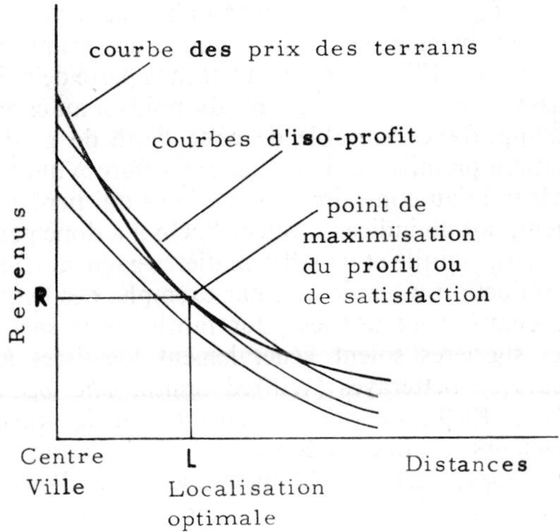

FIG. 21. — *Représentation graphique du modèle d'Alonso.*

L'ORGANISATION A PARTIR DE PLUSIEURS POINTS COMPLÉMENTAIRES

Le modèle d'Alfred Weber ou l'affectation industrielle du sol à partir des points de production, transformation, consommation.

Comme le modèle de Von Thünen, celui de Weber a aujourd'hui une importance surtout historique. A la suite de W. Launhard (*Mathematische Begründung des Volkwirtschaftslehre*, 1885), il s'est interrogé sur la localisation rationnelle des usines de transformation de matières premières en vue de réduire les transports inutiles vers les marchés de consommation; mais le fait que les dimensions politiques, fiscales, sociales soient absentes de ses analyses, le range parmi les hommes du siècle passé. Les sociétés multinationales qui gouvernent le monde actuel ont moins des problèmes de transport que d'adaptations à un système global où les flux d'information priment souvent les flux réels. On trouvera des critiques de l'œuvre wébérienne dans Paul Claval (1969), J. R. Chorley-P. Haggett (1967), Smith-Taaffe-King (1968) et dans les récents numéros du *Journal of the Regional Science Association.*

Cependant à l'échelle locale le modèle de Weber a encore ses mérites : il est clair, se prête à des applications numériques, permet de résoudre certains problèmes concrets d'implantation d'usines à l'aide de techniques simples. Il se construit essentiellement en deux phases :

— l'énoncé de postulats et de définitions,
— une phase opératoire de détermination de localisations.

Weber postule un espace uniforme où le coût des transports est proportionnel à la distance. Sur cet espace sont donnés, non plus un, mais plusieurs points fixes qui sont les lieux d'extraction ou de production des matières premières et le lieu de consommation du produit fini. Les matières premières se classent en trois catégories : celles qui sont « ubiquistes » et qui se rencontrent partout à un prix sensiblement égal, par exemple des briques; celles qui sont « pures » et que l'on peut utiliser intégralement sans perte de poids, par exemple le fil destiné au tissage; celles qui « perdent du poids » au cours du traitement manufacturier. L'importance variable de cette perte de poids s'exprime par un « indice de matière première ». Une matière « pure » qui a une perte nulle a un indice de valeur 1; au contraire, des matières qui perdent les 7/8 de leur poids par traitement, ont un indice de valeur 8. On n'a donc pas intérêt à transporter ces 7/8 de charge inutile et de telles matières gagnent à être transformées sur leur lieu de production. C'est le cas, par exemple, des betteraves qui, avec le charbon, et la chaux, sont utilisés pour fabriquer le sucre; ceci explique que les raffineries sucrières soient généralement localisées à proximité des champs producteurs de betteraves (Wilfred Smith, *The location of industry.* Smith, Taaffe, King, 1969). En outre, Weber essaie de prendre en considération quelques facteurs tels que les économies d'échelle qui accompagnent la concentration des usines; c'est ce qu'il appelle les effets d' « agglomération ».

Comment opérer pour déterminer la localisation optimale d'une usine de produits finis en fonction des données précédentes, étant entendu que l'optimisation consiste ici à minimiser les coûts de transport? Les techniques proposées par Weber pour répondre à cette question, se résument à quatre :

• Une liste d'« orientations » de localisations en fonction d'hypothèses industrielles que l'on a résumée en un tableau (fig. 22). De ce tableau se dégagent deux grandes catégories de localisations : les implantations qui conviennent aux usines travaillant des produits purs et des produits ubiquistes et les autres qui sont intermédiaires entre le lieu de production de la matière première et le marché. Pour ces dernières, il utilise les constructions suivantes :

• Une solution de type mécanique, connue sous le nom de triangle de Weber, même si ce n'est autre chose que le triangle de Varignon où s'équilibrent des forces. Son centre de gravité peut être déterminé algébriquement, mécaniquement et géométriquement à l'aide de vecteurs comme on le verra dans l'exercice 1, à la fin de ce paragraphe.

• Une solution de type géométrique, les « isodapanes » (voir exercice 2). Ces courbes ne sont pas des lieux géométriques de coût minimal; elles indiquent simplement des lignes de coûts égaux de transport le long desquelles un chef d'entreprise qui devrait tenir compte d'autres impératifs que les matériaux

différentes hypothèses de fabrication	Matériaux utilisés par l'usine T			Localisation de l'usine de transformation T offrant un produit fini			
	ubiquistes	ponctuels					
		purs purs	perdant du poids (avec leurs indices)	Lieu de production de la matière première	Marché ou lieu de consommation du produit fini	Lieu intermédiaire	Zone industrielle agglomérée
A	U				T		
B		P			T		
C			M	T			
D	$U_1 + U_2$				T		
E		$P_1 + P_2$			T		
F			$M_1 + M_2$			T	
G	U	P	M_1				T
H	U	P	M_8	T			

FIG. 22. — *Tableau des hypothèses industrielles de Weber.*

et les transports, par exemple le logement de la main-d'œuvre, pourrait rencontrer des conditions d'implantation équivalentes.

• Une solution de type algébrique qui consiste à déterminer le seuil à partir duquel les économies d'échelle dues à l'agglomération, l'emportent sur les accroissements de distance. Weber constate que les usines sont rarement isolées car il peut être avantageux pour une petite fabrique de renoncer à son isodapane minimale pour se rapprocher d'une plus grosse entreprise. Il faut cependant que le bénéfice de cette proximité soit supérieur à l'augmentation de coût de transport que représente la sortie de l'isodapane minimale, soit :

$$A_{Q+q} - A_Q > Ldqt$$

où :

Q est la production de la plus grande usine
q celle de la plus petite
A l'avantage provenant de l'agglomération
L l'indice de matière première ou poids localisationnel
d la distance entre Q et q
t le coût du transport.

Jusqu'à quelle distance cet avantage existera-t-il? Soit D cette distance maximale, on a :

$$LDt = (A_{Q+q} - A_Q)/q$$

où la fonction d'agglomération $fA(Q) = LDt$.

Cela signifie que le rayon dans lequel l'avantage d'agglomération auprès de la grande usine est effectif, est directement proportionnel à la fonction et inversement proportionnel à l'indice L et au coût de transport t. Mais comment évaluer quantitativement cet avantage? Weber ne nous en dit rien

Ceci conduit à aborder les insuffisances du modèle de Weber. Elles sont de deux sortes : économiques et sociales.

Du point de vue économique, il n'est pas exact que les coûts de transport soient directement proportionnels à la distance : à distance égale, un transport par mer, quand c'est possible, est beaucoup moins coûteux qu'un transport routier. Il n'est pas exact non plus que ces coûts soient proportionnels au poids: à poids égal, un produit fini demande souvent plus de soin qu'une matière première livrée en vrac. Il est également faux que les lieux de production et de marché soient toujours fixes : l'exploitation forestière n'est pas fixe et tel marché peut s'ouvrir ou se fermer suivant la conjoncture monétaire. Enfin le modèle de Weber néglige les coûts de production et, en particulier, la distribution géographique de l'énergie.

Par ailleurs il ne peut être envisagé que dans le cadre d'une « libre entreprise » de pays neuf idéal. En fait, même dans les pays capitalistes la localisation des industries ne s'explique pas uniquement par des contraintes de matières premières et de transport. Quant aux pays socialistes, ils rejettent par principe « l'agglomération » qui favorise les déséquilibres régionaux et ils placent le développement des entreprises d'État au-dessus du profit individuel.

Mais, à cause de ses insuffisances le modèle de Weber s'est révélé très fructueux : il a suscité de nombreuses critiques et corrections. Une des plus récentes se trouve dans le manuel de Richard L. Morrill (1970).

R. Morrill distingue trois types de systèmes industriels :

— les systèmes orientés par les transports,
— les systèmes orientés par la main-d'œuvre,
— les industries complexes.

Dans le premier type il place les industries liées et localisées par des matières premières soit très impures, soit très volumineuses, soit périssables ou encore celles qui sont grosses consommatrices d'énergie localisée. Il cite le traitement des minerais sur la place d'extraction pour réduire leur volume de transport; les scieries des régions forestières qui amenuisent des cubages à expédier; les conserveries des régions agricoles qui traitent des produits ne supportant pas de longs transports; le raffinage de l'aluminium utilisant sur place l'énergie des grandes centrales hydroélectriques.

Toujours dans ce même type il place les industries offrant des produits peu coûteux et qui ont intérêt à se localiser près des consommateurs pour économiser les coûts de transport au maximum; par exemple les brasseries ou les briquetteries. Ces industries sont donc essentiellement liées aux places centrales de niveau supérieur.

Dans le second type les considérations techniques et de salaires l'emportent sur les frais de transport. Toutes les industries réclamant beaucoup d'heures de travail manuel suivent les régions à bas salaires : textiles, pièces de radio standardisées, ampoules électriques. Celles qui utilisent des sous-produits ou qui fonctionnent comme sous-traitantes, suivent des industries pilotes à techniques spéciales; par exemple les produits chimiques dérivés du raffinage du pétrole ou les composants aéronautiques. Enfin les industries à hauts salaires d'ouvriers qualifiés sont associées à une clientèle de métropole; par exemple les industries graphiques qui trouvent dans les capitales à la fois des débouchés qualitatifs et quantitatifs. La production de masse d'annuaires de téléphone, de catalogues de magasins, de romans-photo permet aux éditeurs d'offrir le luxe de quelques livres scientifiques.

Le troisième type fait appel à plusieurs fournisseurs et sous-traitants de produits finis. Il se localise donc là où existent déjà des groupements industriels. C'est le cas de l'industrie automobile qui consomme des pièces de caoutchouc, des glaces, de la peinture, etc... Elle a également besoin d'être à proximité d'un marché important; ses limites coïncident généralement avec celles de la région industrielle elle-même.

L'intérêt du rappel de ces principes généraux est de montrer la liaison existant entre les activités secondaires et tertiaires qui ont dû être séparées pour les besoins de l'étude théorique par Weber, Dans une analyse du marché

Profil des interférences des cônes des prix de la pâte et du papier à travers l'Amérique du Nord (d'après R. Morrill).

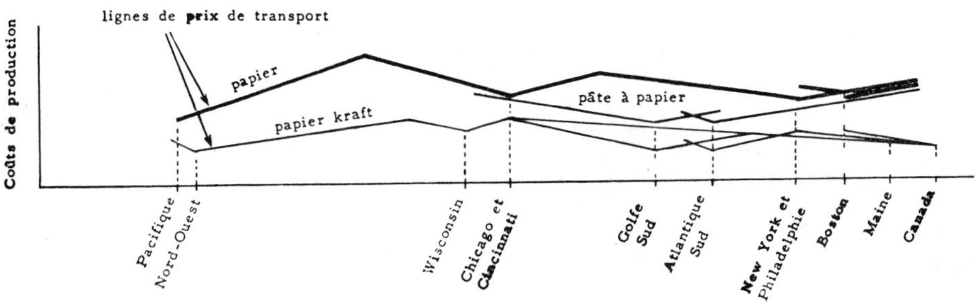

FIG. 23. — *Organisation spatiale de l'industrie du papier en Amérique du Nord.*

du papier aux États-Unis, R. Morrill propose un schéma d'organisation spatiale de l'industrie de la pulpe qui combine les deux constructions : voir la figure 23.

Exercice 1 : On suppose que la fabrication d'un produit fini consommé au centre C nécessite la livraison à une usine de transformation T, de deux matières premières. L'une, M_1 est pure et ne perd pas de poids, l'autre M2 est impure et perd la moitié de son poids par traitement. Les lieux d'extraction L1 et L2 ainsi que le centre de consommation C sont trois points donnés, fixes. Par ailleurs on sait que les tarifs de transport ne sont pas les mêmes dans toutes les directions : le tarif est de 3 unités par km sur le trajet L2T, de 2 unités sur L1T et de 2 unités également sur le tronçon TC. Où doit-on installer l'usine T pour minimiser les coûts de transport ?

La solution graphique se trouve en cinq étapes :

— On place T arbitrairement quelque part à l'intérieur du triangle formé par L1, L2 et C, à titre d'essai.

— A partir de T, on mesure les distances qui le séparent des trois points fixes ; soit TC 5 km, TL1 6 km, TL2 8 km.

— On pondère ces distances par les poids à transporter et par le prix kilométrique de transport. Puisque M2 perd la moitié de son poids par traitement, pour 100 unités de M1 il en faudra 200 de M2. Donc pour 300 unités transportées en T on obtiendra 200 unités de produit fini. Les distances pondérées sont donc égales à :

	tarif		poids		km		coût
L1T	2	x	100	x	6	=	1200
L2T	3	x	200	x	8	=	4800
TC	2	x	200	x	5	=	2000

— On trace à partir de T des vecteurs dont la longueur est proportionnelle à 1 200, 4 800, 2 000 (par ex. : 1,2 cm, 4,8 cm, 2,0 cm).

— On fait la somme de ces trois vecteurs en les ajoutant bout à bout (dans n'importe quel sens) ce qui forme un polygone ouvert (voir fig. 24).

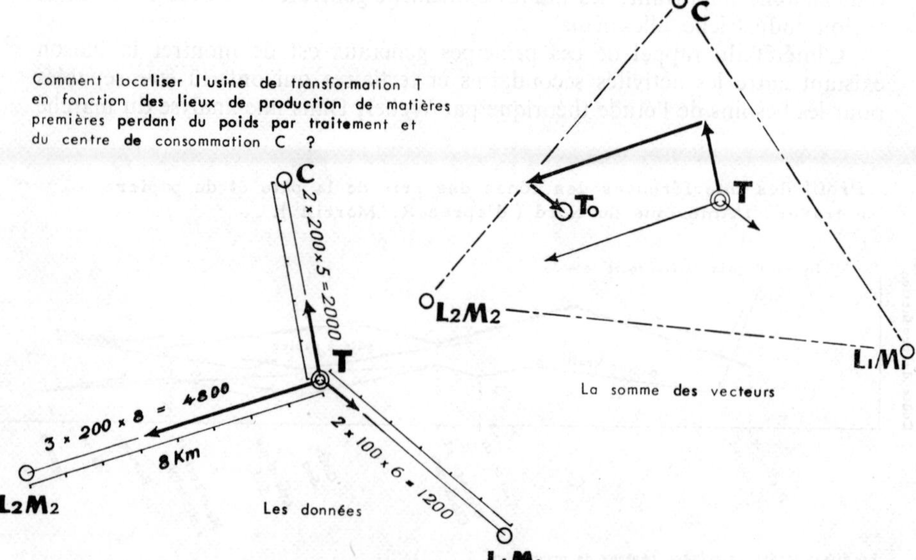

FIG. 24. — *Solution graphique du triangle de Weber.*

— La localisation optimale de T se trouve à l'extrémité de la résultante. Dans son *Analyse spatiale en géographie humaine* Peter Haggett (1973) propose une solution similaire avec un plus grand nombre de points fixes.

Exercice 2 : Un entrepreneur utilise les deux matières premières précédentes produites dans les deux localités L1 et L2 distantes de 12 km. A cause des nuisances de son industrie il n'est pas autorisé à établir son usine à moins de 1,5 km des centres des localités. Par ailleurs il ne veut pas s'imposer des coûts de transport supérieurs à 8 unités. Comment déterminer le lieu géométrique répondant à ces exigences ?

La réponse s'obtient en quatre étapes :

— On trace des cercles centrés en L2 de rayons 1 km, 2,3 ... 12 km. On obtient ainsi des circonférences d'égal coût de transport de M2.

— A partir de L1, on trace des cercles de coûts égaux aux précédents ; mais comme M1 ne perd pas de poids par transformation, on en transporte deux fois plus, ou deux fois plus loin, pour le même revenu. Si bien que les cercles de même coût ont ici des rayons de 2 km, 4, 6, 8 ... 12 km.

— Ces deux séries de circonférence de coûts égaux interfèrent en plusieurs points. On repère les intersections qui totalisent 8 unités de coût. Par exemple, en partant de L2 en ligne droite vers L1, on compte 4 unités auxquelles on ajoute 4 unités en partant de L1 et on écrit 8 au point de rencontre.

— On joint les points de valeur 8. La courbe d'égal coût ainsi obtenue est appelée « isodapane » (voir fig. 26.8).

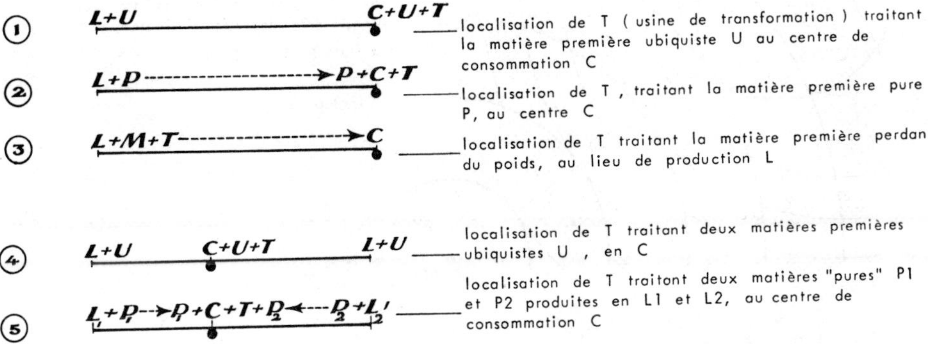

FIG. 25. — *Principes de localisation pour la construction d'isodapanes.*

Puis l'entrepreneur fait intervenir la localisation du marché de consommation C. La combinaison distance-poids-tarif pour le produit fini indique que les circonférences à tracer à partir de C ont des rayons de 1,5 km, 3, 4, 5 ... 12 km. Les intersections de ces nouvelles circonférences avec les précédentes permettent de délimiter des aires de coûts égaux à trois variables. Sur la figure 26.9 on a dessiné l'aire de coût de 12 unités à l'intérieur de laquelle il y a un point de coût 8.

Les modèles gravitationnels ou l'analyse des aires d'influence dans les champs de forces de plusieurs centres.

Les modèles de gravité s'inspirent de la physique newtonienne qui veut que « deux corps matériels s'attirent en raison directe de leur masse et en raison inverse du carré de leur distance ». Ce qui peut se traduire géographiquement en deux principes :

— Le principe de distance, qui veut que l'interaction qui s'exerce entre deux localités, en termes de contacts sociaux ou économiques, soit liée de façon inverse à la distance les séparant.

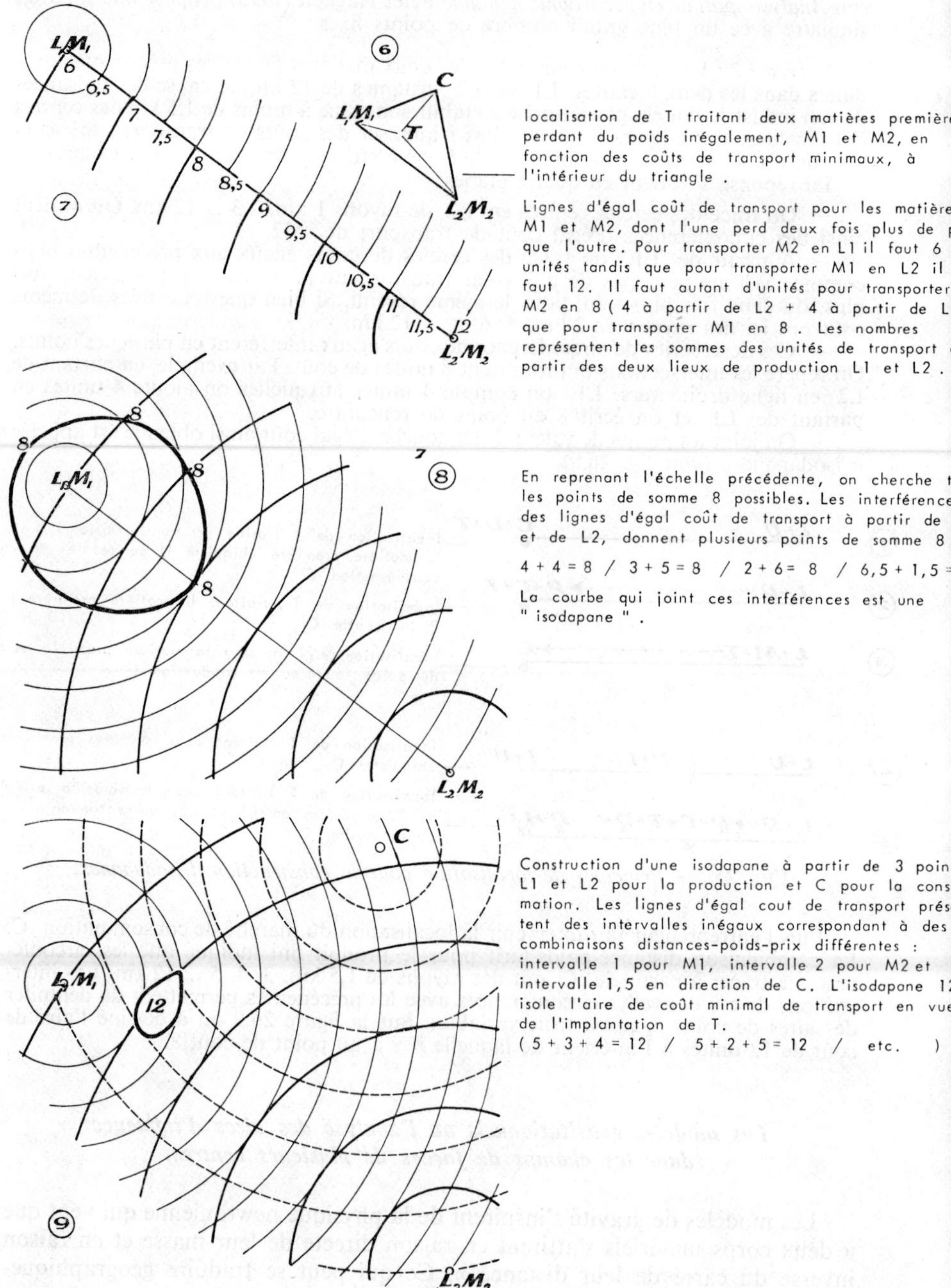

6
7
8
9
L_1M_1
L_2M_2
C
T
6 6,5 7 7,5 8 8,5 9 9,5 10 10,5 11 11,5 12
localisation de T traitant deux matières première
perdant du poids inégalement, M1 et M2, en
fonction des coûts de transport minimaux, à
l'intérieur du triangle .
Lignes d'égal coût de transport pour les matière
M1 et M2, dont l'une perd deux fois plus de p
que l'autre. Pour transporter M2 en L1 il faut 6
unités tandis que pour transporter M1 en L2 il
faut 12. Il faut autant d'unités pour transporter
M2 en 8 (4 à partir de L2 + 4 à partir de L1
que pour transporter M1 en 8 . Les nombres
représentent les sommes des unités de transport à
partir des deux lieux de production L1 et L2 .
En reprenant l'échelle précédente, on cherche t
les points de somme 8 possibles. Les interférence
des lignes d'égal coût de transport à partir de
et de L2, donnent plusieurs points de somme 8 :
4 + 4 = 8 / 3 + 5 = 8 / 2 + 6 = 8 / 6,5 + 1,5 =
La courbe qui joint ces interférences est une
" isodapane " .
12
Construction d'une isodapane à partir de 3 point
L1 et L2 pour la production et C pour la conso
mation. Les lignes d'égal cout de transport prése
tent des intervalles inégaux correspondant à des
combinaisons distances-poids-prix différentes :
intervalle 1 pour M1, intervalle 2 pour M2 et
intervalle 1,5 en direction de C. L'isodapane 12
isole l'aire de coût minimal de transport en vue
de l'implantation de T.
(5 + 3 + 4 = 12 / 5 + 2 + 5 = 12 / etc.)

FIG. 26. — *Constructions d'isodapanes.*

— Le principe d'implication spatiale qui veut que dès qu'une implantation a été réalisée, la probabilité d'apparition d'autres implantations dans son voisinage soit augmentée ou diminuée.

On doit donc imaginer ici les établissements humains assimilés à des masses dotées de force et qui sont plongées dans un champ d'interrelations. L'organisation fonctionnelle de l'espace traduit alors un certain équilibre à l'intérieur de ce champ. On peut l'analyser suivant les deux approches habituelles : celle des interrelations régionales, qui intéresse surtout les administrations d'aménagement, et celle de la firme individuelle, qui concerne surtout le marketing.

Les modèles qui vont être présentés ont deux objectifs principaux :

— déterminer des limites d'influence entre localités,
— décrire et prédire l'importance de flux entre localités.

La loi de la gravitation du commerce de détail, formulée par William J. Reilly en 1931 est fondée sur l'analogie avec l'énoncé de Newton. Elle s'applique à des agglomérations distribuées en réseaux dont l'espacement est fonction des masses démographiques. Elle s'exprime par une formule simple, permettant de calculer la distance du point de rencontre de deux zones d'influence :

Formule de la loi de Reilly

Point de limite d'influence (breaking-point) à partir de la ville « y » placée au dénominateur $= \dfrac{K}{1 + \sqrt{x/y}}$.

Application.

Soit une ville A ayant 6 302 habitants et une ville B en ayant 3 291 en 1968 séparées par 6 km (par ex. Obernai et Rosheim). Le point de limite d'influence se situe à

$$\frac{6\text{ km}}{\text{I} + \sqrt{\dfrac{6\,302}{3\,291}}} = 2{,}516 \text{ km de B.}$$

L'exemple des villes A et B montre que, plus la population est importante, plus la limite d'influence recule : Obernai fera sentir son attraction jusqu'à 3,49 km et Rosheim, qui est plus petite, jusqu'à 2,51 km seulement.

Supposons maintenant qu'on s'intéresse aux flux de trafic qui peuvent s'établir le long d'une route reliant les centres i, j, k, l ayant respectivement des populations Pi, Pj, Pk, Pl et séparées par des distances dij, djk, dkl.

D'une manière générale le modèle gravitationnel s'écrit:

$$\text{I}ij = \text{G}\,\frac{\text{M}i\,\text{M}j}{(dij)^b}$$

où les symboles signifient:

Iij, force gravitationnelle ou interaction entre les corps i et j;
Mi, Mj, les masses des deux corps;
dij, la distance séparant les corps;
G, une constante gravitationnelle.

Géographiquement, le modèle de gravité se traduit par:

$$\text{I}ij = a \cdot \left(\frac{\text{P}i\,\text{P}j}{(dij)^b}\right)$$

où les symboles signifient:

Iij, interaction prévue entre i et j, deux centres donnés;
Pi, Pj, les populations des deux centres au sens statistique de « population »;
dij, la distance en km séparant les deux centres,
b, exposant variable (généralement 2);
a, un coefficient variable (un scalaire, dépendant des diverses unités utilisées).

De ces formulations générales on peut tirer deux expressions :

la force d'attraction théorique	le flux de communications
$Iij = \frac{Pi\ Pj}{(dij)^b}$	$Iij = a . \frac{Pi\ Pj}{(dij)^b}$ soit $Iij = a . PiPj(dij)^{-b}$.

dont on va donner des exemples d'applications. Le premier exemple est emprunté à B. P. Fitzgerald (Walford, 1973) qui s'intéresse à la prédiction de trafic routier, le second à Ross Mackay (dans Berry-Marble, 1968) qui a analysé des flux téléphoniques entre Montréal et plusieurs villes anglophones.

B. P. Fitzgerald, à l'aide de la formule d'attraction théorique, commence par calculer les valeurs de I*ij*, I*jk*, I*kl*, I*ik*, I*il*, I*jl*, soit 10, 260, 10, 40, 50 et 240 qu'il range dans la matrice suivante :

	i	j	k	l
i	0	10	40	50
j		0	260	240
k			0	10
l				0

trafics théoriques par tronçons de route

ij = 10 + 40 + 50 = 100

jk = 40 + 260 + 240 + 50 = 600

kl = 50 + 240 + 10 = 300

1000

Pi i (dij) Pj j (djk) Pk k (dkl) Pl l

100 600 300

Les sommes de valeurs théoriques obtenues par addition des trafics des tronçons concernés, indiquent des proportions prévues par rapport au total, soit 10 % pour *ij*, 60 % pour *jk*, 30 % pour *kl*. La vérification de ce modèle consiste alors à comparer les valeurs observées sur le terrain aux valeurs prévues, par exemple à l'aide d'un test de khi-carré.

Ross Mackay quant à lui, a utilisé un modèle de régression multiple dérivé de la formule de flux :

Supposons que dans $Iij = a . PiPj(dij)^{-b}$, le coefficient « *a* » soit lié aux habitudes téléphoniques des groupes linguistiques concernés et que l'exposant « *b* » dépende de l'effet de friction que provoquent les grandes distances. Le flux théorique de communications téléphoniques I*ij* apparaît donc comme une variable dépendante des variables indépendantes (ou explicatives) que sont P et *d*. Cette relation correspond à une situation de régression multiple où l'on peut isoler les coefficients *a* et *b* en utilisant les logarithmes de toutes les variables, soit :

$$\log Iij = \log a + b_1 \log Pi + b_2 \log Pj - b_3 \log dij$$

ce qui rappelle :

$$Y = a + b_1 X_1 + b_2 X_2 - b_3 X_3$$

c'est-à-dire la formule générale de la régression multiple. Dans ce cas, la valeur du coefficient de détermination R^2 de régression multiple indique l'importance du flux gravitationnel qui est établi entre les points considérés.

L'un des principaux intérêts de la régression réside dans la possibilité d'énoncer un modèle d'attraction théorique par rapport auquel définir les « résidus » des flux observés qui s'en écartent. Ces résidus deviennent généralement très sensibles à l'approche d'un accident géographique tel qu'une frontière politique ou linguistique, dans le cas des communications téléphoniques. C'est donc une méthode d'exploration de l'effet des frontières sur les zones d'influence. J. R. Mackay a émis à cette occasion l'idée d'une équivalence entre frontière et distance : au Québec, la frontière linguistique a le même effet qu'un accroissement de la distance de 5 à 10 et la frontière internationale agit comme le ferait le doublement de la distance.

Parmi les développements auxquels l'idée d'attraction mutuelle dans un champ spatial a donné lieu, l'un des plus intéressants est celui des cartes de potentiel.

L'idée d'une surface décrivant les interactions simultanées de différents points qui y sont situés, est due à l'astronome J. Q. Stewart auquel s'est associé le géographe William Warntz (dans Berry-Marble, 1968). Le potentiel est une mesure d'influence réciproque pour chacun des points d'une surface géographique. Selon que ces points sont pondérés par leur population démographique ou par toute autre population statistique, on parle de potentiel démographique, de potentiel de revenus, de prix, etc...

Le potentiel en un point, s'exprime par la quantité :

$$V_i = \sum_{j=1}^{n} \frac{P_j}{D_{ij}{}^b}$$

où :

P est la population en chaque point j,
n le nombre de points considérés,
D la distance entre chaque paire de points (en km, en heures, en coût de transport),
b un exposant.

Pratiquement, pour construire une carte de potentiel en isolignes, il faut faire pour chaque point la sommation suivante :

$$\frac{P_i}{(0,5)(D_{i,2})} + \frac{P_2}{D_{i,2}} + \frac{P_3}{D_{i,3}} + \frac{P_4}{D_{i,4}} \dots = V_i$$

On remarque que le premier terme de cette addition a une structure différente des autres : le « poids » de la ville dont on calcule le potentiel est divisé par la moitié de la distance qui la sépare de sa voisine la plus proche. En effet, la « distance » d'une unité de population avec elle-même étant zéro, une division par zéro renverrait à l'infini; on a donc adopté une convention particulière pour la ville i.

L'intérêt des cartes de potentiel n'est pas que descriptif; elles peuvent aussi constituer un outil de recherche comme le montrent les deux exemples suivants.

Les migrations sont un type particulier de flux. Dans leur manuel, Abler-Adams-Gould (1971) partent de l'hypothèse que l'émigration des Noirs de l'Alabama vers les villes du nord des États-Unis, avait dû être proportionnelle aux masses et aux distances de celle-ci. Cette force d'attraction pesant sur l'Alabama peut se résumer par la notion de potentiel total, soit : potentiel Alabama

$$V_a = \sum_{j=1}^{n} \frac{P_j}{D_{aj}}$$

$$\frac{\text{population de chaque ville d'immigration (23 villes du nord et de l'ouest)}}{\text{distance entre chaque ville d'immigration et le centre de l'Alabama}}$$

On peut alors essayer d'estimer la contribution de chacune des villes à la création de ce potentiel total, comme étant une partie de V_a (= 48 971 en 1950), proportionnelle au poids démographique et à la distance de chaque lieu d'émigration considéré. Par exemple, étant donné que la population de New-York en 1950 était de 9 556 000 habitants et que la distance mesurée de son centre à celui de l'Alabama est de 1 125 miles, on pouvait estimer que New-York était capable d'attirer une population d'émigrants égale à (9556/1125) : 48 971 = 17,3 % du total des émigrants originaires d'Alabama. Soit :

$$\frac{P_j/D_{aj}}{V_a} = \frac{\text{population d'une ville contribuant à former ce potentiel} \;/\; \text{distance de l'Alabama à cette ville}}{\text{potentiel total créé en Alabama } (V_{\text{alabama}})}$$

En exprimant le potentiel local de chaque ville en pour-cent d'émigrants qui auraient théoriquement dû être attirés par ces villes et en calculant la différence avec la réalité, on a obtenu de forts résidus positifs et négatifs montrant que les motivations culturelles et économiques ont joué beaucoup plus fortement que les masses démographiques. New-York, ville à nombreux emplois tertiaires a, par exemple, reçu un contingent de Noirs inférieur à ce que sa masse démographique laissait attendre, alors que Newark où les emplois industriels sont devenus nombreux après 1950 en a reçu une proportion beaucoup plus importante.

Le second exemple d'utilisation de cartes de potentiel comme outil de recherche, concerne une étude de formation régionale des prix en fonction des lieux de demande, et de production. Cette étude publiée par Bjorn Tegsjö et Sture Oberg a déjà été exposée dans le manuel de Maurice Yeates (1968) et on se contentera ici de la résumer. Les deux auteurs ont construit, pour la Suède, deux cartes en isolignes; l'une, la carte du potentiel de la demande en œufs frais est pratiquement une carte de potentiel démographique dont les fortes valeurs se situent sur Stockholm; l'autre, la carte du potentiel d'offre en œufs a été construire en utilisant les nombres d'œufs produits par comté : les fortes valeurs se rencontrent dans la province du sud-ouest. Il n'y a donc pas corrélation spatiale entre les lieux de production et de demande comme c'est normalement le cas entre produits agricoles et consommation urbaine. On pouvait donc émettre l'hypothèse qu'en se plaçant dans un contexte d'économie libérale, la formation du prix se traduirait par une variation spatiale montrant un accroissement du sud-ouest vers Stockholm; comment cartographier une telle variation?

Comme dans toutes les synthèses cartographiques, qui impliquent la mise en relation de deux ou de plusieurs cartes, il faut évidemment renoncer aux comparaisons visuelles ou aux manipulations graphiques par superposition dont on a fort bien démontré les résultats erronés (H. H. McCarty, N. E. Salisbury, 1961) : la combinaison de deux cartes est affaire de méthode statistique et seul le résultat final mérite une expression graphique. La méthode statistique qui s'impose ici est, à nouveau, la régression multiple. En effet la formation du prix (P_i) peut être considérée comme la variable dépendant des deux variables explicatives que sont la demande (D_i) et l'offre (Q_i), ce qui s'écrit :

$$D_i = \sum_{j=1}^{n} \frac{P_j}{D_{ij}} + \frac{P_i}{D_{ii}}$$ potentiel de la demande en fonction des populations démographiques P

$$Q_i = \sum_{j=1}^{n} \frac{F_j}{D_{ij}} + \frac{F_i}{D_{ii}}$$ potentiel de l'offre en œufs en fonction de la production des fermes F des comtés

la distance D_{ii} s'obtient ici en multipliant par 1,35 le rayon de la circonférence tracée à partir du centre médian d'un comté et qui circonscrit la moitié de sa population.

$$C_i = a + b_1(D_i) + b_2(Q_i)$$ équation de régression

prix en couronnes.

Cette équation permet de connaître les valeurs théoriques de C pour chaque comté, donc de placer ces valeurs sur une carte, et le coefficient de corrélation multiple qui donne une estimation de l'explication fournie par le jeu de l'offre et de la demande. Dans le cas étudié par Tegsjö et Oberg ce coefficient n'était pas très élevé (0,68) ce qui laissait supposer que d'autres variables explicatives intervenaient dans la formation du prix ($r = 0{,}68$ correspond à $p^2 = 0{,}46$, c'est-à-dire que le coefficient ne rend pas tout à fait compte de la moitié de la variation).

En dehors de leur intérêt pratique pour la construction de cartes de prix, les cartes d'isopotentiel que Q. Stewart et W. Warntz (1958) ont consacré à leurs études macrogéographiques, présentent l'intérêt théorique de permettre de déceler les états d'équilibre ou de déséquilibre régionaux.

Un état d'équilibre régional se traduit par une forte corrélation aréale entre des cartes de potentiel démographique général et des cartes de potentiel d'activités particulières. Il est en effet sociologiquement souhaitable de trouver beaucoup d'emplois dans les régions très peuplées plutôt que des masses de chômeurs d'une part et des exploitations très rentables dans des déserts d'autre part.

La comparaison aréale globale entre cartes univariées peut se faire selon deux grands types de procédures : la recherche de corrélations par paires d'observations discrètes ayant de semblables localisations bien définies, ou bien cette même recherche par sondages consistant à extraire des points pris au hasard dans une représentation continue. Les cartes de potentiel, en isolignes, sont des représentations continues construites à partir de centroïdes. On peut donc, pour mesurer l'état d'équilibre existant entre cartes de potentiel et cartes de densités, appliquer soit le coefficient de rang de Spearman (Ca_s), soit le coefficient de Kendall (Ca_k), soit le coefficient d'association aréale fondé sur la méthode des moindres carrés (Ca) à des paires de centroïdes pondérés ou à des observations tirées au hasard (Neft. 1966).

Cette idée d'équilibre régional a d'abord été émise par Lösch (1943), puis reprise par W. Isard (1956). On la trouvera longuement exposée par Garrison (1959-1960) à l'occasion de comptes rendus d'ouvrages groupés sous le titre de *Structure spatiale de l'économie* (Smith, Taaffe, King, 1968) dans la conclusion desquels il nous avertit que son survol de quelques 35 pages laisse ce sujet très difficile, entièrement ouvert. Aussi ne sera-t-il pour nous l'objet que de deux remarques :

D'une part l'équilibre régional, en l'absence de systèmes clos et d'une parfaite mobilité des investissements, des techniques, des coûts, de la main-d'œuvre, n'est qu'une vue de l'esprit. Sa réalisation impliquerait une situation statique, correspondant à un état d'homogénéité rappelant l'entropie de Shannon telle qu'elle a été précisée par B. Marchand (1972). D'autre part, cette vue de l'esprit a la valeur d'un modèle idéal de référence par rapport auquel on peut tenter de mesurer les disparités locales. En fait elle se trouve concrétisée dans l'existence des prix qui essaient de refléter un équilibre théorique entre l'offre et la demande et dans celles des monnaies nationales qui synthétisent la situation de grandes régions « discrètes », séparées par des seuils frontaliers.

Les travaux précédemment cités illustrent l'approche gravitationnelle régionale. Cette approche, de caractère généralement déterministe, est assez satisfaisante dans les zones rurales où, d'une part les choix offerts aux consommateurs sont réduits par les contraintes de distance, et, d'autre part, les paysages étant plus homogènes que pour les quartiers urbains les distorsions sont moins fréquentes. Mais il est également important d'examiner l'approche inverse qu'on appellera individuelle, que l'individu soit une firme, un client isolé, un groupe de migrants, etc...

Le fait qu'un individu puisse choisir un lieu d'achat, un lieu de travail, un lieu de résidence, un lieu d'implantation d'entreprise industrielle ou commerciale, oblige à perfectionner la définition de l'attraction en lui donnant un caractère probabiliste. Tout en restant dans la tradition de Reilly, David Huff a proposé un modèle de délimitation d'aire d'influence commerciale qui repose sur les préférences probables des clients de trois magasins à grandes surfaces (1962). On s'en est inspiré pour l'exercice suivant.

Exercice 3.

Trois hypermarchés, H1, H2 et H3 se partagent la clientèle des quartiers A, B, C. On suppose que les clients fixent le choix de leur lieu d'approvisionnement en fonction de deux contraintes: les temps de déplacement comparés de leur résidence aux hypermarchés et la variété des produits offerts dans les trois établissements. On se propose:

1) de délimiter les zones d'influence probables de chacun des trois hypermarchés;

2) de cartographier les zones d'égale sollicitation ou « marge d'indifférence »;

3) d'estimer la masse de clients potentiels de chaque hypermarché.

Examinons le cas d'un consommateur résidant dans le quartier A qui est sollicité par H1, H2 et H3 (voir fig. 27). On va d'abord construire une carte d'isochrones autour de A et ensuite estimer l'attraction présentée par les différents rayons des magasins. Cette dernière estimation résulte d'enquêtes qui montrent, en général, que les rayons d'alimentation sont plus attractifs que ceux de vêtements qui le sont plus que ceux de meubles, etc... Il a donc été possible d'affecter ces rayons de paramètres hiérarchisés d'autant plus forts que le client est moins disposé à y venir souvent. La force d'attraction d'un rayon peut donc être exprimée en fonction de sa valeur relative pour le client (paramètre lambda λ), de sa surface en m², de sa

Tableau pour l'application du modèle de Huff à la cartographie théorique du recrutement de trois hypermarchés sur trois quartiers.

quartiers / hypermarchés	P_{ij} A	P_{ij} B	P_{ij} C	E_{ij} nombres d'habitants de A 1500	B 2000	C 1600	Zij
H_1	.377	.178	.520	565	356	832	1753
H_2	.377	.357	.229	565	714	366	1645
H_3	.245	.464	.250	367	928	400	1695
	1.0	1.0	1.0				
	probabilités qu'un client de chacun des 3 quartiers aille acheter de l'alimentation à H1, H2, H3			nombres probables de clients envoyés par chacun des 3 quartiers			nombres probables de clients de H1, H2 H3

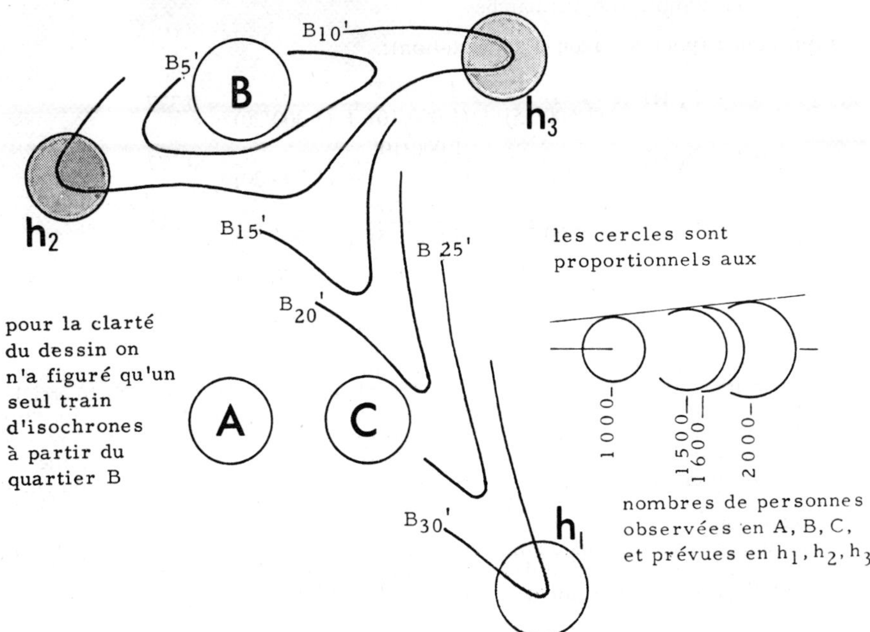

FIG. 27. — *Application du modèle de Huff.*

distance à la résidence en minutes de déplacement (TA). Ces données sont regroupées dans le tableau ci-après:

Temps de déplacement à partir des quartiers en minutes			Hypermarchés	Surfaces des rayons en m2		
				alimentation	vêtements	mobilier
T A	T B	T C		$\lambda = 1$	$\lambda = 2$	$\lambda = 3$
15′	30′	10′	H1 2500 m2	1500 m2	500 m2	500 m2
10′	10′	15′	H2 2000 m2	1000	400	600
20′	10′	18′	H3 2300 m2	1300	700	300

A partir des données de ce tableau on va calculer la probabilité qu'il y a pour qu'un habitant de A aille se ravitailler dans chacun des trois hypermarchés, en ne tenant compte, d'abord, que des rayons d'alimentation. Pour cela on applique la formule générale:

$$Pij = \frac{Sj/Tij^{\lambda}}{\sum_{j=1}^{n} (Sj/Tij^{\lambda})}$$

où P*ij* est la probabilité qu'un client habitant *i* aille au marché *j*,
S*j* est la dimension en m² du marché à ou du rayon considéré,
T*ij* le temps de déplacement pour aller de la résidence *i* au supermarché *j*,
λ le paramètre empirique d'attraction relative des différents rayons,
n le nombre d'hypermarchés,

ce qui donne (pour le rayon d'alimentation):

$$P_A\,H1 = \frac{1\,500/15'}{(1\,500/15) + (1\,000/10) + (1\,300/20)} = 0.377$$

$$P_A\,H2 = \frac{1\,000/10'}{(1\,000/10) + (1\,500/15) + (1\,300/20)} = 0.377$$

$$P_A\,H3 = \frac{1\,300/20'}{(1\,300/20) + (1\,500/15) + (1\,000/15)} = 0.245$$

Total 1.000

Le fait que la somme des probabilités soit de 1.0 implique que l'on n'envisage pas ici que le client considéré s'adresse ailleurs qu'à l'un des trois marchés.

On répète ces calculs pour B et C et d'autres points théoriques ce qui permet de construire une carte en courbes d'isoprobabilités d'attraction commerciale, graduées de 0.01 à 0,99. Sur ses cartes se dessinent les zones d'influence théoriques des marchés. Ces zones correspondent, en cartographie, à des surfaces de demande qui peuvent être irrégulières, c'est-à-dire dont le gradient varie avec le potentiel de vente. Dans le cas d'interférences se dessinent des marges « d'indifférence » du client ou de « concurrence » des vendeurs. Elles correspondent à des franges spatiales d'équilibre compétitif.

Par ailleurs les directeurs de marchés peuvent s'intéresser aux quantités probables de clients à espérer en fonction de la population des quartiers qui tombent dans leurs aires d'influence. Il leur suffit d'appliquer la formule:

$$Eij = Pij \times Ci$$

où E*ij* est l'estimation du nombre de clients du marché *j*
C*i* est le nombre de résidents du quartier *i*
P*ij* est la probabilité calculée précédemment.

Une zone commerciale peut donc être géographiquement définie comme une surface contenant des clients potentiels pour qui existe une probabilité supérieure à zéro d'acheter une certaine catégorie de produits dans un établissement donné. Ceci s'exprime par:

$$Zj = \sum_{i=1}^{n} (Pij \times Ci)$$

Remarques sur les concepts des modèles de gravité.

Les trois concepts fondamentaux sur lesquels sont construits les modèles de gravité sont, comme on vient de le voir : la force d'attraction, le potentiel, le travail c'est-à-dire, ici, le déplacement. Ces trois concepts se définissent mathématiquement et ont été utilisés en géographie sous les formes :

- la force

$$F = k \frac{m.m'}{d^2}$$

où m et m' sont deux masses de corps quelconques,
k une constante,
d la distance entre les deux corps.

- le potentiel

$$V = k \sum_{j=1}^{n} \frac{mi}{di}$$

dans un champ de force newtonien défini à partir d'un nombre quelconque de n corps, on peut calculer le potentiel total en un point en faisant la somme de tous les potentiels partiels

- l'énergie mutuelle

$$E = k \frac{m.m'}{d}$$

ou indice d'interaction.

Il faut noter que, comme en physique, la force F est la dérivée du potentiel, au signe près.

La question fondamentale qui découle de ces emprunts à la mécanique est de savoir s'il est nécessaire, pour des problèmes économiques ou démographiques, de conserver les mêmes exposants qu'en physique, ou bien s'il vaut mieux adapter le modèle aux cas particuliers.

On a vu des exposants varier avec les types de marchandises offerts dans un hypermarché (exercice précédent). Certains auteurs les ont fait varier avec les types de migrants, avec les niveaux de la hiérarchie urbaine, etc... Selon T. Hägerstrand les basses valeurs d'exposants correspondent à des phénomènes assez généraux, les hautes valeurs à des mouvements plus limités ou plus spécialisés. Il semble que l'intérêt de l'exposant variable soit une question d'échelle. En s'accroissant, la distance perd de son influence systématique : la ménagère qui fera une différence entre le magasin situé à cinq minutes et celui qui l'est à quinze, n'en fera plus pour la promenade du dimanche qui réclamera 50 ou 60 minutes de voiture.

Cette remarque est, par ailleurs, l'occasion de préciser la notion de distance et donc d'espace. C'est rarement la distance métrique à vol d'oiseau que l'on fait entrer dans les modèles, qui est utilisée dans la vie pratique; la « distance économique » et la « distance psychologique » entrent beaucoup plus dans les motivations de déplacements et de mise en marche des flux que le nombre réel d'hectomètres parcourus. Il convient donc de pondérer la distance topographique par les coûts de transport ou par les représentations mentales de l'effort à fournir ou de l'ennui à subir. Cette pondération peut porter sur la variable distance elle-même ou sur son exposant. Elle peut également porter sur les cartes auxquelles on fait subir des anamorphoses par adoption d'échelles non-équidistantes : la dilatation de l'espace familier à l'aide d'une échelle logarithmique est d'une pratique courante. On est donc amené à s'éloigner de plus en plus des véritables modèles de gravité pour se rapprocher de ceux de la géographie du comportement.

On a parfois reproché aux modèles de gravité d'être purement descriptifs. La variété de leurs applications montre qu'il n'en est rien. Ils peuvent aussi jouer un rôle prévisionnel en matière d'implantation de commerces, d'orientation de migrations, de localisation d'industries, d'analyse de mouvements pendulaires de travail et de changements démographiques régionaux.

On peut rattacher à l'école gravitationnelle le concept des pôles de croissance de François Perroux (1955). On a vu, à l'occasion de l'analyse de l'œuvre de Weber, que l'agglomération des activités permet de bénéficier d'économies externes. On peut supposer que l'agglomération résultant d'une interaction des forces du marché apporte également des bénéfices sociaux. Si les activités économiques d'une région ont tendance à s'agglomérer autour de quelques points, les flux de polarisation vont graviter autour d'eux avec une densité se réduisant vite en fonction de la distance. On peut alors tracer autour des pôles, une limite de densité critique de flux qui entourera une région ayant les caractéristiques d'une grande place centrale de haut niveau hiérarchique. On pourra alors traiter le pôle de croissance comme une place centrale. Cependant, si une taille minimale est nécessaire pour mettre en marche le dynamisme d'un pôle de croissance, il existe aussi une taille maximale à partir de laquelle les déséconomies deviennent trop importantes. Paris et le désert français (Gravier, 1947) offrent une organisation spatiale de type polarisé qui accentue le contraste ville-campagne en élevant le revenu par habitant des Parisiens et en élevant aussi leur dépenses.

Enfin, les modèles de gravité complètent la théorie des places centrales qu'on va examiner au paragraphe suivant. Cette théorie, due à Christaller, postule et démontre l'existence de relations entre trois ensembles : l'ensemble des distances, l'ensemble des populations, l'ensemble des fonctions. Le plus important, en matière d'organisation de l'espace, est évidemment celui des fonctions; mais il est très difficile à connaître et à mesurer. De là l'idée de le court-circuiter en étudiant les relations distances-populations qui permettent d'inférer sur les fonctions. C'est là l'un des principaux intérêts de la Loi de Reilly. Les modèles de gravité apparaissent ainsi comme une approximation économique assez satisfaisante d'une étude détaillée de « places centrales ».

ORGANISATION SPATIALE ET NOTION DE HIÉRARCHIE DE SERVICES

Les principes de Christaller.

Malgré ses imperfections et les modifications qu'elle a dû subir, la théorie des places centrales constitue l'un des modèles géographiques les plus achevés.

Sans elle il n'aurait pas été possible de parler d'une géographie théorique indépendante des autres sciences. Son importance justifie la très abondante littérature qu'elle a suscitée (P. Claval, 1966-1972).

En matière d'organisation spatiale elle présente l'intérêt d'offrir une structure explicative des relations fonctionnelles créatrices du contraste villes-campagne. C'est une théorie de la localisation des lieux d'échange.

L'observation géographique qui nous fait distinguer des villes et des campagnes tient à l'existence d'une complémentarité entre les produits agricoles qui demandent beaucoup de place et les services des lieux d'échange que sont les marchés ponctuels. L'une des façons d'estimer cette complémentarité est de faire appel à la notion de centralité : elle indique dans quelle mesure une ville exerce ses différentes fonctions à l'intérieur de sa région.

De ces observations se dégagent trois principes qui vont se trouver à l'origine de trois lois spatiales dont la combinaison aboutit à une structure géométrique générale.

1) L'existence de marchés entraîne le principe qui veut que chaque point du territoire théorique qui est rural, homogène et sur lequel la population est supposée être uniformément répartie, soit accessible à tous les biens et services possibles. Ce principe de marché entraîne plusieurs conséquences :

— ces conditions ne seront remplies que si la compétition est la même pour tous les centres; donc les centres doivent être équidistants. Spatialement, ils se placent aux sommets de triangles équilatéraux;

— la région complémentaire de chaque place centrale, telle qu'il n'y ait pas de frange d'interférence périphérique, doit être hexagonale;

— les biens et les services offerts par la place centrale n'ont pas tous une égale importance; ils sont hiérarchisés. Par exemple, la fourniture de produits d'épicerie répond à un besoin presque quotidien, celle de distractions comme le cinéma répond à une demande hebdomadaire, celle d'outils ou de meubles à un besoin mensuel ou bi-mensuel, celle de consultations médicales à un besoin annuel, etc... Leur hiérarchie entraîne celle des places centrales ainsi que celle des aires d'influence correspondantes.

— Les aires d'influence hiérarchisées gardent une forme hexagonale quel que soit leur rang.

— Les places centrales du haut de la hiérarchie sont forcément plus espacées que celles du bas. Une capitale régionale qui accueille des commerces de luxe ou des services rares, tels qu'une galerie de peinture abstraite ou des experts en droit international, a évidemment besoin d'une aire de recrutement de clientèle beaucoup plus vaste que celle du boulanger de village.

— Chaque place centrale, quel que soit son rang, commande un nombre k de places inférieures. La place centrale élémentaire se trouve à l'un des sommets du triangle équilatéral et commande à deux lieux de rang inférieur; dans ce cas, $k = 3$. Si la progression des centres, depuis le hameau jusqu'à la métropole, suit la règle de trois, la progression des distances qui les séparent et celle de la taille des aires d'influence qui en dépendent a pour raison $\sqrt{3}$.

Le principe de marché est donc responsable de l'apparition d'une structure triangulaire se développant en aires hexagonales emboîtées. Cette structure est essentiellement aréale (voir fig. 28).

2) La liaison la plus économique entre places centrales se fait par des routes rectilignes réunissant le plus possible de centres de haut niveau hiérarchique. Ce principe de transport est donc essentiellement linéaire. Il arrive que la structure linéaire recoupe la trame hexagonale et l'altère. Les regroupements de places centrales par des routes se fait sur la base de $k = 4$.

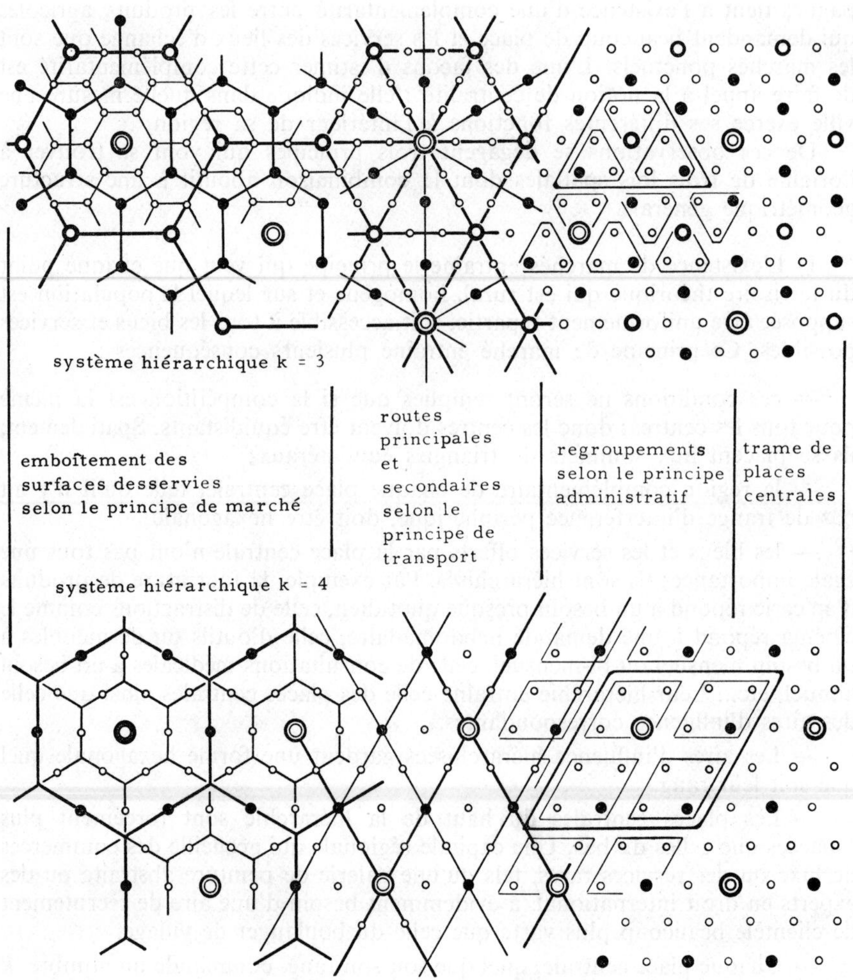

FIG. 28. — *Les trois principes du modèle de Christaller*

3) Il est commode, pour les besoins administratifs, de bien délimiter et séparer les étendues de juridictions. Le principe administratif se traduit par un cloisonnement en cellules. La hiérarchie administrative est sensible à partir d'un centre contrôlant les six cellules immédiatement inférieures. Sa trame a donc une structure construite avec $k = 7$.

Les modifications de la théorie des places centrales.

La théorie s'est trouvée bien vérifiée non seulement en Bavière (W. Christaller, 1933) mais aussi en Iowa (J. A. Laska dans B. J. L. Berry, 1967), c'est-à-dire dans des régions rurales planes à habitat groupé, qui peuvent être considérées comme des surfaces isomorphes à distribution uniforme. William Bunge a même pu la vérifier dans des régions à distribution non-uniforme des centres, en pratiquant une simple anamorphose cartographique : par transformation des limites rétablissant une égale densité de population, la trame hexagonale réapparaît dans certains cas (W. Bunge, 1962).

Mais de nombreux problèmes ont surgi quand on s'est mis à étudier les noyaux à fonctions centrales du haut de la hiérarchie et des critiques et des adaptations sont devenues nécessaires.

La contribution de Lösch (1943) représente un perfectionnement des idées de Christaller plutôt qu'une mutation. Comme son prédécesseur, il se place dans un milieu homogène, à répartition uniforme et triangulaire des centres, conduisant à des aires d'influence hexagonales, dues à l'existence d'une hiérarchie de fonctions. Mais il y ajoute les principes suivants :

— la dualité ville-campagne vient de ce que la production agricole est aréale alors que la production industrielle est punctiforme et que cette dernière se vend mieux en ville. La production industrielle vendue à partir d'un point est donc à l'origine d'un « entonnoir » de prix qui vont croissant avec la distance vers les surfaces agricoles, alors que la demande des agriculteurs se traduit par un cône ayant pour base la zone d'influence et pour centre la ville (voir fig. 29). L'interférence de l'entonnoir et du cône dessine la trame hexagonale de base.

— Chaque industrie a sa taille particulière d'hexagone.

— Tous les centres de même niveau ne possèdent pas tous des fonctions identiques. Il en est de spécialisés. En particulier les centres supérieurs n'exercent pas toujours l'essentiel des fonctions des centres inférieurs; d'où la nécessité d'utiliser un coefficient k variable. Le k fixé de Christaller n'est plus ici qu'un cas particulier du système de Lösch.

Les véritables modifications sont venues à la fois d'études empiriques et théoriques, dues à de nombreux auteurs à qui on se contentera ici d'emprunter quelques idées.

B. J. L. Berry et W. L. Garrison ont mis en évidence deux concepts importants : la notion de seuil et celle de portée d'un bien (1958). Un seuil est une limite de population ou de production qui permet l'apparition d'une nouvelle fonction; la portée d'un bien décrit la taille de son aire de vente ou d'influence.

Par ailleurs, en comparant l'idée hiérarchique de Christaller à la loi de Zipf (1958), ou « règle de la taille suivant le rang », Berry et Garrison ont montré qu'elles étaient identiques à condition de remplacer le symbole P*n* de Zipf (population de la ville *n*) par son équivalent du schéma de Christaller. Ceci a également été développé par M. J. Beckmann (1958) dont Harry W. Richardson (1969) résume ainsi la formalisation :

La loi de Zipf établit que dans un système urbain la population d'une ville donnée tend à être égale à celle de la ville la plus importante, divisée par le numéro d'ordre de rangement par taille démographique de la ville en question.

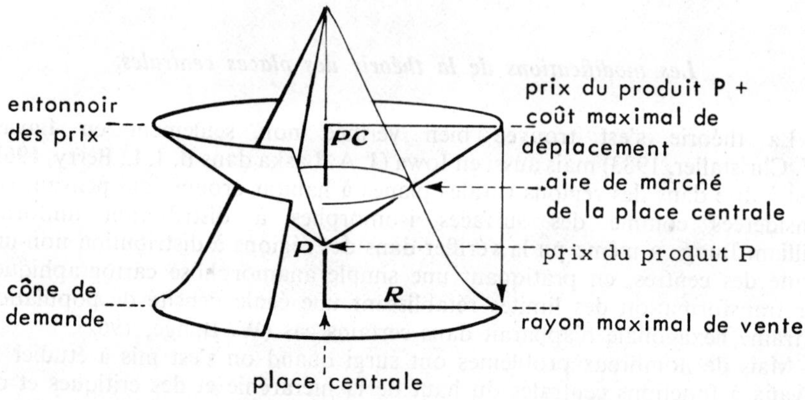

La rencontre des aires de marché circulaires crée des franges de concurrence qui conduisent à un découpage hexagonal.

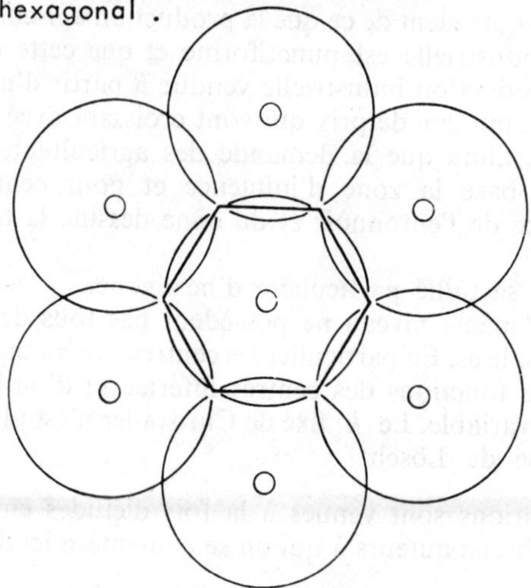

FIG. 29. — *Schéma d'organisation économique de l'espace selon August Lösch.*

Ceci rappelle la loi de croissance allométrique que l'on rencontre partout dans la nature. En pratique la formule de base peut être modifiée par l'adjonction d'une constante qui sert à améliorer l'ajustement de la distribution. Ce qui s'exprime par :

$$M^a P_M = P_A = Q$$

où a et Q sont des constantes,

P_M et P_A représentent les populations de la ville donnée de rang M^ième^ et de la plus grande ville A.

Soit M = le rang, P_M = la population desservie par la ville de rang M, C_M = la population de la ville de rang M, K = la proportion de population desservie localisée à la place centrale, n = le nombre de places d'ordre M — 1 desservies par des places d'ordre M, et R_1 = la population rurale desservie par la place du dernier rang; la population de la place desservie par le plus petit centre devrait être :

$$P_1 = R_1/1 - K$$

De même la population du centre le plus grand M et celle qui est désservie par lui, sont, respectivement :

$$C_M = KP_M$$

et
$$P_M = C_M + n\,P_{M-1}$$

d'où
$$P_M = \frac{n}{1-K}P_{M-1}$$

puis $P_{M-1} = \dfrac{n}{1-K}P_{M-2}$, puis $P_{M-2} = \dfrac{n}{1-K}P_{M-3}$, etc...

en généralisant

$$P_M = \left(\frac{n}{1-K}\right)^{M-1} P_1$$

où l'on peut substituer $\dfrac{R_1}{1-K}$ à P_1 ce qui donne par remplacement :

$$P_M = \left(\frac{n}{1-K}\right)^{M-1} \times \frac{R_1}{1-K} = \frac{R_1 n^{M-1}}{(1-K)^M}$$

tandis que C_M devient :

$$C_M = \frac{KR_1 n^{M-1}}{(1-K)^M}$$

La population de la plus petite place centrale est alors égale à $KR_1/(1-K)$ tandis que celles de chacune des plus grandes, prises par ordre croissant, sont égales à : $n/(1-K) \times$ population de la place suivante. On constate, d'après les équations de P_M et de C_M, que les populations des places centrales ainsi que celles qu'elles desservent croissent de manière exponentielle quand on s'élève dans la hiérarchie. Ceci est bien conforme avec l'hypothèse empirique qui voulait que le nombre de types de commerces croisse avec l'élévation de niveau des centres.

La mise en rapport de la population d'une place centrale avec sa population desservie selon la règle du rangement par taille telle que l'a proposée Beckmann, serait particulièrement justifiée dans certains états d'équilibre régional. L'existence d'un état d'équilibre entre la tendance générale à une organisation en classes hiérarchisées et un processus aléatoire dû à des différences locales conduit à plusieurs remarques :

- l'état d'équilibre peut être soit une observation momentanée, soit l'expression de la persistance dans le temps d'un rapport de valeur constante entre les taux de croissance des centres à chaque niveau de la hiérarchie et le taux de croissance de l'ensemble de la hiérarchie. De toutes façons on ne doit pas imaginer les trames comme des organisations statiques, mais comme faisant partie d'un système ouvert, évolutif.

• les différences locales sont une évidence en milieu rural, mais encore plus en milieu urbain qui est anisotrope. Elles se manifestent non seulement dans les formes visibles des paysages urbains, mais aussi dans les décalages d'évolution et de réaction des habitants. Un développement égal, ubiquiste, simultané, est irréaliste. A l'introduction par Von Thünen d'un fleuve navigable dans sa plaine idéale, correspondent les « rubans commerciaux » le long des voies urbaines importantes de Berry (1967, p. 46). Dans ces deux cas l'effet de la distance se trouve diminué et l'accessibilité facilite l'usurpation de certaines fonctions par des places centralisatrices qui court-circuitent les petits centres.

Ainsi l'intérêt de la théorie des places centrales s'est-il progressivement déplacé de la recherche d'une forme géométrique rarement observée, à l'étude des processus de hiérarchisation des activités. L'une des illustrations les plus simples de cet héritage de la théorie des places centrales orienté vers l'étude des comportement des utilisateurs de services, nous est sans doute fournie par le graphique de hiérarchisation des aires fonctionnelles de « Retail location and Consumer Behaviour » de B. J. L. Berry, H. G. Barnum, R. J. Tennant (1962) voir fig. n° 30.

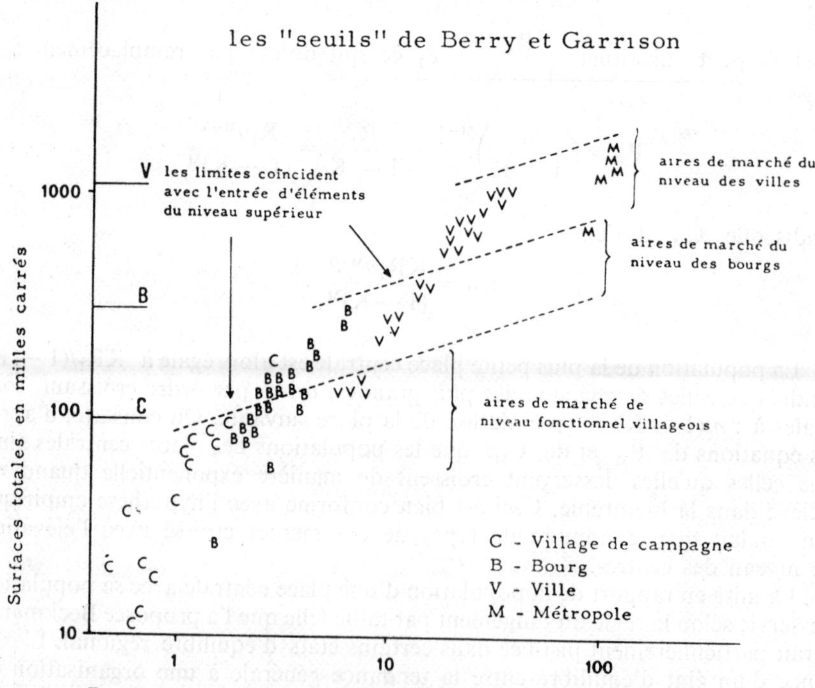

FIG. 30. — *Relations entre populations, surfaces desservies et fonctions hiérarchisées des places centrales.*
(Redessiné d'après Berry-Barnum-Tennant, 1962, in *Papers and Proceedings*, Regional Science Association, vol. 9).

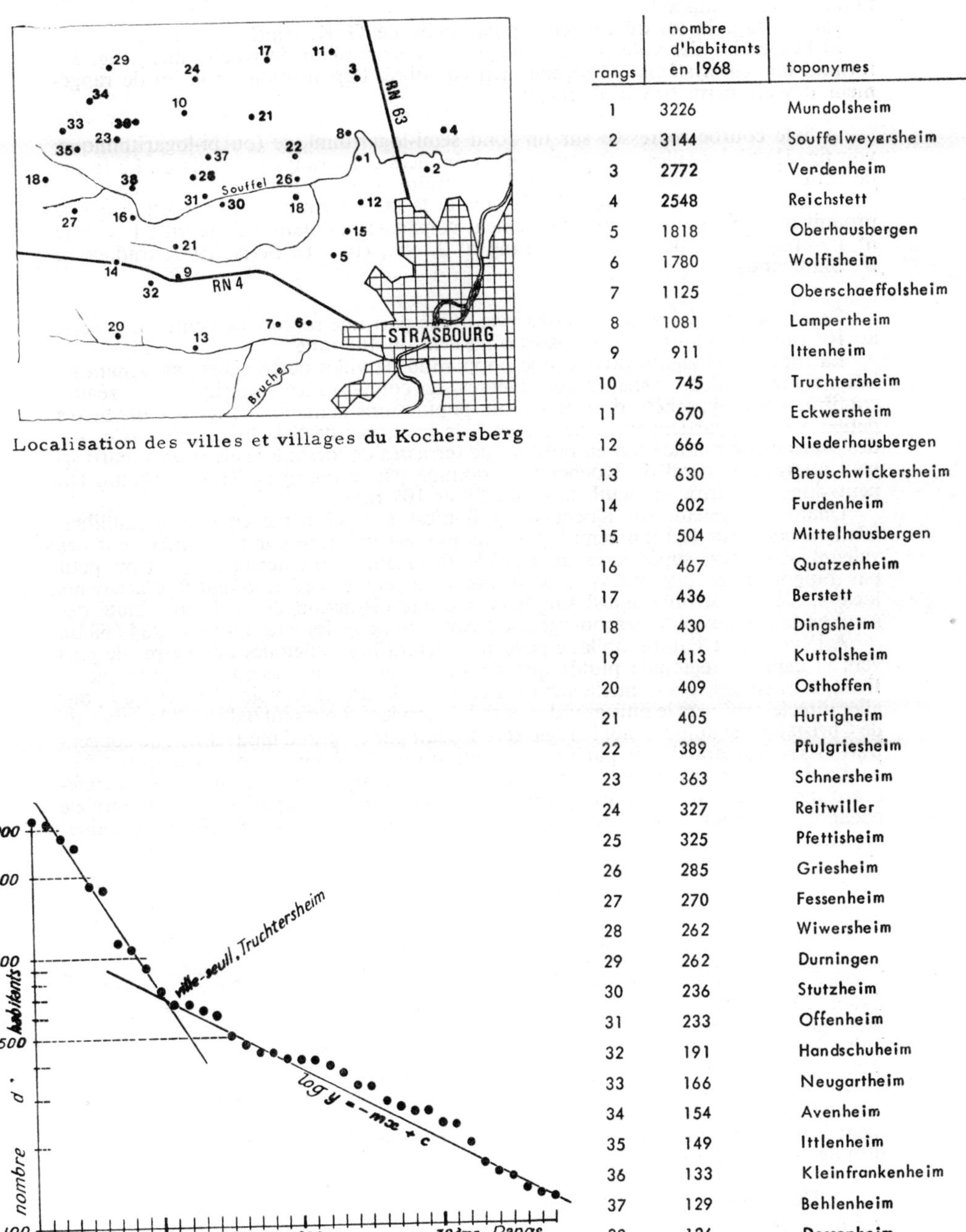

rangs	nombre d'habitants en 1968	toponymes
1	3226	Mundolsheim
2	3144	Souffelweyersheim
3	2772	Vendenheim
4	2548	Reichstett
5	1818	Oberhausbergen
6	1780	Wolfisheim
7	1125	Oberschaeffolsheim
8	1081	Lampertheim
9	911	Ittenheim
10	745	Truchtersheim
11	670	Eckwersheim
12	666	Niederhausbergen
13	630	Breuschwickersheim
14	602	Furdenheim
15	504	Mittelhausbergen
16	467	Quatzenheim
17	436	Berstett
18	430	Dingsheim
19	413	Kuttolsheim
20	409	Osthoffen
21	405	Hurtigheim
22	389	Pfulgriesheim
23	363	Schnersheim
24	327	Reitwiller
25	325	Pfettisheim
26	285	Griesheim
27	270	Fessenheim
28	262	Wiwersheim
29	262	Durningen
30	236	Stutzheim
31	233	Offenheim
32	191	Handschuheim
33	166	Neugartheim
34	154	Avenheim
35	149	Ittlenheim
36	133	Kleinfrankenheim
37	129	Behlenheim
38	126	Dossenheim

FIG. 31. — *Rangement par taille des villes et villages du Kochersberg* (Alsace).

Exercice 4. Comment déterminer les seuils des niveaux d'une organisation fonctionnelle hiérarchisée?

En utilisant la loi du rangement par taille de G. K. Zipf.

Si l'ensemble des villes et des villages de l'échantillon de Kochersberg (fig. 31) formait un seul système homogène bien équilibré, l'application de la loi de rangement devrait permettre d'observer:

— une courbe redressée sur un fond semi-logarithmique (ou bi-logarithmique, voir fig. 31) où les villes sont portées en ordonnées et les rangs en abscisses. La forme de cette droite décroissante de gauche à droite serait: $\log y = - mx + c$;

— une relation constante entre le rang et la taille se traduisant par le fait que le produit qui suit serait approximativement constant: population de la ville I × rang n° 1 = population de la ville 2 × rang n° 2, etc., (B. J. L. Berry, 1967, traduction B. Marchand).

Or ce n'est pas ici le cas. On observe, d'une part une rupture de pente assez nette au 10ᵉ rang, de l'autre des « bosses » au-delà du 10ᵉ rang.

La rupture est significative d'une population de villes hétérogènes, provenant de la rencontre de deux systèmes non-intégrés. La connaissance empirique de la région confirme cette hypothèse de mélange de populations statistiques: les dix premières petites villes appartiennent à un système de banlieues de Strasbourg, disposées sur des axes de communication en bordure de terrasses de loess; les suivantes appartiennent au système rural du Kochersberg dominé par le bourg de Truchtersheim. On peut donc admettre un seuil entre les 9ᵉ et 10ᵉ rangs.

Quant au système du Kochersberg il n'est pas lui-même en état d'équilibre. L'alignement, sur le fond semi-logarithmique, est déformé par un bombement des valeurs observées, supérieures au modèle théorique: Truchtersheim est trop petit par rapport à ce que les villages suivants laissent attendre. S'agit-il d'accidents locaux, aléatoires, ou s'agit-il simplement d'une distorsion due à la proximité des services de la métropole strasbourgeoise? (Strasbourg agglomération 1968: 334 668 h).

A l'époque de l'automobile le paysan préférera faire quelques kilomètres de plus vers la capitale régionale plutôt que de s'adresser à son « centre hiérarchique ». Il est dans ce cas fonctionnellement « normal » de brûler la voie hiérarchique pour aller directement vers le plus grand éventail de services. Le « saut » de certains niveaux de Christaller est aujourd'hui la règle et se traduit par un grand mouvement de concentration sur les capitales et par une stagnation ou un déclin des petits centres.

La théorie des places centrales ne constitue donc plus guère qu'un modèle de référence pour des analyses exploratoires de la structure spatiale et un modèle pédagogique pour introduire les étudiants à l'analyse des répartitions urbaines régulières.

Exercice 5. Comment reconnaître une tendance à la répartition hexagonale uniforme sur une carte de villes et de villages?

On utilise pour cela une technique de description conçue pour un semis de points distribués dans l'espace bi-dimensionnel de la carte et qui s'appelle l'analyse du voisin le plus proche. Cette technique a d'abord été utilisée par des botanistes (Clark, Evans, 1954) désireux de décrire les distributions de trois plantes herbacées, généralement groupées, ainsi que celle d'arbres dont ils soupçonnaient la compétition pour la lumière de les avoir favorisés sur un plan hexagonal. Puis elle a été appliquée aux places centrales par M. Dacey (1960, 1962, 1964, 1966).

Comme beaucoup de techniques de cartographie théorique, la démarche à suivre revient à comparer les observations de la réalité à un modèle de référence statistiquement bien défini, afin d'estimer dans quelle mesure elles peuvent lui être assimilées ou non. Il convient donc:

— De recueillir les observations concernant le semis de points discrets; ce sont des distances (r_{A1}, r_{A2}, ... r_{An}) entre villages, que l'on résume par leur moyenne $\bar{r}_A$.

— D'établir le modèle de référence. En fait ce modèle a une triple forme puisqu'il s'échelonne du semis aggloméré au semis uniforme, en passant par le semis aléatoire. Le problème a donc été de trouver un indice progressant sur une échelle continue d'un extrême à l'autre: c'est la statistique « R » (voir l'échelle sur la figure 32, en haut).

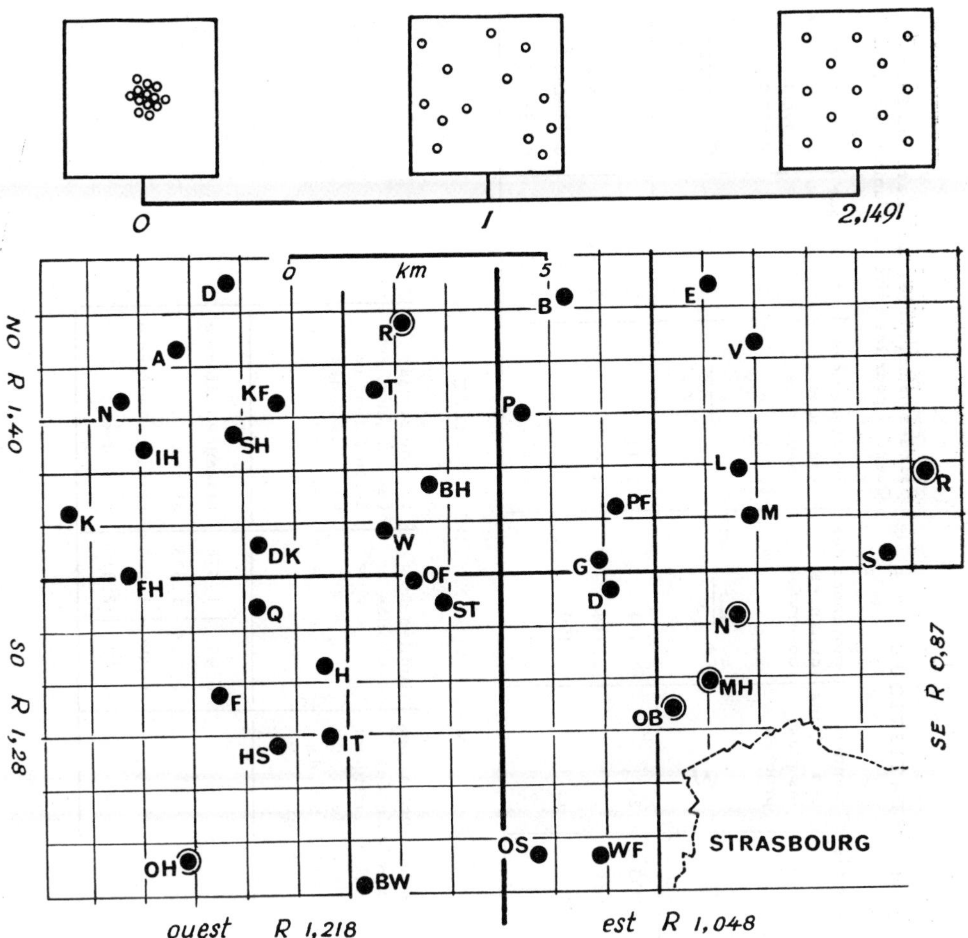

Tableau des mesures de distances en cm entre points d'habitat pour l'unité aréale NO de 36 km². Les plus proches voisins sont entourés . Les lettres sont les initiales des villages du Kochersberg .

		A	D	DK	FH	IH	K	KF	N	SH
1.5	A	-	(1.6)	4.0	4.4	2.0	3.7	2.2	1.5	1.9
1.6	D	1.6	-	5.0	5.8	3.5	5.3	2.4	3.0	2.9
2.1	DK	4.0	5.0	-	2.6	2.9	3.8	2.7	3.8	2.1
1.7	FH	4.4	5.8	2.6	-	2.4	(1.7)	4.3	3.2	3.3
1.0	IH	2.0	3.5	2.9	2.4	-	1.9	2.7	(1.0)	1.8
1.7	K	3.7	5.3	3.8	(1.7)	1.9	-	4.6	2.4	3.6
1.0	KF	2.2	2.4	2.7	4.3	2.7	4.6	-	3.0	(1.0)
1.0	N	(1.5)	3.0	3.8	3.2	(1.0)	2.4	3.0	-	2.3
1.0	SH	1.9	2.9	(2.1)	3.3	1.8	3.6	(1.0)	2.3	-

12.6 Σr

FIG. 32. — *Analyse d'un semis de villages à l'aide de la statistique « R ».*

FEUILLE DE CALCUL DE LA STATISTIQUE " R " pour les deux grandes unités aréales Est et Ouest et pour les deux sous-unités NO et SE

identification des unités	surfaces des unités	nombre de points	densités	sommes des voisins les plus proches	moyennes des distances observées	moyennes des distances théoriques	statistique " R "	erreur-type de la distance moyenne théorique
	S	N	$D = \frac{N}{S}$	Σr	$\bar{r}_A = \frac{\Sigma r}{N}$	$\bar{r}_E = \frac{1}{2\sqrt{D}}$	$R = \frac{\bar{r}_A}{\bar{r}_E}$	$\sigma_{\bar{r}_E} = \frac{0.26136}{\sqrt{(ND)}}$
Ouest	108 km²	22	O 2O3	29 8	1 354	1.111	1.218	0.124457
Est	87	16	O.183	19.5	1.218	1 162	1.048	0.152842
N O	36	9	O.25O	12.6	1 400	1.000	1 400	0 174240
S E	15	3	O.200	2 9	0 96	1 111	0.87	0 335077

EPREUVE DE SIGNIFICATION PAR COMPARAISON DES MOYENNES

coefficient de différence assimilable au " t de Student	degrés de liberté	limites des fluctuations aléatoires indiquées par la valeur critique t pour le seuil de probabilité de 5 % de risque d'erreur	limites de confiance		type de semis (selon que C est à l'intérieur ou à l extérieur des limites)
$C = \frac{\bar{r}_A - \bar{r}_E}{\sigma_{\bar{r}_E}}$ $t = \frac{\lvert m - A \rvert}{\sigma / \sqrt{N}}$	N - 1				
1.959	21	2.08	0.959	1.476	tendance uniforme
0.368	15	2.13	0.722	1.373	aléatoire
2.298	8	2.30	I.000	1.800	tendance uniforme
- 0.450	2	4.30	-.57	2.310	aléatoire

Première ligne de la TABLE DE LA LOI NORMALE REDUITE

(à utiliser pour les grands échantillons ayant plus de 30 observations)

seuils / valeurs Z écart-réduit	0.00	0.01	0.02	0.03	0.04	0.05 (5 %)
0.00		2.5758	2.3263	2.1701	2.0537	1.9600

fréquences des mesures qui, dans une distribution, sont d'une part inférieures à - z, d'autre part supérieures à + z

extraits de la TABLE DU " t " DE STUDENT

(à utiliser pour les petits échantillons ayant moins de 30 observations)

seuils / degrés de liberté	.10 (10 %)	.05 (5 %)	.025	.010
1	6.31	12.71	31.82	63.66
2	2.92	4.30	6.96	9.92
.				
8	1.86	2.30	2.75	3.35
.				
15	1.75	2.13	2.49	2.94
.				
21	1.72	2.08	2.41	2.83
.				
n				

FIG. 33. — *Feuille de calcul pour la technique du voisin le plus proche.*

— De calculer le rapport existant entre la valeur-résumé expérimentale $\bar{r}_A$ et la valeur théorique du modèle $\bar{r}_E$.

— De tester si la différence entre valeur expérimentale et valeur observée est significative ou non.

Parmi tous les modèles théoriques, la loi de probabilité de Laplace-Gauss est une de celles qui a le plus grand caractère de généralité. Il est donc commode de prendre comme point de départ référentiel une distribution parfaitement normale, correspondant à une répartition totalement aléatoire à laquelle on donne la valeur $R = 1$. La répartition cartographique d'un semis est dite « au hasard » lorsque chaque point a exactement la même chance d'apparition dans une unité de surface que n'importe quel autre point. Si, au contraire, tous les points sont agglomérés, les distances les séparant étant nulles, leur moyenne d'espacement est également nulle et cette forme de semis est décrite par la valeur $R = 0$. Enfin, si la dispersion est parfaitement uniforme, il est démontré que la moyenne des distances entre les points également espacés atteint son maximum qui est $R = 2{,}1491$.

On sait que la loi normale d'une distribution est complètement définie par sa moyenne et son écart-type. On va donc devoir calculer les moyennes expérimentales des distances des points les plus proches sur la carte pour les soumettre à l'hypothèse nulle. Cette hypothèse H_0 exprime que les écarts constatés entre les observations et les valeurs théoriques peuvent être imputés à des fluctuations aléatoires d'échantillonnage et que les différences ne sont donc pas significatives. Si, au contraire, l'hypothèse nulle est rejetée par le test, cela signifie que la forme du semis ne peut être assimilée à la distribution aléatoire et qu'elle manifeste donc une tendance vers l'un des deux extrêmes. Par ailleurs, la table de Gauss étant conçue pour des valeurs réduites par l'écart-type, c'est la différence des moyennes réduite dont on déterminera la signification. Toutes ces considérations justifient la préparation de la feuille de calcul de la page 94.

On superpose au semis cartographique (un extrait de la feuille de Strasbourg au 1/100 000 couvrant des villages du Kochersberg) une grille kilométrique. Cette grille permettra de calculer la surface en km² de chaque unité de la carte, puis la densité des points par unité. Ensuite on mesure les distances des voisins les plus proches à la règle, en cm, et on les inscrit dans un tableau (voir fig. 32, bas). On peut maintenant remplir la feuille de calcul (voir fig. 33) et obtenir la valeur de R pour chacune des unités de la carte. Il faut alors tester chacune de ces valeurs de R à l'aide du coefficient C, afin de classer la forme du semis.

Considérons l'unité Ouest pour laquelle on a obtenu :

$$R = 1.218 \quad \text{erreur-type} = 0.124457 \quad \text{et} \quad C = 1.959.$$

Les limites d'acceptation de l'hypothèse H_0 pour un risque de 5 % ou pour un niveau de confiance de 95 %, seraient, en utilisant la table de la Loi Normale Réduite :

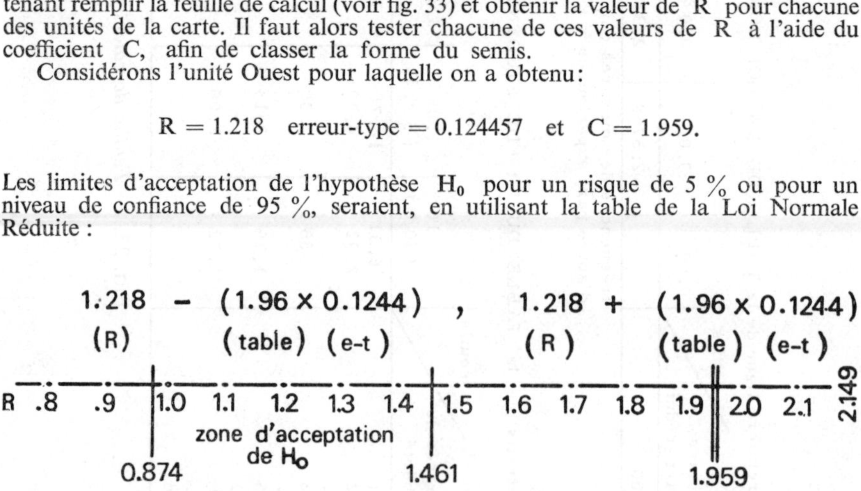

1.218 − (1.96 × 0.1244) , 1.218 + (1.96 × 0.1244)
(R) (table) (e-t) (R) (table) (e-t)

R .8 .9 1.0 1.1 1.2 1.3 1.4 1.5 1.6 1.7 1.8 1.9 2.0 2.1 2.149
zone d'acceptation de H_0
0.874 1.461 1.959
C

L'hypothèse H_0 est rejetée et le semis de l'unité Ouest se rapproche de la disposition hexagonale, uniforme. En fait, la Loi normale doit être utilisée pour les grands échantillons, ce qui n'est pas le cas ici où le nombre d'observations de l'unité Ouest est inférieur à 30. On peut alors utiliser la table du « t » de Student qui sert à tester deux moyennes. Dans ce cas, les limites d'acceptation de l'hypothèse H_0 pour

C'est à ce paysage-objet que, jusque vers les années 60, les géographes ont consacré l'essentiel de leurs descriptions et de leurs classifications. Or, dans la vie pratique, c'est surtout le paysage-subjectif qui, ayant un impact culturel et affectif, peut orienter un choix et donc, éventuellement, une décision. Malgré les tentatives de Granö (1929), il a fallu l'urbaniste K. Lynch (1960) pour en prendre conscience. Architectes, urbanistes et promoteurs ont eu alors vite fait de s'intéresser à la liaison qui s'établit entre perception de l'espace subjectif et décision d'habiter tel ou tel quartier, d'emprunter telle voie commerçante, de stationner devant tel fournisseur. L'étude de cette liaison devait faire apparaître le système de l'image mentale.

Un système est un ensemble de relations entre des objets pourvus d'attributs et leur environnement. Le comportement des individus peut être analysé par bien des systèmes : pour les économistes il s'agit de minimiser les efforts du sujet, pour les stratèges de la théorie des jeux il s'agit de choisir le moindre risque, pour les béhavioristes il s'agit de cerner les stimuli fondés sur certaines images mentales. Ces motivations sont parfois assez fortes pour détourner le décideur, soit de la solution la moins onéreuse, soit de la solution la plus rassurante. Le système de l'image est fait de plusieurs sous-systèmes qui sont les suivants :

— le paysage réel,

— les « filtres » à travers lesquels est perçu le paysage. Ces filtres peuvent aussi bien être physiques qu'affectifs ou culturels : on ne voit et on ne mémorise que ce que l'on sait voir et que ce que l'on veut voir. La vision des formes urbaines, par exemple, est différente pour le piéton et l'automobiliste,

— la sélection opérée par les filtres aboutit à la perception de certaines informations directes ou indirectes : on peut observer directement un paysage ou le voir à travers la lecture d'une description littéraire,

— sur cette information sélectionnée s'appliquent des jugements de valeur qui en font des images mentales attractives ou répulsives; les prospectus touristiques en jouent largement,

— ces attractions ou ces répulsions conditionnent des choix et des préférences,

— le choix se traduit par une action qui peut être une migration de vacances aussi bien que le refus de prendre le métro,

— cette action peut aller jusqu'à modifier le paysage initial, par exemple en y construisant une maison. Il y a là mise en marche d'un processus de rétroaction.

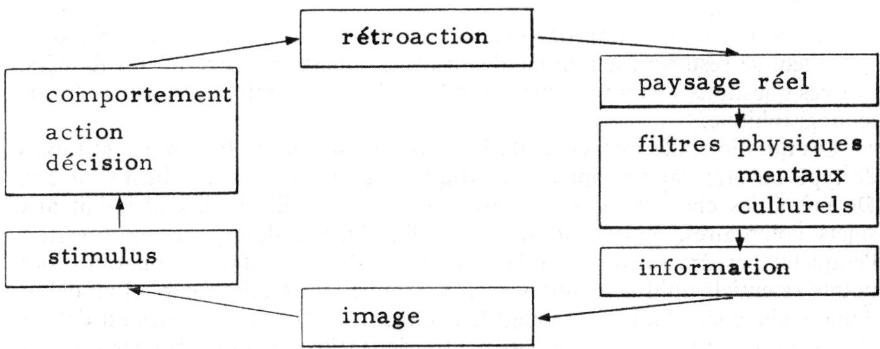

FIG. 34. — *Le système de l'image.*

L'étude de ces sous-systèmes fait appel à deux catégories de méthodes : celle qui appartient à la géographie de la perception et qui permet d'aboutir à définir des images mentales et celle qui appartient à la géographie du comportement et qui débouche sur la théorie de la décision.

LA PERCEPTION DE L'ESPACE: MÉTHODES D'ÉTUDE

S'il y avait autant d'images mentales originales que d'individus, tout effort de communication serait vain; or, malgré ses défauts, il n'en est rien : nous nous appuyons sur des schémas communs. C'est sur l'existence d'espaces mentaux collectifs que se fondent les méthodes d'analyse de la géographie de la perception. Une fois qu'elle est déterminée, l'image collective d'un groupe peut être considérée comme un « modèle ». Le modèle sert de référence par rapport à laquelle situer non seulement les individus du groupe considéré, mais aussi les attributs de l'espace réel. Les écarts qui peuvent exister entre ces groupes ou entre les images et la réalité, renseignent sur les valeurs relatives qui sont reconnues à certains éléments des paysages. Ces renseignements sont très importants pour éviter d'aller au-devant d'échecs notoires, par exemple en matière d'applications urbanistiques.

Supposons qu'une municipalité veuille favoriser les transports publics et les rues piétonnières. La réussite de cette entreprise qui risque de coûter cher en infrastructures, repose sur l'hypothèse que les citadins accepteront de marcher en ville en portant des paquets, dans un cadre devenu plus agréable; ceci n'est pas évident. Ils pourraient préférer complètement renoncer aux courses en ville pour s'adresser aux centres d'achat périphériques à vastes parkings gratuits. Il est donc intéressant de pouvoir mesurer jusqu'à quel seuil l'image des distances du centre-ville rénové l'emporte sur celle du confort banal des banlieues.

Quelles que soient les techniques utilisées pour l'analyse de l'espace subjectif, les étapes de la démarche méthodologique sont les suivantes :

— collecte des attributs de l'espace perçu et de l'espace cartésien,

— réduction des réponses individuelles à une image collective par modélisation,

— adéquation de l'image à la réalité.

On rappellera quelques approches méthodologiques aujourd'hui « classiques » avant de proposer un exercice permettant de suivre le détail des opérations.

La méthode qui s'impose pour la collecte est l'enquête. Les techniques d'enquête se résument à remplir des listes de questions ouvertes ou fermées, que ces questions soient présentées sous une forme littéraire ou sous une forme iconographique.

Les questions des interviews de K. Lynch (1960, pages 166-167) sont toutes de type ouvert; par exemple « qu'évoque pour vous le mot « Boston » ? ». De même les classements de photographies de la ville qu'il demandait aux sujets volontaires, étaient non-directifs. Par l'usage des questions ouvertes, l'enquêteur espère sauvegarder la subjectivité du sujet et voir apparaître des points essentiels qu'il ne connaissait pas comme tels. Ceci est capital au début d'une recherche. Malheureusement le codage des réponses ouvertes est délicat et elles ne se prêtent donc pas aisément à des traitements numériques ou géométriques. C'est pourquoi les questions fermées à réponses dichotomiques

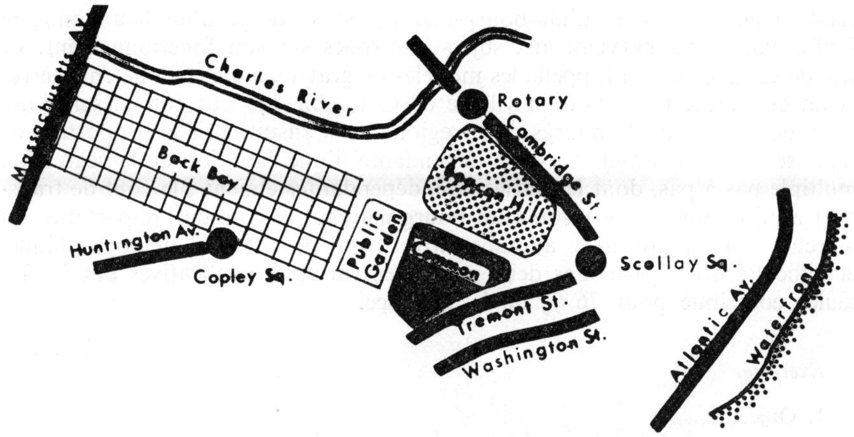

FIG. 35. — *Le Boston que tout le monde connaît.*
(Redessiné d'après LYNCH K. *The image of the City*, MIT Press, 1960).

(oui-non) ou à éléments imposés (liste de villes ou de repères préalablement choisis) sont plus utilisées; c'est la technique adoptée par P. Gould avec ses élèves britanniques de classes terminales (1974), par B. Marchand avec ses migrants alternants de Saint-Maur (1974), ou par R. A. Lowrey avec ses usagers de dix services précis (1973).

Les méthodes de réduction des réponses individuelles à une généralisation collective peuvent être numériques aussi bien que graphiques.

On sait avec quel succès K. Lynch a réussi à fusionner en quelques cartes la masse des réponses obtenues : la carte du « Boston que tout le monde connaît » (fig. nº 35) est une excellente analyse qualitative. Mais comme toutes les analyses de ce type, il est difficile de la combiner à d'autres cartes ou à d'autres données pour en tirer une synthèse ou une structure.

La méthode de P. Gould est fort bien décrite dans son livre sur les cartes mentales (1974). Il part d'une matrice de données à deux entrées : les sujets interrogés et les lieux imposés. Les colonnes sont remplies par les rangs de préférence attribués par les sujets aux lieux. A partir de ces données, il construit la matrice des coefficients de corrélation des sujets et en suivant la démarche de l'analyse en composantes principales, il en extrait les saturations, puis les scores factoriels. Les scores sont alors cartographiés selon le procédé des isovales et l'image obtenue représente un modèle graphique de la perception régionale d'un groupe de sujets.

Le modèle de B. Marchand (1974, pages 493-494) repose sur la notion de distance standard prise pour unité. En effet, ce qui intéresse l'auteur c'est d'aboutir à la représentation d'un « espace mental » dont on puisse mesurer les déformations par rapport à l'espace topographique. Ce sont ces déformations (les anamorphoses des cartographes) qui font ressortir l'originalité de la perception piétonnière. B. Marchand constate que ses sujets ont mieux perçu la « vitesse de déplacement que la distance » et que, finalement, leur perception de l'espace semble s'effectuer à travers le temps de parcours.

L'approche de M. J. Webber, R. Symanski, J. Root (1975), diffère des précédentes en ce que les auteurs contrôlent a posteriori un modèle de connaissance spatiale établi a priori. La fusion des réponses individuelles est ici acquise dès le début sous la forme de prémisses théoriques qui posent qu'il existe une relation entre la taille d'un bourg-marché, sa distance d'un lieu donné et l'information qui parvient aux sujets interrogés sur son fonctionnement. Le test de ce modèle, qui rappelle les modèles de gravité, a été effectué en interrogeant cinquante paysans d'un village de Colombie sur leur connaissance des jours de marché de 24 bourgs de la région. On a ensuite pris la proportion de réponses exactes comme variable dépendante d'une équation de la régression multiple pas à pas, dont les variables indépendantes étaient : le coût de transport à partir du village jusqu'à un bourg-marché, le rang de l'importance du marché, son importance administrative, son importance démographique, la difficulté du voyage. Les deux premières variables explicatives ont à elles seules contribué pour 76 % de la variance.

Exercice.

1. Objectif.

On se propose de mesurer la valeur de repérage que peuvent présenter quinze lieux urbains. On part de l'idée que, si la distance mentale d'un repère est inférieure ou égale à sa distance réelle, c'est que le parcours qui y conduit est attrayant et bien connu et que, si l'écart est supérieur et important, c'est que le repère est difficile à situer et plus désagréable à atteindre.

Il convient donc d'adopter une méthode qui permette de comparer des distances mentales à des distances cartésiennes. Il peut s'agir de distances à vol d'oiseau, de trajets en suivant les rues, de distances en minutes de bicyclette ou d'autobus, mesurées à partir d'un point donné.

2. Collecte des données.

— Mesure des distances réelles. Elles sont effectuées directement sur une carte topographique à grande échelle (distances euclidiennes). Par exemple on obtient 15 distances en mètres, à vol d'oiseau, à partir du point IG. Ou bien elles sont comptées au chronomètre en prenant la moyenne d'un aller et retour entre le point de départ et les 15 repères, y compris les attentes dues aux feux de signalisation, aux horaires d'autobus, etc...

— Mesure des distances estimées. Elles sont recueillies par questionnaires auprès d'un groupe de quatorze étudiants connaissant bien la ville. Par exemple, on obtient $15 \times 14 = 210$ distances estimées en mètres, à partir du point IG.

Ces résultats, concernant les distances à vol d'oiseau, sont consignés dans le tableau de données brutes n° 36.

3. Élimination du facteur taille.

Plus les distances sont importantes, plus les variations d'estimations risquent d'être grandes sans que cela signifie que les jugements soient relativement plus mauvais que pour les petites distances. Si l'on constate qu'effectivement la variance des estimations croît avec les distances, il convient de la « stabiliser » en faisant disparaître le facteur taille. Pour cela on transforme les données brutes en prenant simplement leur logarithme décimal. C'est ce qui a été fait dans le tableau n° 37.

4. Généralisation.

Le modèle adopté ici est simplement la moyenne géométrique des 14 réponses de chaque repère. Il suffit, pour l'obtenir, de faire la somme des logarithmes en ligne et de la diviser par le nombre d'observations (voir le tableau précédent). On résume ainsi 14 estimations en une seule valeur qui est en outre débarrassée du facteur taille.

5. Comparaison entre distances réelles et estimées.

La comparaison cartographique est la plus simple: on voit immédiatement sur la figure n° 38 les distances surestimées et sous-estimées. Il faut noter que cette figure est une carte inhabituelle. D'une part l'échelle des distances mesurées n'est pas géométriquement équidistante (échelle logarithmique) et, d'autre part, l'espace des dis-

Distances à vol d'oiseaux	Sujets / Repères	1	2	3	4	5	6	7	8	9	10	11	12	13	14	Total	Moyenne arithmé-tique	Étendue de la rangée	Variance $\sigma_2 \cdot \sigma$
1180 m	Gare 1	1180	870	980	1140	1100	900	540	900	810	1980	1030	1060	950	800	14240	1017.14	1440	103868.13 322.29
460	C.R. 2	810	200	470	520	600	310	340	380	530	980	250	350	260	300	6300	450	780	50184.62 224.02
1340	M.V. 3	2050	1060	1180	1450	1520	1180	1000	2100	2400	3010	1780	1800	1700	970	23200	1657.14	2040	349806.59 591.44
1550	C.St N. 4	2080	1120	1370	1500	1700	1220	1070	2770	3220	3200	2000	1990	1780	1000	26020	1858.57	2220	560059.34 748.37
1460	U.L. 5	1320	1090	1080	1410	1290	1020	980	1190	2060	2240	1350	1570	1000	820	18420	1315.71	1420	165503.30 406.82
1700	H.C. 6	1789.23	1200	1780	1850	1810	1140	1210	2100	2060	1860	2690	2370	1650	1540	23260	1789.23	1550	193345.50 439.71
900	F.G.M. 7	180	600	1010	1000	890	500	900	730	1000	1710	510	750	400	783	10180	783.08	1530	144373.08 379.96
500	P.P. 8	300	190	1080	1150	1080	360	500	660	390	660	480	450	510	540	8350	596.43	960	91440.11 302.39
1090	P.B. 8	2500	800	1800	1700	1690	1100	980	3400	3600	1680	2150	2020	1600	840	25860	1847.14	2800	737714.29 856.90
1590	P.G. 10	2130	1866	1760	1700	1890	1180	980	2980	3490	1910	1980	2100	1310	850	24260	1866.15	2640	511854.44 715.44
1580	P.Z. 11	2080	1500	2000	1730	1820	1300	980	3250	3320	3460	1580	2080	1140	1150	27390	1956.43	2480	688224.73 829.59
2200	B+T. 12	2600	2436	2200	2420	2280	1660	1500	3810	4000	3710	2100	2400	1400	1600	31680	2436.92	2600	725298.22 851.64
2500	S.St L. 13	2940	2300	2100	3110	2580	1665	2000	2710	3790	4000	2660	2150	1210	2100	32375	2490.38	2790	573455.62 757.27
1000	P.M. 14	1840	1840	1230	2210	1720	860	980	2560	2680	2530	2350	1980	1180	1800	22080	1840.00	1820	356953.85 597.46
1580	M.A.H. 15	1607	1110	1140	1600	1820	1400	980	1880	3380	2530	1220	1860	930	1060	20900	1607.69	2450	461371.60 679.74

FIG. 36. — *Tableau des distances estimées à vol d'oiseau, entre l'Institut de Géographie de Fribourg et 15 repères de la ville. Les absences de réponses ont été complétées avec la moyenne des autres réponses.*

Distances réelles en log	Repères	Sujets														Σ log	Moyenne géométrique
		1	2	3	4	5	6	7	8	9	10	11	12	13	14		
3.072	1	3.072	2.940	2.991	3.657	3.041	2.954	2.732	2.954	2.908	3.297	3.013	3.025	2.978	2.903	42.465	3.03321
2.66	2	2.908	2.301	2.672	2.716	2.778	2.941	2.531	2.580	2.724	2.991	2.398	2.544	2.415	2.477	36.526	2.609
3.13	3	3.312	3.025	3.072	3.161	3.182	3.072	3.000	3.322	3.386	3.479	3.250	3.255	3.230	2.987	44.727	3.19478
3.19	4	3.318	3.049	3.137	3.176	3.230	3.086	3.029	3.442	3.508	3.505	3.301	3.299	3.256	3.000	45.336	3.23828
3.16	5	3.121	3.037	3.033	3.149	3.111	3.009	2.991	3.076	3.314	3.350	3.130	3.196	3.000	2.914	43.431	3.10221
3.23	6	3.253	3.079	3.250	3.267	3.258	3.057	3.083	3.322	3.314	3.270	3.430	3.375	3.217	3.188	45.363	3.24021
2.95	7	2.255	2.778	3.004	3.000	2.949	2.699	2.954	2.863	3.000	3.233	2.708	2.875	2.602	2.894	39.814	2.84385
2.70	8	2.477	2.279	3.033	3.061	3.033	2.556	2.699	2.820	2.591	2.820	2.681	2.653	2.708	2.732	38.143	2.7245
3.04	9	3.398	2.903	3.255	3.230	3.228	3.041	2.991	3.531	3.556	3.225	3.332	3.305	3.204	2.924	45.123	3.22307
3.20	10	3.328	3.271	3.246	3.230	3.276	3.072	2.991	3.474	3.543	3.281	3.297	3.322	3.117	2.929	45.377	3.24121
3.20	11	3.318	3.176	3.301	3.238	3.260	3.114	2.991	3.512	3.521	3.539	3.199	3.318	3.057	3.061	45.605	3.2575
3.34	12	3.415	3.387	3.342	3.384	3.358	3.220	3.176	3.581	3.602	3.569	3.322	3.380	3.146	3.204	47.086	3.36328
3.40	13	3.396	3.362	3.322	3.493	3.412	3.221	3.301	3.433	3.579	3.602	3.425	3.332	3.083	3.322	47.283	3.37735
3.00	14	3.265	3.265	3.090	3.344	3.236	2.934	2.991	3.408	3.428	3.403	3.371	3.297	3.072	3.255	45.359	3.23992
3.20	15	3.206	3.045	3.057	3.204	3.260	3.146	2.991	3.274	3.529	3.403	3.086	3.270	2.968	3.025	44.463	3.17592

FIG. 37. — *Tableau des distances estimées à vol d'oiseau, entre l'Institut de Géographie de Fribourg et 15 repères de la ville, converties en log décimaux.*

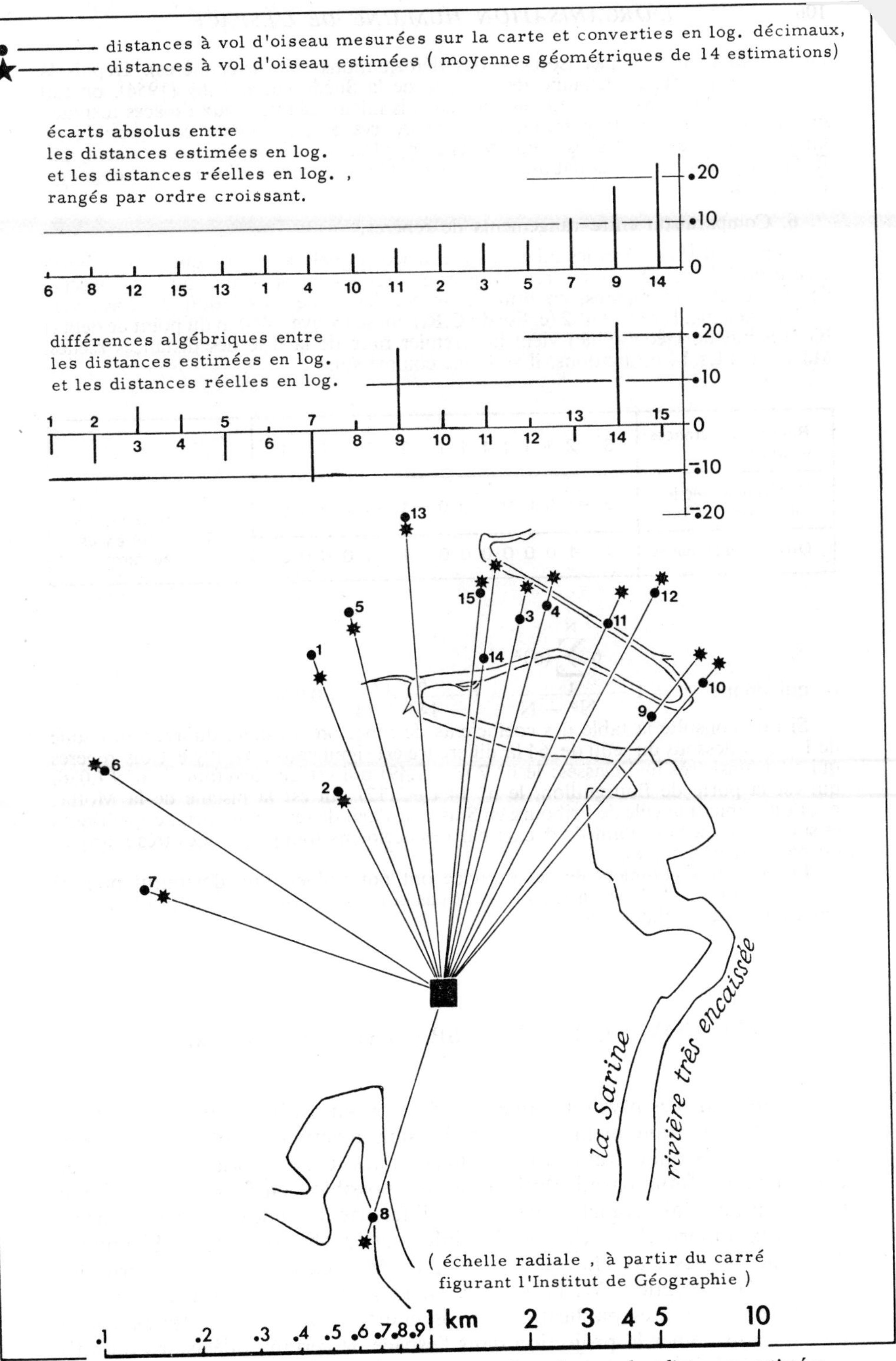

FIG. 38. — *Carte comparative des distances observées et des distances estimées.*

stimées n'est pas isotrope (les déformations sont irrégulières). Depuis la on par T. Hägerstand de sa carte de la Suède vue d'Asby (1954), on sait échelles non-arithmétiques sont parfois mieux adaptées aux espaces mentaux que les canevas des topographes. L'idée de ces anamorphoses cartographiques, faisant appel aux échelles multidimensionnelles, a été reprise récemment par R. G. Golledge et ses collaborateurs (1973-1974) à propos d'une étude cognitive de la ville.

6. Comparaison entre rangements de repères.

Quels sont les repères les mieux mis en place et quels sont ceux qui sont le moins bien estimés ? On va, pour y répondre, comparer les rangs estimés au rang observé de chacun des 15 repères, en utilisant le coefficient de corrélation de Spearman. Par exemple, le repère n° 2 (église du C.R.) qui se trouve à 460 m du point de départ IG (Institut de Géographie) vient au premier rang de la liste des distances réelles. Mais, dans les 14 estimations, il se range comme suit :

Rangs des distances estimées	3 2 1 1 1 1 1 1 1 2 2 1 1 1 1	
Différence avec le rang observé : 1er	−2 −1 0 0 0 0 0 0 0 −1 −1 0 0 0 0	
Différence au carré	4 1 0 0 0 0 0 0 0 1 1 0 0 0 0	= 7 sommes des différences au carré

ce qui donne $r_s = 1 - \frac{6 \sum_{1}^{N} (d)^2}{N^3 - N} = 1 - \frac{6 \times (7)}{14^3 - 14} = 0.984.$

Si l'on consulte la table des coefficients de rang, on constate, qu'avec un risque de 1 %, en dessous du seuil de .64 la différence est significative. Or il y a trois repères qui sont ainsi très mal classés : le n° 7 (r_s = .49) qui est un carrefour, le n° 9 (.086) qui est la porte de Bourguillon, le n° 14 (−. 112) qui est la piscine de la Motta ; pour qui connaît la ville de Fribourg en Suisse, il s'agit de repères un peu périphériques et surtout coupés du point de départ par des accidents topographiques très marqués ou peu caractéristiques.

Les résultats complets de cet exercice ont fait l'objet d'un document préparé avec les étudiants de Fribourg ; ils ne sont pas donnés ici pour ne pas alourdir la présentation de la méthode.

LE COMPORTEMENT SPATIAL DES HOMMES

Les mécanismes psychologiques qui font passer un individu ou un groupe d'une représentation mentale à une décision d'action, peuvent se résumer ainsi : les choix qui entraînent des actions ou des refus, consistent à privilégier une image du futur parmi plusieurs autres possibles, en fonction de stimuli assez forts pour faire franchir un seuil d'indifférence. L'étude de ces mécanismes, grâce aux apports de la théorie de l'information (N. Wiener, C. Shannon), de la théorie des jeux (J. von Neuman, O. Morgenstern), de la théorie des seuils de la perception (W. P. Tanner, D. E. Berlyne, J. S. Bruner), a donné lieu à de nombreuses publications en psychologie (voir Piaget, 1967). On se bornera à examiner la projection dans l'espace de certaines décisions ou attitudes se traduisant par des comportements localisés.

Les méthodes de la géographie du comportement.

Cette projection doit être examinée selon deux points de vue. Le premier qui est statique, consiste à déterminer un état de formes cartographiques correspondant aux localisations de différentes réactions à un même révélateur. Le second, qui est dynamique, consiste à modéliser le processus de diffusion de l'agent révélateur qu'on appellera un « traceur ».

L'approche statique et morphologique a surtout pour but de faire apparaître une différentiation spatiale mentale, avec ses zones d'acceptation, de refus, d'indifférence et ses barrières plus ou moins perméables. Une illustration courante de cette approche nous est fournie par les cartes de résultats électoraux où se dessinent des régions d'opinions progressistes, conservatrices ou centristes. Car, au lieu de rencontrer un étalement spatial combinant de façon uniforme les attitudes politiques, il est remarquable que se produisent des phénomènes de « contagion » locale, indépendamment des facteurs économiques ou socio-professionnels. Une analyse spatiale de ce genre a été tentée dans le Bas-Rhin (S. Rimbert, T. Vogt, 1975) en prenant comme traceur l'acceptation ou le refus de la pilule contraceptive.

L'approche dynamique s'intéresse surtout aux types de processus par lesquels se diffusent des idées ou des modes de vie. Elle vise à cerner les réalités humaines qui se déroulent simultanément dans le temps et dans l'espace. C'est pourquoi elle est bien illustrée par les cartes diachroniques : la carte reproduite par P. Gould (1969) sur la diffusion de la législation sur le divorce

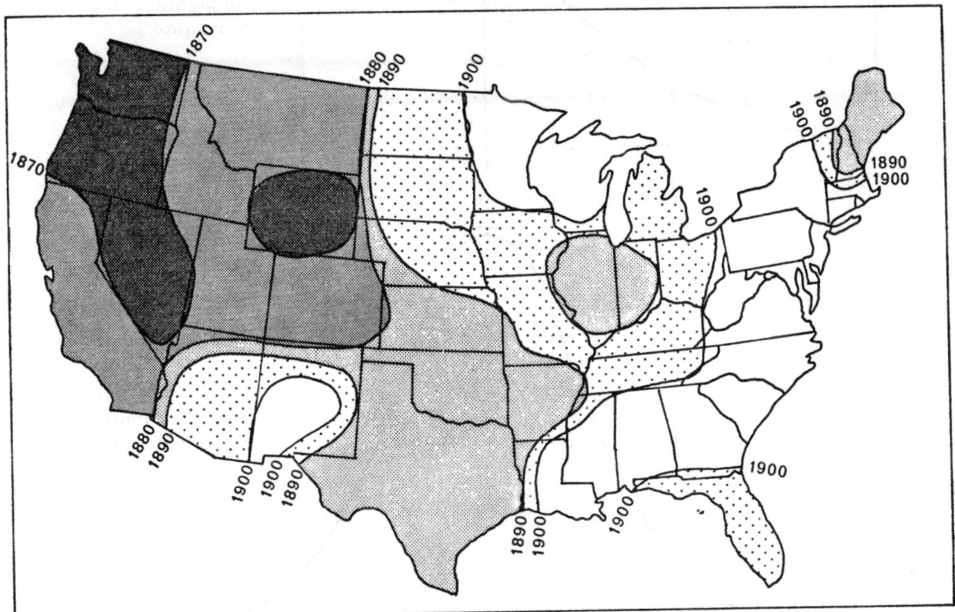

FIG. 39. — *Diffusion de la réforme légale sur le divorce, estimée par l'intermédiaire de la date où la proportion de divorces a dépassé 9,75 °/₀₀ pour la première fois.*
(Redessiné d'après GOULD P., Spatial Diffusion, 1969, Commission on College Geography-Resource Paper, n° 4).

aux États-Unis, en est une bonne illustration (fig. 39). De telles cartes suffisent à montrer que, loin d'être toujours continue, la diffusion est un phénomène qui peut procéder par sauts dans l'espace et par retards et accélérations dans le temps.

Que l'approche soit statique ou dynamique, la diffusion spatiale d'un comportement se saisit par l'intermédiaire d'une innovation jouant le rôle de révélateur d'attitude : *The propagation of innovation waves* de T. Hägerstrand (1952) est aujourd'hui un classique qui a été suivi par de nombreux chercheurs. Dans sa revue de la question P. Gould (1969) cite quantité de travaux effectués aux échelles locales, régionales, nationales : diffusion du contrôle sanitaire du bétail en Suède (T. Hägerstrand), des puits d'irrigation au Colorado (L. Bowden), de la surface bâtie londonienne

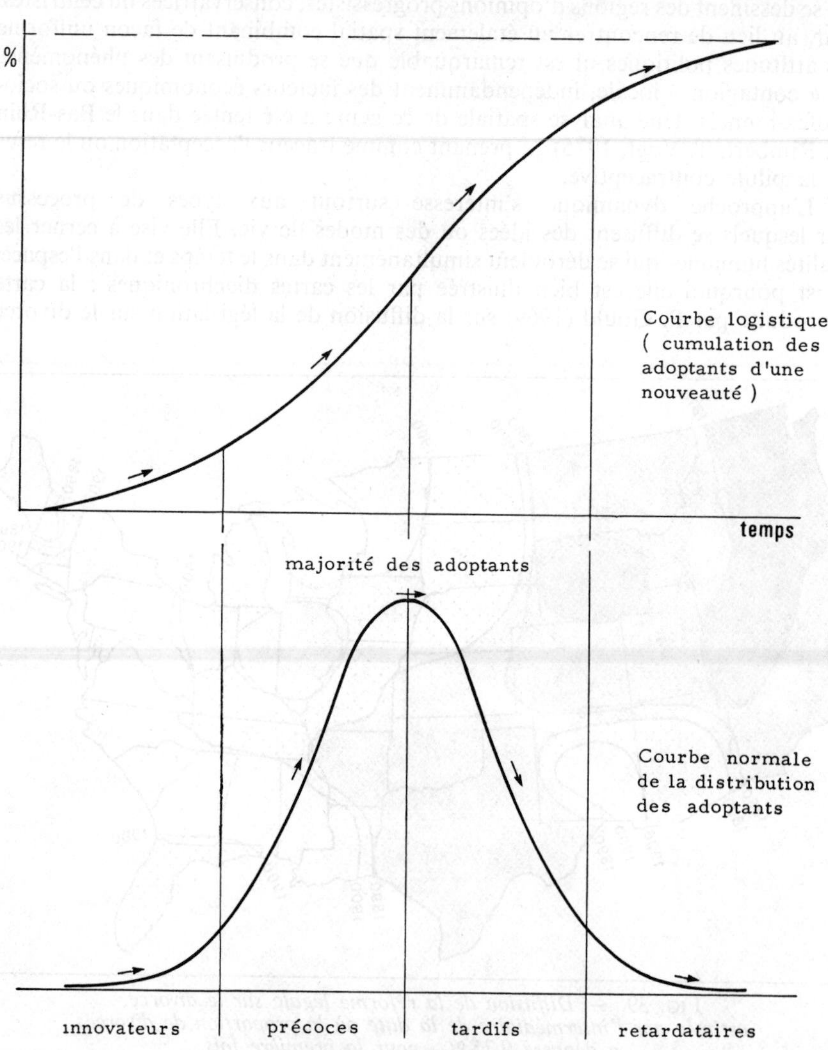

FIG. 40. — *Rythme de diffusion d'une innovation.* (Redessiné d'après GOULD P., 1969).

(A. Smailes), du ghetto noir de Seattle (R. Morrill), des épidémies de choléra aux États-Unis (G. Pyle), etc... De ces exemples se dégagent trois observations :

— il existe des diffuseurs d'innovations qui agissent, soit par contagion, c'est-à-dire par expansion continue, soit par bonds discontinus selon des étapes hiérarchisées;

— il existe des barrières, soit physiques, soit humaines, qui absorbent, réfléchissent ou filtrent les innovations;

— il existe un rythme de diffusion à trois temps inégaux : le temps des innovateurs, le temps de la majorité des adoptants, le temps des retardataires (fig. 40). Ce rythme est fort bien traduit par la courbe logistique en S, d'expression :

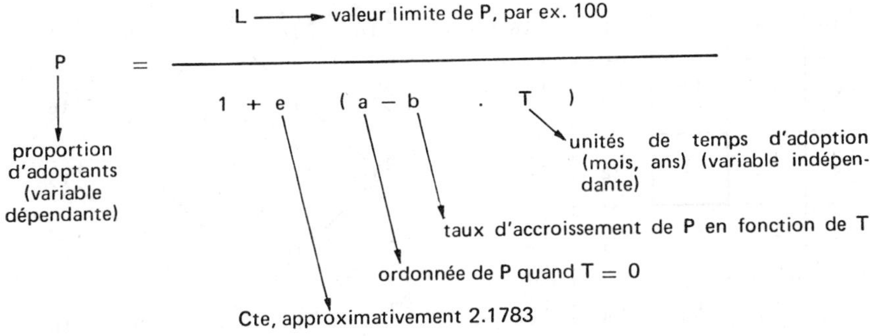

En tenant compte de ces trois observations comme autant de contraintes possibles on peut construire des modèles de simulation adaptés à différents cas de diffusion spatiale.

Quelle que soit la variété des contraintes qu'on désire introduire, les modèles de simulation de diffusion d'innovations reposent tous sur le concept de probabilité d'adoption qui peut exister entre le diffuseur et le récepteur. On part de l'hypothèse que, plus un récepteur est voisin d'un innovateur, plus il aura des chances d'être informé et de se laisser influencer par le premier. Il peut s'agir de voisinage géographique entre individus, comme il peut s'agir de voisinage professionnel ou technique entre spécialistes de villes éloignées en kilomètres, mais proches en minutes d'avion ou de téléphone. Le cas du voisinage géographique à échelle locale dans un espace isotrope est le plus facile à traiter : c'est celui du modèle de Monte-Carlo sur terrain uniforme utilisant la technique de la grille flottante. Comme il a déjà été bien exposé par P. Gould (1969) on ne fera ici que le résumer :

Soit un innovateur habitant une cellule hexagonale ou carrée, dont l'influence peut se faire sentir dans un champ de 24 cellules qui l'entourent. Ces cellules peuvent être représentées, par exemple, par le carroyage kilométrique des cartes topographiques. On suppose que son influence est maximale dans la cellule qu'il habite (max. = 1) et qu'elle diminue de moitié, des trois quarts ou plus quand on s'en éloigne. On suppose également que son innovation sera acceptée au moins une fois à l'intérieur de ce champ d'influence de 25 cellules; donc la somme totale des probabilités pour les cellules est de 1.0 ce qui, en les répartissant conformément au schéma du champ d'influence (CI), donne la grille flottante (GF). A cette grille on fait correspondre un tableau de distribution de nombres au hasard (TDNH), obtenu en cumulant les probabilités de GF, ligne à ligne. Pour situer l'apparition simulée d'un receveur qui deviendra diffuseur à son tour, on utilise une table de nombres au hasard : le nombre de quatre digits que l'on tire indique la case de l'adoptant sur laquelle on placera le centre de la grille flottante pour créer une seconde génération (voir fig. 41).

Comme dans la réalité on a rarement affaire à une surface isotrope, on perfectionne le modèle en pondérant la grille de probabilités en fonction des contraintes retenues ; par exemple, on peut vouloir tenir compte des variations de densités de population, de barrières absolues ou perméables, etc...

En réalité, ces pondérations correspondant seulement à des critères fixes

1/16	1/8	1/4	1/8	1/16
1/8	1/4	1/2	1/4	1/8
1/4	1/2	1	1/2	1/4
1/8	1/4	1/2	1/4	1/8
1/16	1/8	1/4	1/8	1/16

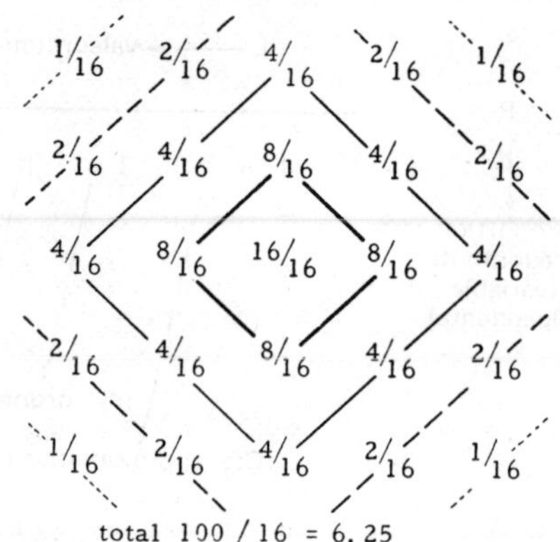

total 100 / 16 = 6. 25

deux expressions équivalentes du Champ d'Influence (CI) autour d'un innovateur central .

.01	.02	.04	.02	.01
02	.04	08	.04	.02
04	.08	.16	08	.04
02	04	.08	.04	02
01	02	04	02	.01

total = 1.0

Grille Flottante (GF)
répartition des probabilités obtenue en divisant les valeurs de la grille CI par 6 25

0 99	100 299	300 699	700 899	900 999
1000 1199	1200 1599	1600 2399	2400 2799	2800 2999
3000 3399	3400 4199	4200 5799	5800 6599	6600 6999
7000 7199	7200 7599	7600 8399	8400 8799	8800 8999
9000 9099	9100 9299	9300 9699	9700 9899	9900 9999

Tableau de Nombres au Hasard (TDNH)
obtenu en cumulant les probabilités de GF multipliées par 1000

ex 1 16 = 0 0625 d où 0625 6 25 = 01
2 16 = 0 125 , 125 6.25 = .02 etc

FIG. 41. — *Construction d'une grille flottante à déplacer sur une carte pour simuler la diffusion d'une innovation en espace isotrope.*

de sites sont souvent insuffisantes dans la reconstitution d'un phénomène dynamique. Car interviennent des effets de rétroaction qui tendent à ce que les groupements, une fois amorcés, aillent en se condensant plutôt qu'en se diffusant. Par exemple, dans une première génération de maisons de vacances, les propriétaires s'installeront certes, un peu au hasard; leur distribution spatiale peut alors être assez bien reconstituée par un modèle de Monte-Carlo. Mais la seconde génération de résidences secondaires sera influencée par la première et on verra naître une tendance à la concentration autour des premiers points occupés. Ces distributions à noyaux initiaux aléatoires, autour desquels se développent des phénomènes de « contagion », sont fréquentes en géographie et sont bien décrites par la loi binomiale négative comme l'ont déjà souligné A. Getis, L. King, D. Harvey (L. King, 1969). C'est pour approcher cette réalité que H. Aldskogius (1969) a proposé un modèle d'évolution du semis des maisons de vacances en Suède tenant compte d'effets de rétroaction. Son semis simulé reproduit assez bien le semis observé.

Comme l'aménagement du Territoire devrait, avant tout, être conçu pour l'amélioration de la qualité de la vie des habitants, on comprend l'intérêt qu'il y aurait à tenir compte de leur système de perception-comportement-rétroaction avant de procéder à l'implantation d'infrastructures. En fait, certaines publications comme le « Macroscope » (Joël de Rosnay, 1975) rendent la systémique tellement séduisante, qu'elle peut aussi apparaître comme un outil de conditionnement des citoyens beaucoup plus que comme un outil de libération. En effet, et malgré les avertissements de l'auteur, le lecteur est tenté de faire confiance à cet excellent outil en oubliant de se préoccuper de savoir qui le manie et pour quoi : les sociétés aussi sont des systèmes que l'on peut apprendre à filtrer ou à bloquer au profit de certains.

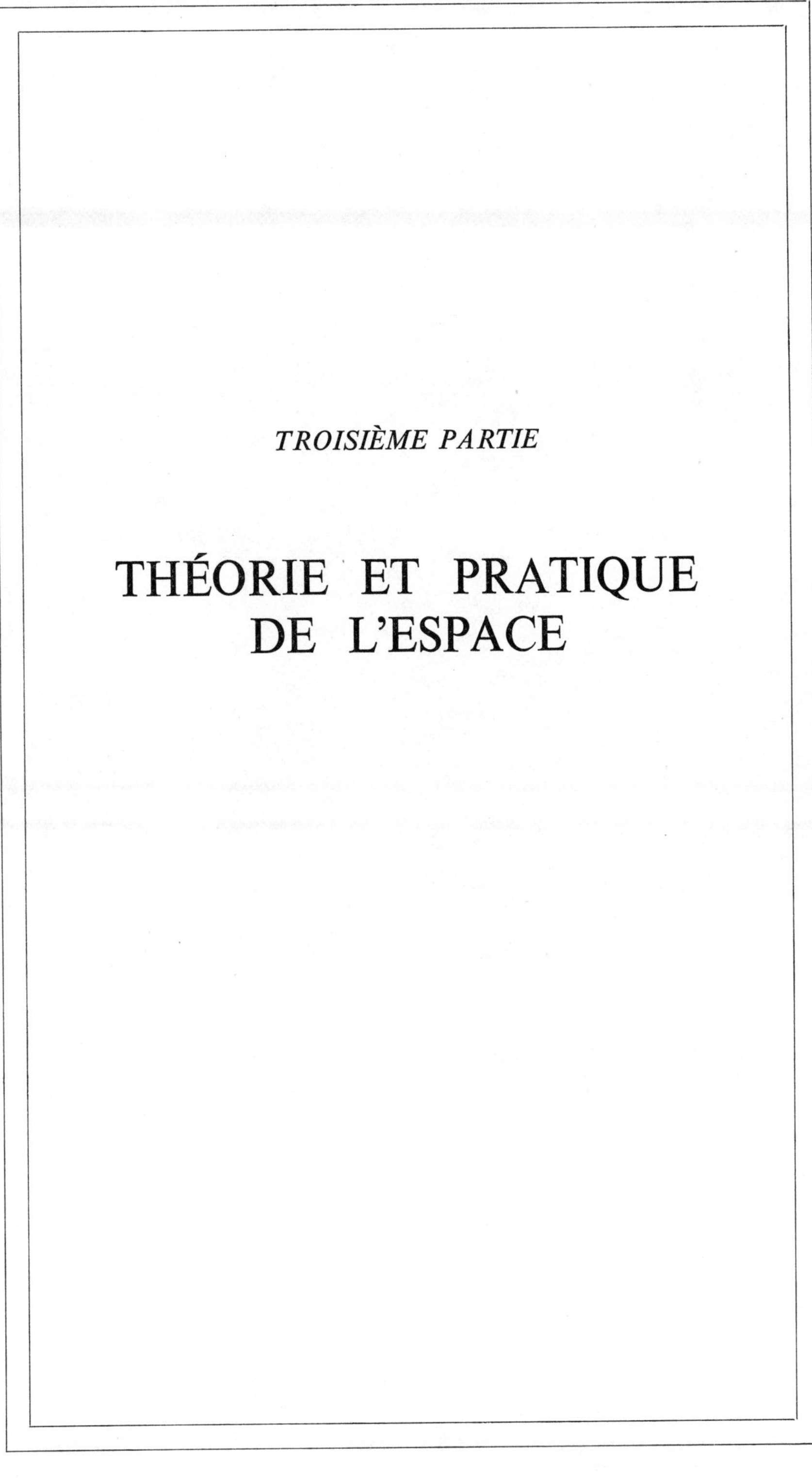

TROISIÈME PARTIE

THÉORIE ET PRATIQUE DE L'ESPACE

CHAPITRE V

LA FONCTION DISTANCE EN ANALYSE SPATIALE

LE CONCEPT DE DISTANCE

LA FONCTION DISTANCE

Le mot distance a un sens intuitif apparemment très clair. Il mesure l'écartement entre deux objets et joue un rôle fondamental en géographie. Mais le concept est beaucoup plus subtil qu'il ne paraît et sa définition, en mathématiques, est plus étroite. Le langage courant est souvent confus lorsqu'il appelle indifféremment distances des relations très diverses qui ne présentent pas les mêmes propriétés.

Une fonction d définie sur un ensemble E à valeur dans l'ensemble des réels > 0 est une distance (ou une « métrique ») quels que soient a, b, c, éléments de E si elle présente les 4 propriétés suivantes :

— $d_{ab} \geqslant 0$,
— $d_{ab} = 0$ implique $a = b$ (propriété du point unique),
— $d_{ab} = d_{ba}$: la relation est symétrique (propriété des deux points),
— $d_{ab} \leqslant d_{ax} + d_{xb}$: (propriété des trois points : inégalité triangulaire).

Si l'une de ces propriétés n'est pas observée, l'on ne peut parler de distance sans s'exposer à des contradictions logiques.

LES ESPACES MÉTRIQUES

Un ensemble sur lequel on a défini une structure spatiale (une topologie) est appelé un espace topologique. Un espace muni d'une fonction distance est un espace métrique. Sur un ensemble de points donnés, il est possible de définir une immense variété de structures spatiales : tout dépend des propriétés de cet espace, c'est-à-dire de ce qui se passe au voisinage de chaque point. Les espaces possibles se hiérarchisent ainsi depuis les moins structurés jusqu'aux plus complexes (fig. 42).

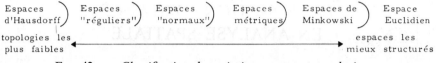

Espaces d'Hausdorff	Espaces "réguliers"	Espaces "normaux"	Espaces métriques	Espaces de Minkowski	Espace Euclidien

topologies les plus faibles ←——→ espaces les mieux structurés

FIG. 42. — *Classification des principaux espaces topologiques.*

Imaginons, par exemple, un tas de sable formé de grains très fins de quartz, de mica, et de grains d'or mêlés au hasard. Si, de l'intérieur de chacun des grains, on se déplace de quelques millimètres, on tombe dans un milieu complètement différent : du quartz dans l'or, ou du mica dans le quartz (effet de pépite, voir fig. 53). A l'extrême, chaque point est indépendant de son voisin; l'on passe de l'un à l'autre sans aucune transition, sans nuance. Le concept de proximité n'a plus de sens. C'est l'image d'un espace très peu structuré, espace de Hausdorff par exemple, mais non métrique. Une autre image serait celle d'un ensemble de foyers humains dont les revenus varieraient énormément: la valeur de la variable changerait complètement d'une maison à l'autre.

En revanche, dans un espace *régulier*, un très léger déplacement des mesures n'entraîne pas un grand changement de la variable. Les espaces *normaux*, qui incluent les espaces *métriques*, sont les mieux structurés, et les plus riches en propriétés intéressantes. Définir une structure spatiale n'est pas un acte arbitraire, mais doit correspondre aux propriétés étudiées. Il n'y a aucune raison pour que les espaces étudiés en Sciences Humaines soient tous métriques : les espaces perçus semblent moins structurés.

EXEMPLES DE FONCTIONS DISTANCE

Un ensemble peut être muni d'une infinité de distances différentes. Une famille de métriques particulièrement importantes a été définie par Minkowski dans un espace vectoriel à n dimensions :

$$d_{ab} = \left[\sum_{i=1}^{n} (|x_{ai} - x_{bi}|)^p \right]^{1/p}$$

avec $p \geqslant 1$ afin d'observer l'inégalité triangulaire. Si $p = 1$ (fig. 43) la distance est calculée le long des axes perpendiculaires, comme l'itinéraire d'un piéton marchant au cœur de New-York (métrique de Manhattan). Pour $p = 2$, la distance est calculée à vol d'oiseau (distance euclidienne usuelle). Lorsque p augmente, la coordonnée maximale prend vite une importance prépondérante et la distance tend vers :

$$d_{ab} = \text{maximum}\,(|x_{ai} - x_{bi}|)$$

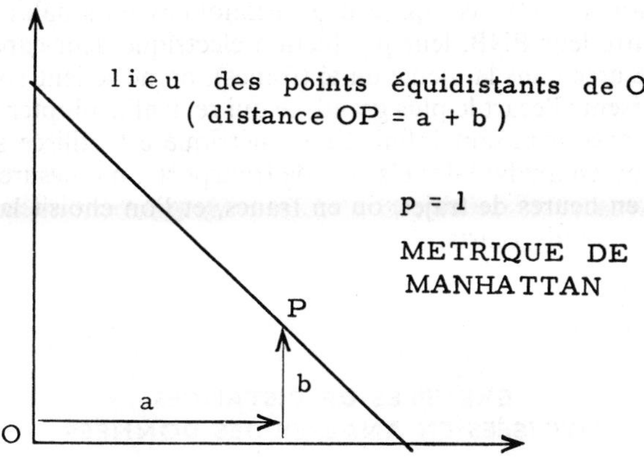

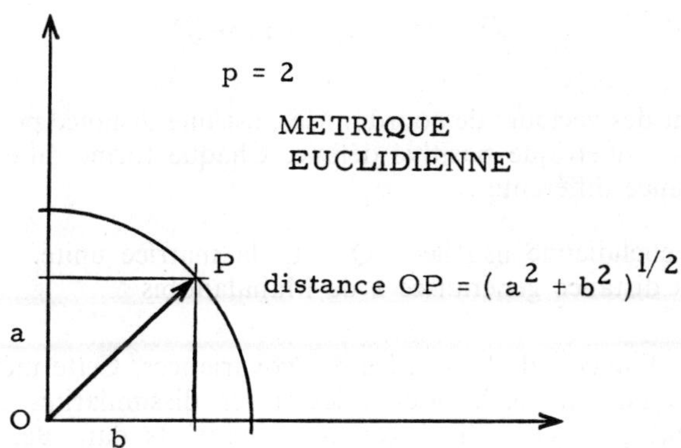

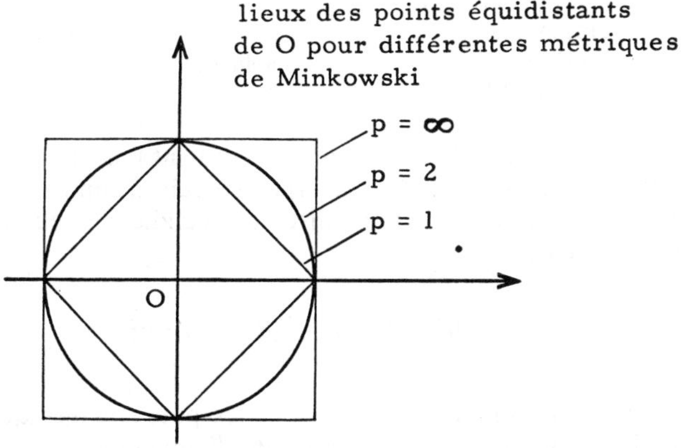

FIG. 43. — *Les métriques de Minkowski.*

Par exemple, lorsque l'on compare deux économies nationales en mesurant la différence entre leur PNB, leur production électrique, leur capacité sidérurgique, etc... mesurée dans la même unité (francs), on ne retient souvent que la variable qui présente l'écart le plus grand, ce qui revient à adopter une métrique de Minkowski avec exposant infini. Cette métrique est utilisée souvent, bien qu'implicitement, en analyse des réseaux de transport : on mesure les distances en kilomètres, en heures de trajet, ou en francs, et l'on choisit la variable qui donne les plus grands écarts.

EXEMPLES DE DISTANCES UTILISÉES EN ANALYSE DES DONNÉES

Sur un espace, on montre que la forme quadratique

$$d^2 = (x - y)^t . Q . (x - y)$$

où x et y sont des vecteurs de coordonnées, est une distance pourvu que Q soit une matrice symétrique positive définie. Chaque forme différente de Q définit une distance différente :

— distance euclidienne usuelle : $Q = I$, la matrice unité.
— D^2 ou « distance généralisée » de Mahalanobis

avec $Q = \Sigma^{-1}$, l'inverse de la matrice des covariances. Cette métrique a été définie dans les années 1930, pour calculer les dissimilarités entre objets connus seulement par échantillons (crânes découverts dans des fouilles) et soumis à des fluctuations aléatoires (Anderson, 1958; Rao, 1968). Cette métrique est utilisée en particulier en Analyse Discriminante. Noter que si l'on transforme les variables par une Analyse en Composantes Principales (mesures brutes remplacées par les facteurs-scores), la matrice des covariances devient la matrice unité : D^2 est ramenée à la distance euclidienne qui n'en est qu'une forme particulière.

— métrique du χ^2 où Q est diagonale et contient l'inverse des fréquences des données (Benzécri). Par exemple (fig. 44) on cherche à comparer la structure commerciale de quartiers urbains. Une distance euclidienne peut être calculée sur les nombres bruts :

$$d_{0AB} = [(26 - 10)^2 + (8 - 10)^2]^{1/2}$$

Mais cette mesure est trompeuse car ce sont les pourcentages qui comptent ici. Par exemple, 26 unités sont investies dans l'alimentation, mais sur quel investissement total dans le quartier (26/34)? et sur quel investissement total dans l'alimentation (26/286)?

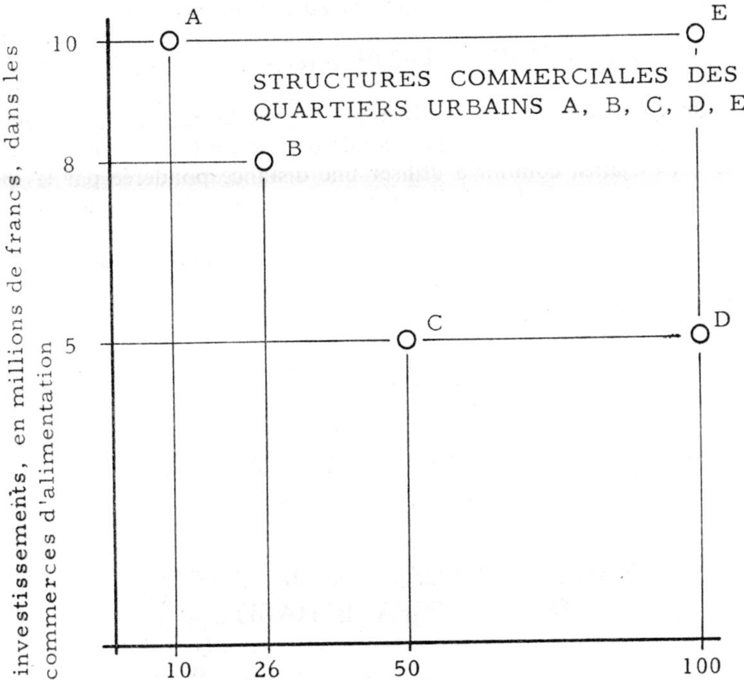

DISTANCES ENTRE QUARTIERS URBAINS REPÉRÉS PAR LES INVESTISSEMENTS DANS LE COMMERCE D' ALIMENTATION ET LE RESTE DU COMMERCE DE DÉTAIL .

en millions de francs		alimentation	reste	total en ligne
quartiers	A	10	10	20
	B	8	26	34
	C	5	50	55
	D	5	100	105
	E	10	100	110
total en colonne		38	286	324

% (fk) = 0 . 883 0. 117 1.

1/ fk = 1. 133 8. 547

FIG. 44. — *Distances entre quartiers urbains.*

Il vaudrait mieux utiliser des rapports au lieu de nombres absolus :

$$d_{1AB} = [(26/34 - 10/20)^2 + (8/34 - 10/20)^2]^{1/2}$$

Malheureusement, d_1 sous-estime gravement le rôle de l'alimentation parce que les grands nombres de la seconde dimension (« Reste ») sont élevés au carré. On est ainsi conduit à utiliser une distance pondérée par les pourcentages d'investissement dans l'alimentation et le reste des activités :

$$\chi^2_{AB} = 1/.883\ (26/34 - 10/20)^2 + 1/.117\ (8/34 - 10/20)^2$$

La distance du Chi-carré

$$\chi^2_{ab} = \sum_{i=1}^{n} \left[\frac{1}{f_i} \left(\frac{f_{ai}}{f_a} - \frac{f_{bi}}{f_b} \right)^2 \right]$$

est importante en Analyse des Données (cf. p. 16).

VRAIES ET FAUSSES « DISTANCES » DANS L'ESPACE HABITÉ

LES ESPACES GÉOGRAPHIQUES

Pour étudier la localisation des activités humaines ou un réseau de transport, la variable importante est le coût de transport, mesurée en heures, en francs ou en « désutilités » (difficulté ou danger du trajet). On utilise trop souvent la distance topographique (km), très facile à mesurer, ce qui suppose une relation simple entre distance topographique et distance en coût qui, d'ordinaire, n'existe pas :

— les coûts de transport ne sont pas une fonction linéaire des kilomètres parcourus à cause des frais fixes, des économies d'échelle et des frais de transbordement;

— les transformations techniques (chaussée élargie, nouveau pont, ...) déforment de façon complexe et inégale la géométrie d'un réseau. Au Vénezuéla, les investissements routiers ont changé successivement la position relative des villes. (B. Marchand, 1973) : un territoire donné peut porter des réseaux radicalement différents (non-homomorphiques) dont l'évolution est discontinue; cependant que le même réseau, surtout s'il est mal connecté, peut correspondre à des territoires de forme complètement différente. Aussi, les distances topographiques sont peu utiles et souvent trompeuses.

LES ESPACES DE MESURE

Un tableau de données représente les coordonnées d'un ensemble de points (localisations : quartiers, régions, ou bien variables) dans un espace de mesure. L'analyse des propriétés de cet espace est l'une des méthodes les plus répandues en Sciences Humaines (cf. Chapitre 1 : L'analyse des Données). Cela suppose la définition d'une métrique sur cet espace. On choisit d'ordinaire la métrique euclidienne, en général par routine (Analyse Factorielle des Anglo-Saxons), parfois celle du χ^2 (Analyse des Données du professeur Benzécri).

On impose une métrique euclidienne en remplaçant la matrice des données brutes par une matrice des corrélations dont les valeurs propres sont, par construction, toujours positives ou nulles, et les vecteurs propres réels. Cette transformation préalable gaspille malheureusement de l'information : deux degrés de liberté par variable (moyenne et écart-type). Il serait préférable d'analyser directement les données brutes, pourvu qu'elles soient mesurées dans une unité commune. Malheureusement, on risque alors de voir apparaître des valeurs propres négatives et des vecteurs propres complexes; l'interprétation est délicate.

L'ANALYSE DES PROXIMITÉS

Quand on connaît les coordonnées d'un ensemble de points et qu'on a défini une métrique, il est trivial de calculer les distances qui les séparent. Prenons le problème inverse : connaissant des « distances » (dissimilarités) entre paires de points, choisir une métrique et trouver des coordonnées qui reproduisent sans trop de déformation (stress) ces distances. C'est là l'objet du multi-dimensional scaling (MDS), méthode récente due à Torgerson et surtout à Shepard (1972). Les distances peuvent être des dissimilarités (enquêtes de marketing), des coûts de transport (analyse de réseaux), des distances perçues (perception de l'espace)...

Kruskal a proposé un algorithme très habile (Steepest descent method) utilisé dans les deux programmes principaux : MDSCAL-5 M et sa version plus récente KYST (Bell Telephone Laboratories).

La fonction distance correspondant à la structure spatiale des données est inconnue mais elle existe : l'espace doit être métrique. MDSCAL-5 M permet d'essayer une fonction de Minkowski avec un exposant variable. Si les dissimilarités ne sont pas de vraies distances, la méthode leur impose une structure métrique. Par exemple, si la « distance » de a à b est 10, et celle de b à a est de 8, on utilise comme distance la moyenne 9. MDS s'applique fort bien à des observations présentant une structure métrique altérée par des fluctuations aléatoires (erreurs de mesure, de réponse à des questionnaires, ...). En revanche, l'usage de MDS lorsque la structure est assurément non-métrique est dangereux : tel groupe social A peut se sentir très proche de B, mais B est très éloigné de A. Il y a là une question épineuse qui n'a pas encore été assez étudiée.

Orientation bibliographique : Dugundji (1966), Anderson (1958), Benzécri (1973), Coombs (1964), Rao (1968), Torgerson (1958), Shepard (1972), Marchand (1973), Gould-White (1974), Olsson (1967).

Exercices sur les métriques de Minkowski (voir fig.* 43*).

$$d_{ab} = \left[\sum_k (|x_a - x_b|)^p \right]^{1/p}$$

$p = 1$: Métrique de Mahattan

	A	B	C	D
B	18			
C	45	27		
D	95	77	50	
E	90	76	55	5

$p = 2$: Métrique Euclidienne

	A	B	C	D
B	16.1			
C	40.3	24.2		
D	90.1	74.1	50	
E	90.	74.	50.2	5

$p = 5$:

	A	B	C	D
B	16.			
C	40.	24.		
D				
E				

Exercice 1 : Compléter la table des distances pour $p = 5$.

Exercice 2 : Comment se transforment les distances de Minkowski lorsque p tend vers l'infini.

Exercice 3 : Comparer les distances entre quartiers pour les diverses valeurs de p.

Exercices sur la distance généralisée de Mahalanobis.

1) Calcul de la matrice des Covariances des deux variables.

quartiers	Écarts à la moyenne	
	Alimentation	Reste
A	−47.2	2.4
B	−31.2	0.4
C	− 7.2	−2.6
D	42.8	−2.6
E	42.8.	2.4
$\sigma^{e} =$	1383.36	5.04

matrice des covariances

$$\Sigma = \begin{bmatrix} 1383.36 & -23.12 \\ -23.12 & 5.04 \end{bmatrix}$$

2) Inversion de la matrice des Covariances.

$$\Sigma^{-1} = \begin{bmatrix} 0.00078 & 0.00359 \\ 0.00359 & 0.21488 \end{bmatrix}$$

3) Exemple : distance généralisée entre les quartiers A et B.

$$D^2_{AB} = [10 - 26 \; 10 - 8] . \Sigma^{-1} . \begin{bmatrix} 10 - 26 \\ 10 - 8 \end{bmatrix} = 1.289$$

4) Matrice des distances généralisées.

$D^2 =$

	A	B	C	D
B	1.289			
C	8.056	2.9		
D				
E				

Exercice 4 : Calculer la corrélation linéaire entre les deux variables.

Exercice 5 : Compléter la matrice D^2.

Exercice 6 : Comparer les distances entre quartiers dans les métriques euclidiennes et D^2.

Exercices sur la métrique du Chi-carré.

$$\chi^2_{AB} = \sum_k \left[\frac{I}{f_K} \left(\frac{f\,AK}{f\,A} - \frac{f\,BK}{f\,B} \right)^2 \right]$$

k : dimension ou variable

f_K : fréquence de la variable

$f\,AK$: fréquence du quartier A pour la variable K

$X^2 =$

	A	B	C	D
B	0.68			
C	1.60	0.20		
D	1.98	0.339	0.18	
E	1.62	0.20	0.	

Exercice 7 : Pourquoi la distance entre C et D est-elle nulle ? Commenter.

Exercice 8 : Pourquoi les distances entre B et C et entre B et E sont-elles égales ? Commenter.

Exercice 9 : Compléter le tableau des distances en calculant celle qui sépare D et E.

CHAPITRE VI

MODÈLES, THÉORIES ET LOIS DANS L'ANALYSE SPATIALE

LA CONSTRUCTION D'UN MODÈLE SPATIAL

La distinction entre méthodes inductive et déductive n'est guère utile ici : un modèle est rarement bâti au début d'une recherche, mais après que des observations aient été accumulées et une hypothèse ébauchée dans l'esprit du chercheur.

LES PRINCIPALES DÉMARCHES MÉTHODOLOGIQUES

La *construction ascendante* d'un modèle consiste à ajouter successivement des variables, ou des dimensions qui élargissent progressivement l'espace où sont représentées les données. Modeler les déplacements entre deux villes par exemple, conduit à estimer ces flots en fonction de la taille de la première ville; si cette estimation n'est pas assez exacte, on y ajoute un autre facteur : la population de la seconde ville, puis la distance qui les sépare, et ainsi de suite. Le modèle de gravité fut développé d'abord par analyse de régression, sans que l'on puisse expliquer pourquoi les flots réels le suivaient assez bien; les variables sont commodes mais n'ont guère de rapport avec le comportement des voyageurs.

Un exemple assez proche est celui de l'analyse factorielle, où les données sont représentées le long d'un axe de variation, puis de deux, de trois, jusqu'à ce que la représentation ainsi obtenue soit jugée suffisamment exacte. L'espace de représentation n'est d'abord qu'un point de dimension nulle, puis est muni d'une dimension, de 2, de 3, ... jusqu'à ce que la représentation soit suffisamment fidèle.

La difficulté consiste à décider lorsque le modèle est suffisamment complexe : s'arrêter trop tôt, avec trop peu de variables c'est ce contenter d'un modèle simple mais peu exact, et jeter au panier une grande partie de l'information rassemblée; s'arrêter trop tard, après avoir ajouté tous les facteurs possibles, c'est obtenir un modèle très exact, d'ordinaire inutilisable. Il en va de même en

Analyse de Surface de Tendance : on peut toujours ajuster exactement une surface polynomiale de degré $(n-1)$ à un ensemble de n points, mais cela n'a aucun sens.

La méthode inverse consiste à construire le modèle de façon *descendante*. D'abord, l'on suppose une ignorance complète du phénomène à modeler : l'espace contenant le modèle est infini. Ensuite, les conditions du modèle (l'information disponible) sont introduites successivement sous forme de « contraintes », ce qui revient à éliminer de larges portions de l'espace initial : elles correspondent à des cas impossibles. La structure du modèle apparaît peu à peu ; les variables sont faciles à identifier et à interpréter puisqu'elles ont été introduites explicitement et en connaissance de cause. Tel est, dans un espace à structure linéaire, le modèle de Programmation Linéaire où les contraintes réduisent progressivement l'espace des solutions à un volume limité dont on cherche l'un des sommets. Un exemple plus général encore est le modèle de gravité développé par Wilson. Le point de départ est fondamental : c'est l'état correspondant à une ignorance complète, l'état le plus probable, ou encore, celui dont l'entropie est maximale.

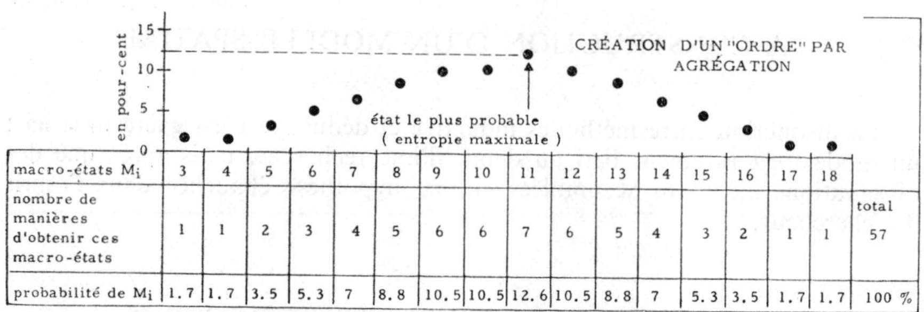

macro-états M_i	3	4	5	6	7	8	9	10	11	12	13	14	15	16	17	18	
nombre de manières d'obtenir ces macro-états	1	1	2	3	4	5	6	6	7	6	5	4	3	2	1	1	total 57
probabilité de M_i	1.7	1.7	3.5	5.3	7	8.8	10.5	10.5	12.6	10.5	8.8	7	5.3	3.5	1.7	1.7	100 %

FIG. 45. — *Probabilités des macro-états.*

UN EXEMPLE: LA MAXIMISATION DE L'ENTROPIE

La méthode repose sur la distinction entre événements individuels, les « micro-états », et leur groupement en « macro-états ». Jetons trois dés : le point apparaissant sur l'un d'eux forme un micro-état ; le total des points obtenus avec les trois dés, un macro-état. Plusieurs combinaisons différentes de micro-états (3, 3, 4 ou 4, 4, 2 ou bien 5, 3, 2) produisent le même macro-état (10). Si les dès sont honnêtes, on ignore quel point sortira sur chaque dé : chacun des six points est *équiprobable*, avec 1 chance sur 6. A ce micro-niveau, l'« ignorance » (le « désordre ») est complète.

En revanche, les macro-états ne sont plus équiprobables : un total de 3 ne peut être produit que par l'apparition de 1 sur chaque dé, alors que 10 peut être obtenu de six manières différentes : sa probabilité est six fois plus grande (fig. 45). Un ou plusieurs macro-états sont les plus probables (ici : 9, 10, 11, 12). En combinant les points d'un grand nombre de dés, on verrait une combinaison se détacher et devenir, de loin, la plus probable. En l'absence d'information, c'est à cette combinaison, la plus vraisemblable, qu'il faut se tenir : tout autre suppose davantage de connaissances (par exemple, si nous savons que les dés sont pipés et affichent toujours 1 ; alors seulement, la combinaison 3 deviendrait la plus probable). Tout autre point de départ supposerait plus d'information que nous n'en avons, et serait biaisé le plus vraisemblable correspond l'entropie maximale : il suffit le trouver, de maximiser cette fonction.

LE MODÈLE DE GRAVITÉ D'ALLEN WILSON

La fonction entropie.

Considérons n événements mutuellement exclusifs (i se produit, ou bien j, mais jamais les deux à la fois). Attachons à chaque événement i une probabilité p_i. La fonction « entropie » H est définie sur cette distribution de probabilité de la façon suivante :

$$H = -\sum_{i=1}^{n} p_i \log p_i$$

Comme p_i est compris entre 0 et 1, l'entropie est toujours positive. S'il est certain que l'un des événments j se produira, la réalité est parfaitement connue et l'entropie, qui mesure l'ignorance où nous sommes, est nulle. En effet, $p_j = 1$ et $\log p_j = 0$; pour tous les autres événements $k(\neq j), p_k = 0$ ce qui annule le coefficient. Si l'ignorance est complète, chaque événement est équiprobable; on montre que l'entropie est alors maximale, égale à $\log n$.

$$0 \leqslant H \leqslant \log . n$$

Flots journaliers en milieu urbain.

Les flots de travailleurs entre leur résidence (origine O_i) et leur lieu de travail (destination D_j) sont inscrits dans une table. T_{ij} représente le nombre de personnes logeant dans le quartier i qui vont travailler dans le quartier j.

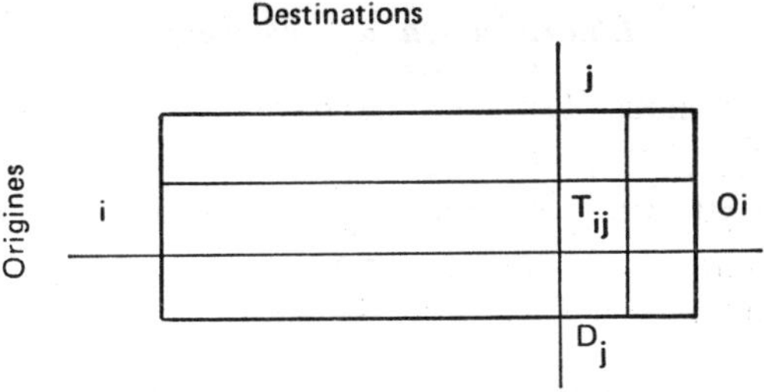

T mesure le nombre total de ces voyages ($T = \Sigma_{ij} T_{ij}$), c'est-à-dire la somme de toutes les cases du tableau. Une fois rempli, ce tableau décrit exactement les flots pendulaires étudiés.

Pour T donné, on peut construire un très grand nombre (N) de tableaux différents. Pour ne pas biaiser le modèle, adoptons comme point de départ un état de parfaite ignorance : chaque tableau est équiprobable. L'entropie est alors $H = \log N$.

Pour trouver notre point de départ (l'état le plus probable) il faut maximiser H ou, ce qui revient au même, N. Quelle est la valeur de N?

La première case du tableau, T_{11}, représente le nombre de combinaisons de T objets pris T_{11} à la fois, c'est-à-dire $T!/T_{11}!\,(T - T_{11})!$ Pour chacune de ces combinaisons, il existe un grand nombre de manières de remplir la seconde case T_{12} avec les $(T - T_{11})$ objets restant, à savoir :

$(T - T_{11})!/T_{12}!(T - T_{11} - T_{12})!$; et ainsi de suite.

$$N = \frac{T\,!}{T_{11}!\,(T - T_{11})\,!} \cdot \frac{(T - T_{11})\,!}{T_{12}!\,(T - T_{11} - T_{12})\,!} \cdots$$

ou en simplifiant

$$N = \frac{T\,!}{T_{11}\,!\,T_{12}\,!\,T_{13}\,!} \cdots$$

D'où

$$H = \log N = \log T\,! - \sum_{ij} \log T_{ij}\,! \qquad (1)$$

En utilisant l'approximation de Stirling

$$(\log X\,! = X \log X - X),$$

on obtient la dérivée :

$$\frac{d \log X\,!}{dX} = \frac{X}{X} + \log X - 1 = \log X$$

Il suffit donc, pour maximiser l'entropie H d'annuler sa dérivée

$$\frac{dH}{dT_{ij}} = -\log T_{ij} = 0,$$

ce qui implique $T_{ij} = 1$.

En cet état de complète ignorance, il faut admettre que tous les flots sont égaux à l'unité : toute autre hypothèse de départ admettrait plus d'information que nous n'en avons.

L'introduction des contraintes.

Mais bien sûr, nous disposons de davantage d'information :

1) — pour chaque ligne i de la table, le nombre total de voyages (somme de la ligne) doit être égal au nombre de mouvements originaires de i :

$$O_i = \sum_j T_{ij}$$

2) — de même, le nombre de voyages aboutissant à la destination j doit être égal au total de la colonne j : $D_j = \sum_i T_{ij}$.

3) — enfin, le coût c_{ij} de chaque voyage doit intervenir : Wilson propose que le total (C) des coûts soit fixe : $C = \sum_{ij} T_{ij} c_{ij}$.

Il suffit d'introduire ces trois contraintes, dont le sens est clair, dans la formule (1), à l'aide des multiplicateurs Langrangiens (λ et β) :

$$H = \log N + \lambda_i \left(O_i - \sum_j T_{ij}\right) + \lambda_j \left(D_j - \sum_i T_{ij}\right) + \beta \left(C - \sum_{ij} T_{ij} c_{ij}\right)$$

Annulons la dérivée de H :

$$\frac{dH}{dT_{ij}} = - \log T_{ij} - \lambda_i - \lambda_j - \beta c_{ij} = 0$$

Il vient

$$\log T_{ij} = - \lambda_i - \lambda_j - \beta c_{ij}$$

et

$$T_{ij} = \exp(-\lambda_i).\exp(-\lambda_j).\exp(-\beta c_{ij})$$

Les coefficients λ assurent la cohérence de la table. En effet, augmentons légèrement le flot, par exemple, entre O_3 et D_7 (T_{37}) de 10 unités. Il faut diminuer les autres cases de la ligne 3 puisque le total O_3 est fixe. Supposons que T_{32} et T_{34} sont ainsi diminués; il convient alors de modifier certains flots à destination de D_2 et D_4 puisque les flots totaux vers ces destinations sont fixes. Toute modification d'une case entraîne donc une suite de modifications (d'importance décroissante) sur les lignes et les colonnes jusqu'à ce que les contraintes marginales sur les origines (O_1) et les destinations (D_j) soient à nouveau observées : c'est le rôle des facteurs λ que l'on peut remplacer par :

$$A_i = \left[\sum_j B_j D_j \exp(-\beta c_{ij})\right]^{-1}$$

$$B_j = \left[\sum_i A_i O_i \exp(-\beta c_{ij})\right]^{-1}$$

L'exponentielle $(-\beta c_{ij})$ mesure la « friction de la distance », d'autant plus grande que le coût de chaque voyage c_{ij} est plus grand. Les flots sont finalement estimés par

$$T_{ij} = O_i A_i D_j B_j \exp(-\beta c_{ij})$$

où O_i et D_j jouent le rôle des « masses » dans l'ancien modèle de gravité inspiré de Newton. Mais ici, chaque variable a été introduite avec un but précis, et les coefficients correspondent à une contrainte explicite : le modèle ne peut être biaisé par des suppositions implicites.

Exercice 1. (A. Scott).

Dans une ville, considérons chaque quartier: n_i personnes habitant le quartier i vont travailler dans le centre; le coût de transport, par personne, est c_i. Supposons que dans chaque quartier, la somme totale dépensée en transports soit la même.

1. Estimer le nombre de travailleurs résidant dans chaque quartier en fonction du coût de transport vers le centre [Rep = $n_i = \exp[-\lambda c_i]$].

2. Est-il utile d'introduire comme seconde contrainte, le nombre total de travailleurs $T = \sum_i n_i$? Pourquoi?

Exercice 2 : Le coût de transport c_i est en général une fonction f de la distance d_i au centre de la ville $[c_i = f(d_i)]$.

1. Si f est linéaire $(c_i = ad_i)$, quel modèle urbain connu retrouvez-vous?

2. Si $c_i = d^2$, montrez qu'en choisissant convenablement les paramètres, la population de travailleurs suit une distribution normale. Discutez.

3. Si f est un polynôme du second degré, quel modèle urbain de distribution de la population reconnaissez-vous?

4. Chacune des fonctions f précédentes correspond à une structure particulière des coûts de transport. Analysez-les et discutez leur effet sur la distribution de la population.

```
C      CALIBRATION DU MODELE DE WILSON
C
C      PROGRAMME ECRIT PAR B. MARCHAND, RIO, JULY 1975
C      A PARTIR D'UN PROGRAMME PREPARE PAR D. WILSON, NORTHWESTERN
C      UNIV.
C      T = FLOTS OBSERVES
C      V =FLOTS CALCULES
C      PARAMETRES =
C        ZINC = ACCROISSEMENT DE Z
C        MAX = NOMBRE MAX. D'ITERATIONS
C        NI = NOMBRE D'ORIGINES 0
C        NJ = NOMBRE DE DESTINATIONS D.
C        C = TABLE DES COUTS DE TRANSPORT
C
       DIMENSION V(20, 10), C(20, 10), T(20, 10), A(20), B(10), O(20), D(10)
C      PARAMETRES =
        NI = 20
        NJ = 10
        MAX = 10
        ZINC = 0.5
        IDF = (NI - 1) * (NJ - 1)
C      LIRE LES DONNEES
        DO 20 I =1, NI
   20   READ (5, 101) ( C (I, J)  J = 1, NJ)
        DO 21 I = 1, NI
   21   READ (5, 101 ) ( T (I,J), J = 1, NJ)
C      COMPUTE O AND D****
        DO 30 I = 1, NI
        O(I) = 0.
        DO 30  J = 1, NJ
   30   O(I) = O(I) + T(I, J)
        DO 31 J - 1 NJ
        D(J) = 0.
        DO 31 I = 1, NI
   31   D(J) = D(J) + T(I, J)
        WRITE (6, 203)
        DO 10 I = 1, NI
   10   WRITE (6, 202) O(I), (T(I J), J - 1 NJ)
        WRITE (6, 204)
        WRITE (6, 205) (D(J) J - 1, NJ)
        WRITE (6, 206)
        DO 11 I = 1, NI
   11   WRITE (6, 205) (C(I, J), J = 1, NJ)
        Z = 0.
        DO 4 J = 1, NJ
    4   B(J) = 1.
  102   WRITE (6, 100) Z
        DO 6 K = 1, MAX
        DO 3 I = 1, NI
        SUM1 = 0
        DO 5 J = 1, NJ
```

```
   5  SUM1 = (B(J) * D(J) * EXP(-C(I, J) * Z) )
   3  A(I) = 1. / SUM1
      DO 6 J = 1, NJ
      SUM2 = 0.
      DO 7 I = 1, NI
   7  SUM2 = (A(I) * O(I) * EXP(-C(I, J) *Z) ) + SUM2
   6  B(J) = 1./SUM2
      DO 13 I = 1, NI
      DO 12 J = 1, NJ
  12  V(I, J) = A(I) * B(J) * O(I) * D(J) * EXP(-C(I, J) * Z )
  13  WRITE (6, 201) (V(I, J), J = 1, NJ)
   2  X2 = 0.
      DO 22 I = 1, NI
      DO 22 J = 1, NJ
      X = T(I, J) - V(I, J)
  22  X2 = X2 + ((X * X) / T(I, J))
      WRITE (6, 200) Z, X2, IDF
      Z = Z + ZINC
      IF (Z. LE. 3) GO TO 102
      STOP
 100  FORMAT (5X, 2HZ = , F10. 2/ / )
 101  FORMAT (16F5. 0)
 200  FORMAT (1HO, 7HPOUR Z = , F5. 2, 2X, 3HX2 =  F10. 3, 3X, 4HAVEC, I5
                                                        5HD LIB   )
 201  FORMAT (3X, 16F7. 0)
 202  FORMAT (1X, F6. 1, 4X, 15F8. 1)
 203  FORMAT (1H1, 8H ORIGINES, 10X, 14HFLOTS OBSERVES     )
 204  FORMAT (12X, 12HDESTINATIONS )
 205  FORMAT (12X, 14F7. 0)
 206  FORMAT (12X, 5HCOUTS )
      END
```

Ce programme lit :
- les coûts de transport pour chaque voyage,
- les flots observés entre NI origines (20 max.) et NJ destinations (10 max.) , chaque flot doit être supérieur à 5 (pour le calcul du X2) .

Il imprime :
- les données ;
- les flots théoriques pour des frictions de l'espace (exposant)
- la distance du X2 entre les flots observés et les flots théoriques.

On peut ainsi :
- choisir l'exposant Z donnant le meilleur ajustement (distance du X2 minimale) ,
- vérifier si les flots observés suivent bien un modèle de gravité (test du X2) .

FIG. 46. — *Calibration du Modèle de gravité* (Allen Wilson).

5. On a souvent observé, en géographie de la perception, que la distance perçue (dp_i) était une fonction log. de la distance topographique ($dp_i = \log d_i$). Quelle forme prend alors la distribution de la population?

Exercice 3. (L. Curry).

Essayons de répartir au hasard N personnes parmi Z centres. Supposons que chaque ville ait la même chance d'attirer des habitants = la population se distribue de la façon la plus probable. Appelons Z_i le nombre de centres de population i. Peut-on exprimer Z_i en fonction de i? Montrez que l'on obtient ainsi la « règle rang-taille ».

LE ROLE DES HYPOTHÈSES INITIALES

Un modèle vaut ce que valent les hypothèses sur quoi il est fondé : il est bien rare qu'il y ait des fautes de logique (ou de mathématique) dans le corps même du modèle, et elles sont très vite signalées. Les hypothèses initiales revêtent donc une importance considérable, mais souvent méconnue.

a) Leur premier rôle est de faciliter l'élaboration du modèle : les phénomènes observés sont si complexes qu'il faut les simplifier arbitrairement. Mais on insiste trop souvent sur ce rôle, qui n'est pas le plus important.

b) Des hypothèses simplificatrices permettent de fixer certaines variables pour mieux en étudier d'autres : c'est là une méthode fondamentale, analogue aux expériences de laboratoire du physicien isolant certains phénomènes. (C'est une des manières d'expérimenter en sciences humaines, une autre étant l'usage des corrélations partielles).

Lösch en fournit un exemple. Jusqu'aux années 1940, les géographes ont expliqué les différentiations régionales par deux groupes de facteurs : physiques (climats, roches... découpant des « régions naturelles ») et humains (histoire, différences économiques, sociales...). Le grand enseignement de la Théorie des Places Centrales est qu'il existe un troisième facteur, la structure même d'un système urbain hiérarchisé. Les facteurs physiques et humains (indéniables, bien sûr, mais perturbateurs, car ils cachent le rôle de la structure) sont « fixés » par les hypothèses initiales : une plaine homogène et isotrope, des consommateurs ayant les mêmes ressources et les mêmes goûts. La région devrait être parfaitement homogène. Pourtant, Christaller montre qu'une hiérarchie différenciée de marchés apparaît; Lösch prouve que le seul fonctionnement de cette structure urbaine engendre des secteurs densément peuplés, riches en activités et en voies de transport, séparés par des secteurs plus pauvres, en partie abandonnés par leur population. L'inégalité du développement régional ne doit donc plus être expliquée seulement par des causes physiques ou historiques mais aussi par le fonctionnement même d'une hiérarchie de marchés urbains : ce système économique de marchés crée des inégalités. Reprocher à cette théorie le « manque de réalisme » de ses hypothèses initiales est méconnaître complètement leur rôle.

c) Un modèle est une manière d'organiser de l'information : les hypothèses initiales ont pour but de fournir cette information. Considérer une certaine organisation spatiale comme unique (et non comme le produit de lois générales à découvrir), c'est estimer que chaque élément (ici, une ville, là, une usine...) est déterminé. Alors la probabilité de trouver telle activité localisée à tel endroit est égale à 1 (certitude) ou à 0 (impossibilité). L'entropie d'une telle distribution, c'est-à-dire la quantité d'information qu'elle contient est alors nulle :

$$\text{Entropie} = -\sum_i p_i . \log p_i = 0 \quad (\text{avec} \;\; p_i = 0 \;\; \text{ou} \;\; 1)$$

Les hypothèses établissent des relations d'équivalence entre divers phénomènes dont la probabilité est alors comprise entre 0 et 1 : un certain volume d'information, non nul, apparaît, que le modèle utilise.

Exemple : Évolution de l'information dans le modèle des Places (B. Marchand).

Pour construire tout un système urbain suivant le modèle de Centrales, il suffit de localiser un niveau de la hiérarchie, par exem des bourgs, et de définir un principe d'organisation (ex : maximisat des marchés, avec $k = 3$). Toute la hiérarchie est alors déterminée.

Divisons une grande plaine en n régions dans chacune desquelles il y a s sites favorables à l'installation d'un bourg. Si les sites potentiels ne sont pas tous occupés, il faut localiser k bourgs parmi s sites disponibles. L'information correspondante est

$$E = \log\left(\prod_{i=1}^{n} s_i\,!/(s_i - k_i)\,!\right) \tag{2}$$

i représentant l'une des n régions et s_i le nombre de sites disponibles dans cette région. Le problème n'a de sens que s'il y a au minimum deux sites disponibles :

$$\sum_i s_i = S \geqslant 2$$

Dans le modèle des Places Centrales, tous les sites potentiels sont finalement occupés de proche en proche. Alors $k_i = s_i$ et le dénominateur de la formule (2) disparaît :

$$E = \log\,(s_1\,!\,s_2\,!\,\ldots\,s_n\,!)$$

Prenons, par exemple, $S = 10\,000$ sites différents.

1re étape : Considérons une plaine infiniment variée où chaque site est unique par son histoire et ses caractéristiques.
L'on a :

$$s_1 = s_2 = \cdots s_n = 1 \quad \text{et alors} \quad E = \log 1\,!\,1\,!\cdots = 0$$

Le système est parfaitement ordonné, et aucune information n'est disponible. On ne peut que décrire un pareil système, non l'analyser ou le comparer : c'est pourquoi la géographie classique donne tant d'importance aux monographies descriptives.

2e étape : Pour obtenir de l'information, introduisons une hypothèse initiale : la plaine étudiée est homogène à tout point de vue. (Christaller).
Alors $s_1 = S;\ s_2 = s_3 = \cdots s_n = 0$

$$E = \log S\,!$$

L'information s'est accrue de $\log S\,!$ Comme $E = \log 10\,000\,! \simeq (10\,000) \log 10\,000 - 10\,000 = 30\,000$ dits, une quantité énorme d'information apparaît, mais au prix d'un grand désordre.

3e étape : Dans le modèle de Christaller, il suffit de localiser deux centres pour que toutes les villes de ce niveau soient localisées. Les écartements entre les bourgs et les alignements urbains sont alors définis.

Il faut donc localiser $k = 2$ villes parmi S sites :

$$E = \log (S\,!/(S - 2)\,!) = \log S\,(S - 1).$$

Le modèle a réintroduit de l'ordre dans le système; l'information a diminué de log S ! — log S (S — 1) = 30 000 — 8 = 29 992 dits environ. Les hypothèses préalables peuvent être comparées à une machine qui transforme les phénomènes observés en information. Le modèle transforme de nouveau cette information en ordre. Le but de ce processus est de faire apparaître la structure du monde réel. Mais le transformation n'est pas parfaitement efficace, l'ordre rétabli par le modèle est toujours un peu plus faible que l'ordre observé (la « perte » dans notre exemple est de 8 dits). Il y a ici un phénomène analogue à la loi de dégradation de l'énergie. Il est certainement absurde de reprocher aux modèles de créer un monde « trop ordonné et inhumain ».

LES PIÈGES DU HASARD

Le hasard joue un rôle complexe et fréquemment méconnu dans le fonctionnement d'un modèle. Certaines « lois » affectant des phénomènes spatiaux sont purement aléatoires, et seules, les déviations ont un sens particulier qu'il faut rechercher. En revanche, bien des mesures spatiales ne sont pas aléatoirement indépendantes, ce qui fausse souvent le résultat des modèles.

DES LOIS QUI NE DÉPENDENT QUE DU HASARD ... (L. CURRY)

On a vu (exercice 3) que la « loi rang-taille » représente une distribution purement aléatoire : les villes d'une région la suivent exactement, lorsque seul le hasard semble avoir réparti entre elles la population. Tout est déterminé par deux paramètres : population totale et taille moyenne des villes. Il faut alors concentrer l'analyse sur les groupes de centres qui s'écartent éventuellement de cette distribution : ils ont une probabilité différence d'attirer la population.

Curry (1964) a montré aussi 1) que la spécialisation d'une ville en centre manufacturier pouvait être représentée par la combinaison de deux lois aléatoires : loi normale et loi arc sinus; 2) que les distances de chaque centre à son plus proche voisin étaient normalement distribuées. Ainsi, la répartition de la population urbaine, la spécialisation fonctionnelle de certains centres, et leur écartement spatial peuvent être souvent attribués au hasard.

... A LA RARETÉ DES DISTRIBUTIONS SPATIALES ALÉATOIRES

En revanche, il est beaucoup plus rare qu'on ne le pense d'obtenir des données, mesurées à divers points de l'espace, qui soient indépendantes entre elles. C'est là cependant une condition fondamentale pour l'usage de beaucoup de méthodes : échantillonnage, régression, etc...

L'auto-corrélation spatiale.

Considérons une variable de moyenne nulle $V(x)$ (par exemple le revenu familial après changement d'origine) mesurée en deux points de l'espace x et $(x + h)$ à une distance h l'un de l'autre. La fonction

$$F = \int V(x).V(x + h).dh$$

mesure la corrélation spatiale entre ces points. Si celle-ci n'est pas nulle, il est possible, connaissant le revenu familial dans un quartier d'estimer le revenu d'un quartier voisin avec une précision qui est fonction de cette corrélation. Ce phénomène est à la base de la théorie des variables régionalisées (voir chapitre 3e II B). C'est aussi un grand obstacle à l'usage des méthodes classiques d'échantillonnage et d'analyse de régression puisque celles-ci ont été développées pour des mesures indépendantes entre elles. L'analyse des séries chronologiques a posé des problèmes analogues aux économistes; encore, l'auto-corrélation chronologique est-elle plus simple à éliminer puisqu'elle est unidimensionnelle.

L'auto-corrélation pose des pièges subtils. Prenons le modèle de gravité : si P est la population, d la distance entre deux points, et x les coordonnées d'un point, le modèle peut s'écrire :

$$\text{Gravité} = P(x).P(x + d).f(d).$$

Or, la fonction d'auto-corrélation décrivant l'organisation spatiale est (avec les mêmes notations) : $F = \overline{P(x).P(x + d)}$ en faisant la moyenne de tous les produits de population.

Ainsi, le modèle de gravité inclut une fonction d'auto-corrélation qui en complique l'interprétation. Curry a montré (1972) que même si la distance ne freine aucunement les mouvements (l'exposant de d devrait alors être nul), on obtient par régression, une estimation non nulle de cet exposant. Donc, dans $f(d) = d^a$, a intègre deux phénomènes très différents : la « friction de la distance » et l'organisation spatiale. L'exposant a mesure le premier si la localisation des centres urbains est parfaitement aléatoire; il mesure le second si les flots sont indépendants des distances à franchir. Dans tous les cas intermédiaires (les seuls qui soient réalistes), a représente une combinaison des deux phénomènes : on ne peut comparer deux exposants estimés dans des réseaux urbains différents.

INTRODUCTION A LA THÉORIE DES SYSTÈMES

Le terme de système a été galvaudé en sciences humaines. Il devrait être utilisé seulement pour représenter le comportement d'un groupe de variables où chacune est une fonction de toutes les autres. Un système est décrit par un ensemble d'équations différentielles reliant des taux de variations et des niveaux atteints par les variables. Il est caractérisé par des feedbacks (chocs en retour) qui peuvent soit rétablir l'équilibre (feedback négatif qui freine les déviations, par exemple, un thermostat), soit accentuer le déséquilibre (feedback positif accentuant les déviations : la « spirale de l'inflation »). La théorie des systèmes n'a encore été utilisée, en analyse spatiale, que de façon triviale et souvent trompeuse.

Exercice 4 : La population P d'une ville s'accroît à chaque instant t en fonction des migrations M et de la valeur même de cette population (accroissement naturel): $dP/dt = 0.1\,P + M$ mesurant la dérivée de la population en fonction du temps.

Les migrations s'accroissent à chaque instant en fonction de la population qui les attirent et du volume même de migration à cet instant: $dM/dt = 0.01\,P + 0.1\,M$.

1. Pour quelles valeurs le système sera-t-il en équilibre (population et migration constantes ?)

2. L'équilibre est-il stable (le système y revient-il de lui-même après une faible perturbation ?)

3. Si la population est de 10 000 habitants et le flot migratoire égal à + 1 000, que seront devenues ces variables après trois périodes ?

Solution. Soit X le vecteur à deux éléments: $X = \begin{bmatrix} P \\ M \end{bmatrix}$; et A la matrice de coefficients $A = \begin{bmatrix} 0.1 & 1 \\ 0.01 & 0.1 \end{bmatrix}$. Le système est représenté par l'équation matricielle: $dX/dt = AX$.

1) Le système sera en équilibre pour des accroissements nuls: il suffit donc d'annuler les dérivées dP/dt et dM/dt. Une solution est $P = 10\,000$ et $M = -1\,000$. Les départs (M négatif) sont égaux à l'accroissement végétatif.

2. La nature de cet équilibre dépend des valeurs propres de A. Si elles sont toutes négatives, toutes les perturbations s'amortissent: l'équilibre est stable. Une valeur propre nulle représente un équilibre instable. Une valeur propre positive correspond à des variations qui s'amplifient au cours du temps: il n'y a pas d'équilibre. Ici, A est singulier, avec deux valeurs propres: $v_1 = 0.2$ et $v_2 = 0$. Il n'y a qu'une position d'équilibre, et instable.

3. On démontre que la solution de l'équation différentielle précédente est $X = e^{At}.C$

où C est le vecteur de variables à l'instant initial et e^{At} est une matrice exponentielle qui peut être approchée par $e^{At} = 1 + At + A^2t^2/2! + \cdots A^nt^n/n!$
Il suffit d'ordinaire des premiers termes. Ici, l'on a

$$e^{A3} = \begin{bmatrix} 1.408 & 4.08 \\ .0408 & 1.408 \end{bmatrix}; \quad \text{d'où} \quad X(3) = \begin{bmatrix} 18\,160 \\ 1\,816 \end{bmatrix}.$$

La ville grandit à une vitesse croissante.

Orientation bibliographique :

— *Maximisation de l'entropie* : A. Wilson (1970), B. Marchand (1972), Yaglom et Yaglom (1969).
— *Auto-corrélation spatiale* : Cliff et Ord (1973).
— *Systèmes* : L. Von Bertalanffy (1968).

CHAPITRE VII

DESCRIPTION ET INFÉRENCE SPATIALE

La carte est l'un des moyens les meilleurs de décrire des distributions spatiales. La représentation d'une ou de plusieurs variables a fait l'objet de trop de manuels excellents pour reprendre ici ce sujet. Combiner et comparer des cartes mathématiquement, intrapoler et généraliser à partir d'un nombre limité de données, enfin, analyser une carte en composantes indépendantes forment l'objet de ce chapitre.

COMBINAISON ET COMPARAISON DE CARTES

COMPARAISON ET DISTANCE DU CHI-CARRÉ

La comparaison de cartes d'une même variable, par exemple, représentée à des époques différentes, est faite d'abord visuellement. L'observation visuelle globale est très importante, mais insuffisante et souvent trompeuse. Aussi est-il souvent utile de mesurer leur correspondance afin de rendre plus précise la comparaison. Si les deux cartes sont en courbes de niveau, le cosinus de l'angle que forment deux isolignes de même valeur est équivalent à un coefficient de corrélation linéaire. Plus généralement, on a cherché à définir des « distances » entre deux cartes. Si les mesures représentées ont été faites aux mêmes points, on utilise souvent la distance du Chi-deux : pour 2 variables x et y mesurées aux n points i sur les cartes C et C′, on a :

$$\chi 2 = \sum_{i=1}^{n} (x_i - y_i)^2 / x_i$$

avec n degrés de liberté, si les n mesures sont indépendantes. Mais c'est là l'une des faiblesses de la méthode : s'il existe une auto-corrélation spatiale non-nulle, ce qui est probablement le cas général, l'on perd des degrés de liberté (mais combien?) et la valeur de la comparaison est affaiblie.

Une autre critique fréquente est que la distance du $\chi 2$ ne tient pas compte des rapports de contiguité : la même distance $\chi 2$ peut correspondre à des différences étalées sur toute la surface de la carte, ou bien concentrées seulement dans une partie de celle-ci. Dans le premier cas, et si la distance est grande, l'on dira que les deux cartes sont différentes; dans le second, qu'elles sont semblables sauf pour une petite région où elles différent complètement : l'interprétation ne sera pas la même.

Comparer deux cartes est une tâche délicate qui n'a pas encore reçu de solution satisfaisante. C'est l'un des grands obstacles au développement de la simulation spatiale (chapitre 3).

UNE ALGÈBRE DE CARTES

Si les variables cartographiées sont exprimées dans la même unité, ou si elles ont été standardisées, il est possible de combiner mathématiquement ces cartes et il serait intéressant de formaliser ces combinaisons en une algèbre dont il faudrait préciser les propriétés.

Par exemple, un accroissement peut être mis en évidence par soustraction (fig. 47) : M 1 = M 3 — M 2. On pourrait aussi mettre en évidence un accroissement relatif de la population en cartographiant, à chaque point de mesure, le rapport de deux recensements différents, ce qui peut être représenté par :

$$M_1 = M\,3/M_2$$

ou bien :

$$\log M\,1 = \log M\,3 - \log M\,2$$

où le logarithme d'une carte signifie la carte des logarithmes des valeurs représentées. Cela revient à représenter un taux d'accroissement géométrique.

LA TRANSFORMATION BI-PROPORTIONNELLE

Le modèle RAS fréquemment utilisé par les économistes pour projeter dans l'avenir leurs tables d'Input-Output, peut être utilisé pour rapprocher deux cartes du même phénomène à des périodes différentes et les comparer (Bacharach, 1972).

Supposons d'abord que les valeurs cartographiées aient été mesurées sur une grille régulière. La carte peut alors être assimilée à une matrice. Si l'on peut supposer que chaque ligne i de la carte M 3 provient de la ligne correspondante de la carte M 2 (qu'on veut lui comparer) multipliée par un facteur r_i; et que chaque colonne j de M 3 est aussi le produit du vecteur-colonne correspondant de M 2 par un facteur s_j, alors on peut écrire :

$$M\,3 = R . M\,2 . S$$

(Les économistes appellent en général A la matrice centrale à transformer, d'où le nom de modèle RAS.) R est une matrice diagonale qui multiplie à gauche la matrice initiale M 2 et S est une matrice diagonale qui la multiplie

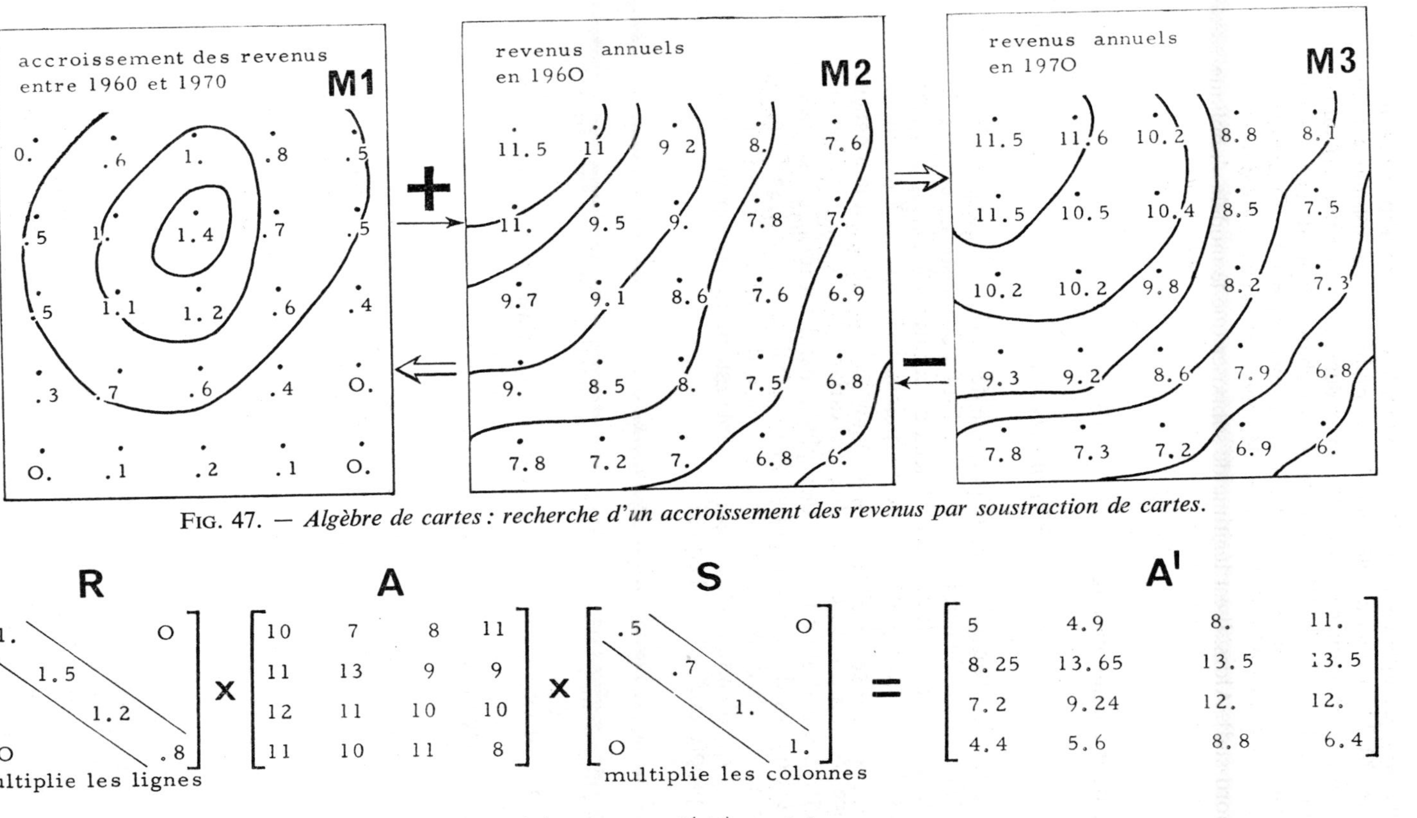

FIG. 47. — *Algèbre de cartes : recherche d'un accroissement des revenus par soustraction de cartes.*

deux possibilités

a). A est une grille posée sur une carte et transformée en une autre carte A'

b). Plus généralement, les lignes de A correspondent aux points d'une carte (lieux) et les colonnes à diverses variables mesurées en ces points .

FIG. 48. — *Modèle biproportionnel* RAS.

à droite (fig. 48). Chaque élément de la diagonale de R multiplie une ligne complète de M 2, et chaque élément de S multiplie une colonne entière. Supposons que le phénomène représenté (ex. : densité de population) subisse des variations différentes du Nord au Sud (pour chaque ligne de la matrice) : variations climatiques, par exemple; et des variations indépendantes de celles-ci de l'est à l'ouest (effets de relief, ou bien déplacement vers l'ouest d'un front pionnier nord-sud). Alors, il est légitime de supposer que le modèle s'applique et de vérifier que

$$\mathrm{M\,3 = R.M\,2.S}$$

ou encore, pour chaque mesure :

$$m_{3ij} = r_i . m_{2ij} . s_j$$

Il est sans doute bien rare qu'une carte présente des variations aussi régulières, mais le modèle peut être généralisé aisément : il suffit de construire une matrice A correspondant au produit de tous les lieux de la carte (i) par un ensemble de variables (j) mesurées à chacun de ces points. Cela revient à développer ou « déplier » les points de la carte en une longue colonne formant la longueur de la matrice A, cependant que les diverses variables en forment la largeur. Le modèle RAS prend alors un sens bien plus général : il revient à supposer que les cartes de ces diverses variables ainsi « dépliées » sont transformées, au cours du temps, de deux manières : d'une part, il existe un facteur propre à chaque lieu r_i; d'autre part, chaque variable est multipliée par un facteur qui lui est propre s_j. Alors, l'équation

$$m'_{3ij} = r_i . m'_{2ij} . s_j$$

signifie que chaque mesure est transformée en fonction du lieu considéré et de la variable mesurée.

Si le modèle RAS s'applique (si les cartes M'_3 ainsi estimées sont très proches, au sens du $\chi\,2$ par exemple des cartes M_3 observées), l'on a décomposé de façon très utile la transformation, et mis en relation deux ensembles de cartes.

Il est possible de définir bien d'autres opérations d'algèbre des cartes; on en trouvera des exemples dans les travaux de Waldo Tobler (1967, 1969).

L'ANALYSE DE TENDANCE (*TREND ANALYSIS*)

Une méthode classique en statistiques, « la régression multiple », peut être appliquée à la représentation spatiale d'une variable. La régression multiple consiste à estimer une variable Y (dépendante) en fonction de plusieurs variables (indépendantes) X 1, X 2, ... Si les variables X sont non-corrélées, on reconnaît le modèle d'analyse en composantes principales :

$$\mathrm{Y} = a_1\mathrm{X}_1 + a_2\mathrm{X}_2 + a_3\mathrm{X}_3 + \cdots$$

Il est fréquent cependant que les variables X soient corrélées, et il faut alors faire intervenir leurs produits croisés :

$$\text{(1)} \qquad Y = a_1X_1 + a_2X_2 + a_3X_1X_2$$

pour deux variables X.

Supposons que X_1 et X_2, au lieu de représenter deux variables générales, soient les coordonnées d'un point sur une carte (longitude et latitude). La valeur Y, mesurée en ce point, est alors une fonction de la localisation du point : la fonction (1) représente la tendance générale de la variable Y dans l'espace considéré. Ainsi, l'analyse de tendance n'est qu'une régression multiple appliquée à l'espace.

Supposons que le revenu moyen des communes françaises soit attaché au centre de chaque commune, et que l'on représente sur une carte des barres verticales en chacun de ces centres, d'autant plus hautes que le revenu est plus élevé. Ajuster à ces mesures une surface de tendance revient à choisir une surface qui passe aussi près que possible de chacun des sommets des barres; « aussi près que possible » peut avoir plusieurs sens, mais on en retient traditionnellement un seul : une surface telle que la somme des carrés des distances de chaque point à cette surface soit minimale. C'est la célèbre méthode des « moindres carrés » qui est due à Gauss. Elle équivaut à considérer notre surface comme une moyenne (autour de laquelle la somme des carrés des déviations est minimale).

La forme de la surface dépend du degré du polynôme représenté. Le premier degré correspond à un plan; le second à une surface de section parabolique; une surface de troisième degré est gauchie dans deux directions différentes (ensellement), etc... Il est fondamental de remarquer que l'on peut toujours faire passer exactement par n points une surface de degré $(n - 1)$. Le problème n'est donc pas de trouver une surface qui s'ajuste convenablement, mais plutôt qu'elle soit de faible degré. La méthode d'ajustement comporte l'inversion d'une matrice qui peut devenir énorme lorsque le degré s'élève beaucoup. Bien que les ordinateurs soient devenus très puissants, l'on ajuste rarement des surfaces de degré supérieur à 5 ou 6. C'est que dans ce cas, il faut faire la somme de puissances très élevées des données : on doit alors inverser une matrice dont certains éléments sont petits, et d'autres énormes, ce qui risque de produire des résultats très peu sûrs.

AVANTAGES DE LA MÉTHODE

Un des avantages de la méthode est que la surface est polynomiale, c'est-à-dire linéaire dans les coefficients (même si le degré est supérieur à un). Une surface de degré 3, par exemple, est la somme de trois surfaces indépendantes de degrés 1, 2, 3, et d'une quatrième « surface » de valeur constante (degré zéro). Il est donc légitime de cartographier ces surfaces séparément, ce qui revient à analyser une surface en ses constituants élémentaires.

Si l'on ne dispose pas d'un modèle *a priori* expliquant la variation spatiale (ce qui est hélas le cas général en sciences humaines), le problème est de savoir à quel degré s'arrêter. Deux méthodes différentes peuvent être utilisées :

1. comme il ne s'agit que d'une application particulière de la régression mul-

tiple, on peut appliquer les tests propres à cette méthode et estimer la contribution indépendante de chaque degré à la représentation de la variance. Voici, par exemple la contribution de chaque composante d'une surface hypothétique du 5e degré :

Degré	Contribution	% cumulé de la variance représentée
1	9 %	9 %
2	10 %	19 %
3	56 %	75 %
4	22 %	97 %
5	2 %	99 %

Il est impossible de se contenter d'un polynôme du second degré; en revanche, les surfaces de 3e et 4e degré représente fort bien les données, et il est certainement inutile d'ajouter un terme du 5e degré. Il serait certainement intéressant de cartographier séparément les surfaces de degré 3 et 4 et de les interpréter.

2. Il est aussi possible de cartographier les résidus d'une surface de degré croissant, et d'arrêter l'analyse lorsque ces résidus ne sont plus corrélés entre eux (auto-corrélés); cela revient à admettre que toute la variation systématique a été incorporée dans la surface. Les tests d'autocorrélation spatiale sont aujourd'hui assez nombreux, mais la question est encore nouvelle et épineuse. On se souviendra, en particulier qu'une surface de tendance est, par construction, auto-corrélée, ce qui peut induire, par un « effet de creux », une autocorrélation parmi les résidus : par exemple, dans le cas d'une variable purement aléatoire suivant une loi uniforme (distribution rectangulaire), les résidus d'une surface quelconque seront nécessairement auto-corrélés.

L'analyse de tendance est utilisée en général pour séparer une variation régionale régulière (la surface elle-même) des fluctuations locales qui apparaissent comme des déviations de part et d'autre de la surface : les résidus. Il est même possible, parfois, de séparer plusieurs tendances régionales différentes si elles correspondent à des composantes de différents degrés (exemple ci-dessus). La méthode peut être utilisée dans les deux sens : soit pour éliminer les fluctuations locales et concentrer l'étude sur la tendance qui est une surface plus régulière (ce qui est une forme de polissage; voir ci-dessous); soit pour éliminer une tendance générale déjà connue et concentrer l'étude sur les anomalies locales (résidus) : les cartes des anomalies de la pesanteur en sont un exemple.

Un autre intérêt de la méthode est de remplacer une distribution discrète, donc discontinue, par une fonction continue. Par exemple, il a été possible d'ajuster un polynôme du troisième degré aux mesures d'accessibilité de 65 villes vénézuéliennes (fig. 49). La surface rend compte de 94,9 % de la variance totale, proportion amplement suffisante. Le bon ajustement est sans doute dû simplement à la forme particulière du territoire vénézuélien qui présente deux grands axes de variation nord-sud et est-ouest, particulièrement favorables au développement d'une cubique. Comme la surface est continue, elle est dérivable, ce qui permet de calculer la valeur et l'orientation de sa pente en chaque ville (point de contrôle) : on obtient ainsi la différentielle qui permet d'estimer un indice de rentabilité des investissements routiers pour chaque ville. Certes, la surface n'a pas grand sens entre les points de contrôle, mais la différentielle ne correspond qu'à une très petite portion de la surface près de chaque ville. Tout l'intérêt de la tendance est d'offrir une surface continue et dérivable.

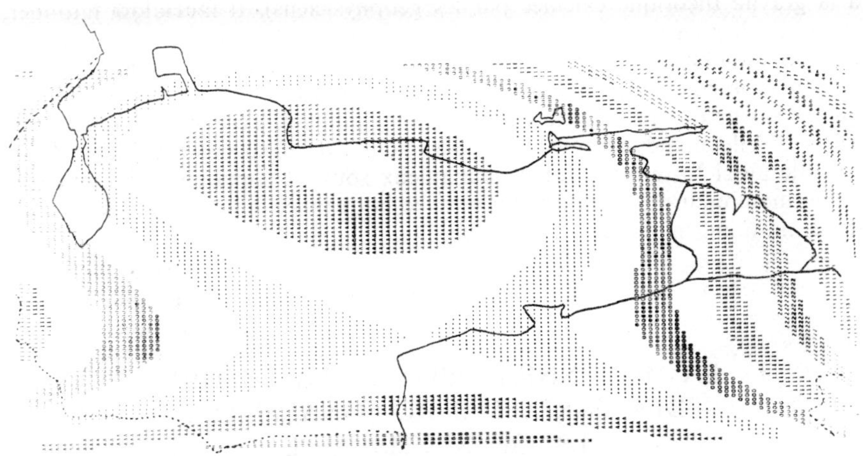

FIG. 49. — *Surface de tendance (3e degré) ajustée aux indices d'accessibilité des villes vénézueliennes* (1961). (Source: B. Marchand, Deformation of a transportation surface, *Annals*, A.A.G., 1973.)

LES DÉFAUTS DE L'ANALYSE DE TENDANCE

En dehors des difficultés opérationnelles qui apparaissent lorsqu'on ajuste des polynômes de haut degré, deux grands types de problèmes ont limité l'usage de l'analyse de tendance :

Les données (points de contrôle) doivent obéir à certaines conditions :

— Les points doivent être nombreux. La différence entre le nombre de points et le degré de la surface ajustée indique le nombre de degrés de liberté de l'ajustement. Il doit être élevé pour permettre l'usage de tests statistiques d'ajustement.

Lorsque le degré du polynôme est proche du nombre de points utilisés, il devient impossible, sauf dans le cas d'une très forte corrélation entre valeurs observées (contrôles) et valeurs calculées, de décider s'il existe une tendance régionale, ou si la surface est ajustée par pur hasard. A la limite une surface de degré $(n - 1)$ passe toujours exactement par n points, qu'il existe ou non une tendance.

— Les points doivent être répartis sur toute la surface; s'il existe des régions entières sans point de contrôle, la tendance, dans ces régions, n'a plus grande valeur.

— Les points ne doivent pas être trop groupés, encore que la perturbation que cela introduit soit probablement plus faible qu'on ne le craignait.

— La bordure est en général mal contrôlée : la surface s'y redresse fréquemment et prend des valeurs inacceptables. Pour contrôler cet effet, il est bon d'utiliser des points de contrôle en-dehors de la zone étudiée.

La signification de la tendance présente le plus grave problème. On dispose très rarement, en Sciences Humaines, d'un modèle de tendance (analogue à la gravité théorique calculée par les géophysiciens). Il faut alors tâtonner, en particulier en testant l'absence d'auto-corrélation parmi les résidus; si ce résultat est obtenu, on peut alors chercher une signification à la tendance.

Un problème subsiste : la caractéristique même de la tendance, à savoir que la valeur que prend une variable en un point de l'espace est fonction de celles qu'elle prend en tous les autres points de l'espace. Une dépendance spatiale aussi forte est rare; il vaut mieux souvent supposer que l'influence d'une mesure en un point s'estompe avec la distance, comme dans le modèle de la moyenne mobile.

LA MOYENNE MOBILE ET LA THÉORIE DES VARIABLES RÉGIONALISÉES : LA GÉOSTATISTIQUE

Faisons de nouveau l'hypothèse que la répartition spatiale d'une variable comporte une variation régionale à grande échelle (à grande longueur d'onde, c'est-à-dire à faible fréquence) à laquelle se surimpose une fluctuation locale à très petite échelle (faible longueur d'onde ou haute fréquence).

POLISSAGE D'UNE CARTE

De même que dans une distribution statistique, on élimine les fluctuations aléatoires en prenant la moyenne des observations (les fluctuations s'éliminent mutuellement), on peut calculer, à chaque point, la moyenne des observations qui l'entourent jusqu'à une certaine distance d et remplacer la valeur brute observée par cette moyenne. Cela revient à agréger les observations dans un « disque » de rayon d centré successivement sur chaque point. Les valeurs extrêmes (très fortes ou très faibles) sont adoucies : la carte subit un polissage. Cela entraîne une perte d'information sur les marges de la carte, sur une bordure de largeur d.

Le disque de rayon d (qui peut en fait être un carré de côté $2d$ ou même un rectangle) joue le rôle d'un filtre éliminant toutes les variations spatiales de longueur d'onde inférieure à $2d$; d'où le terme de filtrage d'une carte. La figure 50 montre un fragment de carte où la tendance à grande longueur d'onde est cachée par un « bruit » aléatoire (nombres au hasard) dont la fréquence est par construction très haute (variations d'un point à l'autre). Un « filtre » carré permet de polir la carte et de retrouver la tendance cachée.

Il est également rare qu'une distribution spatiale ne présente aucune autocorrélation spatiale (chaque point indépendant des autres) ou bien soit complè-

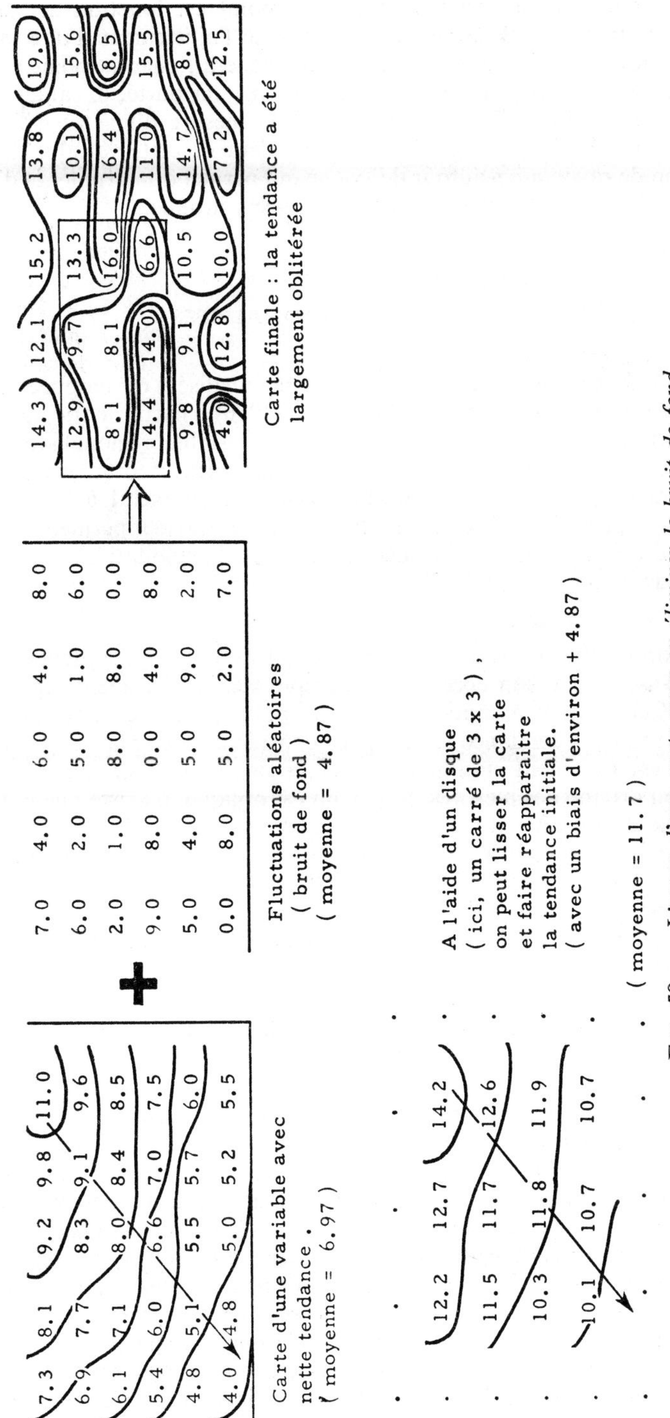

FIG. 50. — *Lissage d'une carte pour en éliminer le bruit de fond.*

tement auto-corrélée (la variable en chaque point est fonction de sa valeur en tous les autres points) comme dans le cas de l'ajustement d'une tendance par les moindres carrés. Dans le cas le plus général, chaque point est autocorrélé avec ses voisins jusqu'à une distance « a » (la portée), caractéristique de la structure spatiale. En d'autres termes, la mesure d'une variable en un point x nous renseigne, en général, sur la valeur de cette variable dans une petite région de rayon « a » autour de x, ce qui permet d'interpoler et d'inférer d'un ensemble discret de mesures à une surface continue.

LES VARIABLES RÉGIONALISÉES

C'est là le but de la théorie des variables régionalisées développée à l'École des Mines de Fontainebleau par G. Matheron (1970) à partir de travaux d'ingénieurs des mines sud-africains (Kriege). Une variable régionalisée est une variable Y prenant des valeurs Y(x) à chaque point x d'un espace donné. Les mineurs connaissent la teneur d'un gisement en métal à divers points de sondage et veulent en inférer une surface de teneur qui leur permette d'estimer le volume d'un gisement et d'en décider ou non l'exploitation. La méthode comprend deux étapes :

— Le variogramme :

Supposons d'abord que la variable régionalisée étudiée est pseudo-stationnaire, c'est-à-dire que son accroissement, pour des déplacements égaux, sont constants. Cela revient à supposer que l'on pourrait ajuster à la variable un plan représentant sa tendance sur l'espace considéré; si ce plan est horizontal, la variable est purement stationnaire, ce qui signifie que sa valeur n'est pas fonction de l'origine des mesures. Si le plan est oblique, il existe une « dérive » (par exemple, la variable augmente linéairement vers le nord). Une telle hypothèse est en général vérifiée d'autant qu'on n'en a besoin que sur de petites distances.

Considérons les valeurs de la variable à deux points distants de h : Y(x) et Y($x + h$). et soit n_h le nombre de points distants de h. On appelle fonction intrinsèque de h :

$$\gamma(h) = \frac{1}{2n_h} \sum_{i=1}^{nh} [Y(x) - Y(x+h)]^2 \qquad (1)$$

Pour chaque paire de points séparés d'une petite distance h, la variable Y prend deux valeurs en général différentes : le carré de cette différence $(Y(x) - Y(x + h))^2$ indique comment la variable varie sur une distance h; $\gamma(h)$, moyenne du carré de cette variation, n;est pas lié à un point particulier de l'espace mais dépend seulement de l'intervalle h qui sépare chaque paire de points. La formule (1) mesure l'influence moyenne de n'importe quel point à une distance h. En calculant $\gamma(h)$ pour des valeurs régulièrement croissantes de h, on obtient le variogramme, qui résume la structure spatiale de la variable : c'est une fonction d'auto-corrélation spatiale (fig. 51).

L'accroissement h peut être mesuré sur un axe nord-sud, ou bien est-ouest, nord-ouest sud-est, etc... Les variogrammes ainsi construits sont souvent différents, ce qui manifeste un phénomène d'anisotropie : les propriétés de

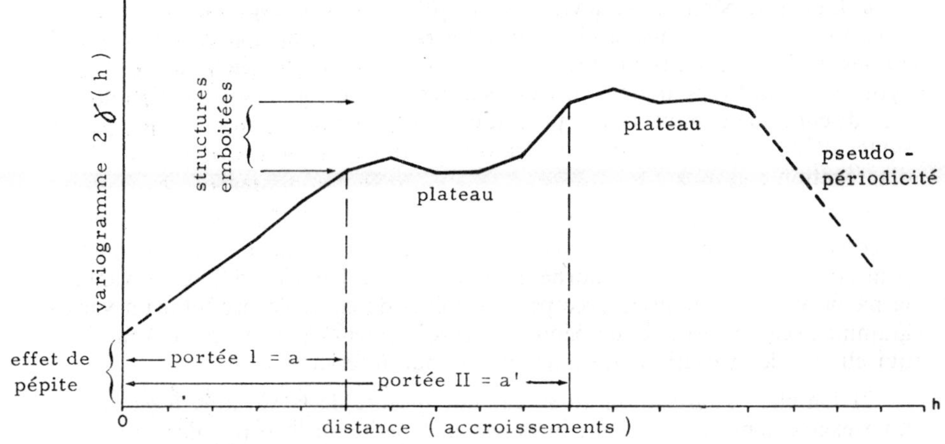

FIG. 51. — *Le variogramme.*

l'espace changent avec la direction considérée. Chaque partie du variogramme est instructive (fig. 51) :

- la pente près de l'origine (fig. 52) est fondamentale pour l'étape suivante (Krigeage) : une pente concave vers le haut (*c*) indique une très forte continuité spatiale; un variogramme linéaire (*a*) marque une moindre régularité (continuité en moyenne); une pente concave vers le bas, avec tangente à l'origine presque verticale dénote une structure très irrégulière, très proche de l'« effet de pépite » analysé plus loin. Un variogramme horizontal (*b*) représente l'absence de toute structure : deux mesures de la variable en deux points différents sont indépendantes quel que soit l'écart.
- la portée est la valeur de h au-delà de laquelle le variogramme atteint un palier, c'est-à-dire au-delà de laquelle deux mesures ne sont plus fortement dépendantes. Pratiquement, la portée mesure la zone d'influence d'un sondage; si l'on connaît la mesure de la variable au point x, on a du même coup une certaine information sur les points autour de x, à une distance inférieure à a. Au-delà de a, l'information sur x devient inutile.
- Structures emboîtées : le variogramme peut présenter plusieurs paliers; ils correspondent à autant de structures d'échelles différentes mesurées par les portées successives a_1, a_2, etc...

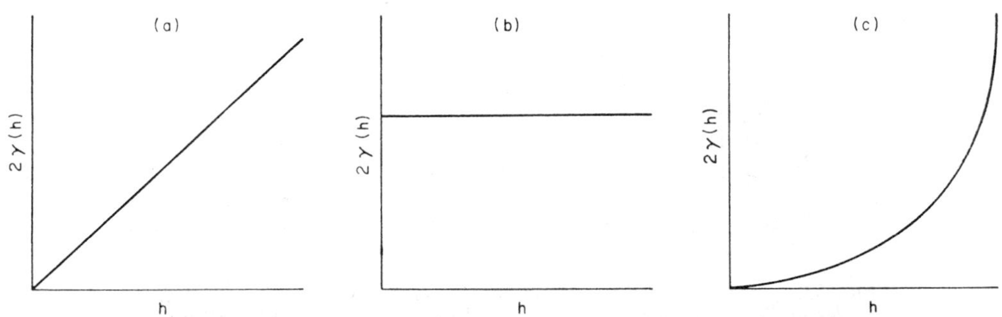

FIG. 52. — *Comportements du variogramme.*

• L'effet de pépite : On devrait avoir $\gamma(0) = 0$. Il arrive fréquemment que le variogramme prolongé en ligne droite vers l'origine, intersecte l'axe vertical au-dessus de O : deux mesures de la variable prises à des intervalles d très petits et tendant vers 0 demeurent très différentes. C'est la marque d'un milieu très discontinu, comme des pépites d'or dans du sable, où la variable peut sauter d'une valeur à l'autre sans transition. Il s'agit là d'un effet d'échelle et d'agrégation :

1) Si l'on dispose d'un très grand nombre de points de mesure, il est possible de construire le variogramme avec des petits accroissements de h, et de mettre peut-être en évidence une courbe concave vers le bas (fig. 53). En revanche, la même variable analysée avec peu de points de contrôle produira un variogramme avec un fort effet de pépite. L'accroissement h correspond à un filtre qui élimine les variations de longueur d'onde inférieure à h.

2) Un effet d'agrégation aussi, car une mesure de la variable n'est jamais faite exactement en un point, mais sur une petite surface (ou dans un petit volume), le *support* v. Par exemple, il s'agit d'un revenu moyen mesuré par le recensement dans un bloc de maisons qui forme le support. L'effet de pépite C_0 est inversement proportionnel à la taille du support :

$$C_0 = f(1/v).$$

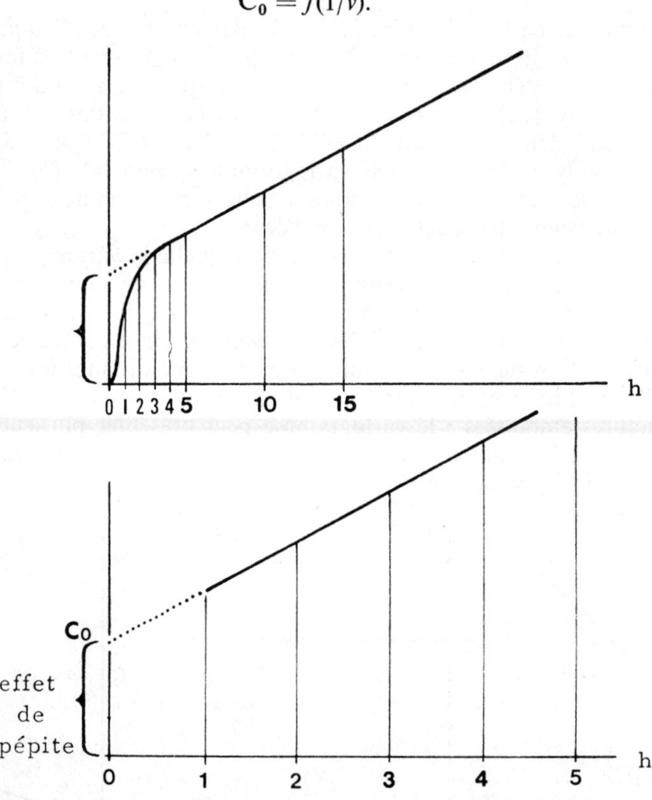

FIG. 53. — *Apparition d'un effet de pépite dû à un phénomène d'échelle : les mailles de mesure* (h) *sont trop larges pour mettre en évidence les variations à très petite échelle (haute fréquence).*

Cet effet manifeste l'existence d'une ou plusieurs structures d'échelles trop petites pour apparaître clairement sur le variogramme; dans ce cas, de larges unités de recensement (v) où l'on fait la moyenne de la variable, effacent complètement ces variations à petite échelle et font disparaître l'effet de pépite.

L'anisotropie de l'espace en ce qui concerne la variable étudiée, est un renseignement précieux, mis en lumière par la comparaison de variogrammes établis pour différentes directions.

Le variogramme décrit, avec une étonnante richesse de détail, les propriétés spatiales, la structure d'une variable. C'est à ce stade de description que le géographe ou l'urbaniste devra d'ordinaire s'arrêter. La construction d'un variogramme demande certaines précautions :

— l'hypothèse de pseudo-stationnarité doit être vraisemblable : une forte dérive non-linéaire, correspondant par exemple, à une tendance de haut degré en rend l'interprétation difficile. Cette difficulté est assez aisément tournée si l'on n'interprète le variogramme que pour des petites valeurs de h; on peut toujours approcher une courbe compliquée par une fonction linéaire dans un petit intervalle (début de décomposition de la tendance en série de MacLaurin).

— la variable doit être additive, puisque l'on étudie ses accroissements. Il faut utiliser des densités (nombre de personnes à l'hectare...), des pourcentages ou des moyennes.

— il faut se méfier d'un effet de bordure produisant souvent une pseudo-périodicité (fig. 51). Les mineurs ont pour coutume de limiter h au quart du diamètre de la région étudiée, parce qu'ils s'intéressent principalement, pour le krigeage, au comportement de la courbe près de l'origine. En sciences humaines, où kriger n'a pas grand intérêt, il serait désirable d'utiliser une plus grande portion de l'espace, mais avec prudence; on manque d'expérience en ce domaine.

— Le Krigeage.

La seconde étape de la géostatistique consiste à ajuster une fonction mathématique au variogramme :

— schéma linéaire : $\gamma(h) = \alpha(h)$,
— schéma de De Wijs : $\gamma(h) = 3\alpha \log (h)$,
— schéma sphérique, etc...

Il est alors possible d'obtenir :

— un ensemble de poids permettant d'intrapoler entre les points de sondage et de transformer leur distribution discrète en une surface continue. Le résultat est le même que dans l'analyse de tendance, mais l'approche est radicalement différente : la valeur en chaque point est estimée en fonction de son voisinage (et non en fonction de tous les autres points, si éloignés qu'ils soient, comme dans l'ajustement par les moindres carrés) et ce voisinage, souvent anisotropique, a été défini et délimité à partir des observations,

— la méthode produit aussi une carte des erreurs d'estimation : on peut ainsi définir un intervalle de confiance autour de chaque surface.

L'importance de tels résultats est évidente pour des mineurs qui cherchent à cartographier un gisement, à en estimer la teneur globale, et à localiser les futurs sondages. En sciences humaines, la première étape (construction du variogramme) cherchant essentiellement à décrire la structure spatiale, semble la partie la plus utile de la théorie des variables généralisées.

La principale critique touche l'utilité même du variogramme : peut-on en tirer davantage d'information que de l'étude d'une simple carte? Serra montre (1967) que, dans le cas de structures emboîtées, l'une d'elles peut être complètement cachée et n'apparaître que sur le variogramme. C'est ainsi qu'a été mise en évidence la présence, dans le gisement de minerai de fer lorrain, de lentilles hectométriques dont on ne soupçonnait pas l'existence : « dans un gisement reconnu depuis cent ans par 10 000 sondages et dix fois plus de prélèvements en couche, sur lequel plusieurs générations de géologues ont opéré un travail d'observation et d'analyse remarquable, un phénomène important (...) a pu échapper totalement » (Serra, 1967, p. 296). Bien que l'on manque encore d'exemples aussi frappants en sciences humaines, l'exemple suivant montrera l'importance de la méthode.

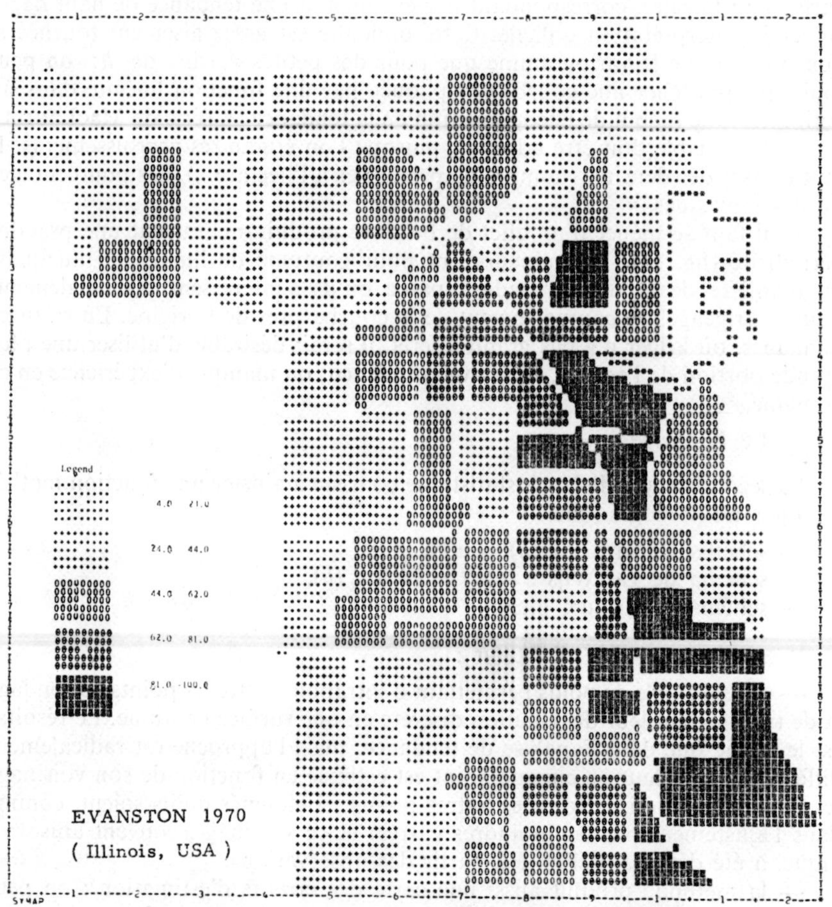

FIG. 54. — *Pourcentage des logements en location*
(Source: E. MOORE).

La figure 54 représente le pourcentage de logements en location, par groupes d'îlots de recensement (blocks), à Evanston, Illinois, une communauté de banlieue au nord de Chicago. On observe du sud vers le nord le passage graduel de la grande ville à la banlieue; de l'est vers l'ouest, le rivage du lac Machigan, la ville d'Evanston, puis d'autres communautés de banlieue non représentées. Le variogramme (fig. 55) a été construit avec des observations mesurées sur la carte elle-même, si bien que les deux documents contiennent exactement la même information.

Le variogramme global (toutes directions) est d'abord linéaire (continuité en moyenne) avec une portée très nette de 2 km environ (6 000 ft). On observe

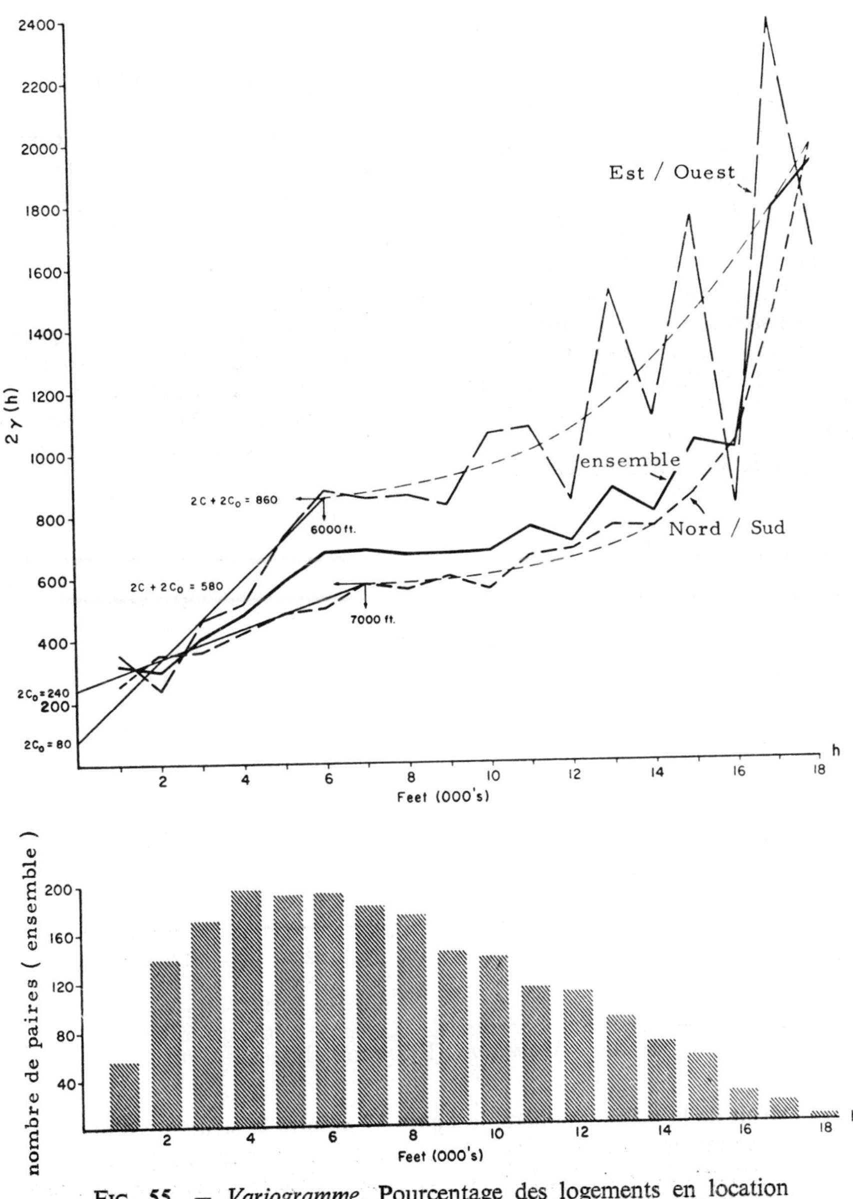

FIG. 55. — *Variogramme*. Pourcentage des logements en location (EVANSTON, 1970, Illinois, U.S.A.).

ensuite un palier, puis une montée parabolique (concave vers le haut) du variogramme : on peut, avec prudence (effet de bordure), reconnaître une structure à échelle beaucoup plus grande et très régulièrement continue.

La structure n'est pas isotropique : les deux directions nord-sud et est-ouest ont des portées légèrement différentes (6 000 et 7 000 pieds), et des paliers à des niveaux différents : 860 et 580; la structure est-ouest est une fois et demi plus irrégulière que la structure nord-sud. Dans les deux cas, l'effet de pépite est assez faible, ce qui provient à la fois de la surface assez grande des unités d'agrégation (le support) qui filtre les structures à faible longueur d'onde, et aussi sans doute de l'effet régulateur de la planification locale (« zoning laws » = règlements de zonage) qui contrôle sévèrement la répartition spatiale des logements destinés à la location.

La figure 56 représente la présence ou l'absence de logements locatifs mesurées dans la même ville d'Evanston, mais sur un support beaucoup plus petit : le « bloc-group », c'est-à-dire un bloc élémentaire de quelques maisons. L'effet de pépite est relativement plus grand : des structures cachées à petite échelle commencent à apparaître. L'anisotropie est encore plus nette : dans la direction nord-sud, le variogramme est presque plat (absence d'auto-corrélation), avec une faible dérive : une structure à grande échelle (10 km?) mais aucune structure visible à moyenne échelle. Le passage de la ville à la banlieue se fait avec beaucoup de transition à grande longueur d'onde sans variations nettes à l'échelle des 2-3 km, mais avec des fluctuations à petites longueurs d'onde manifestées par l'effet de pépite. En revanche, une structure apparaît nettement dans la direction est-ouest, modérément régulière (linéaire) avec une portée de 1 300 m environ.

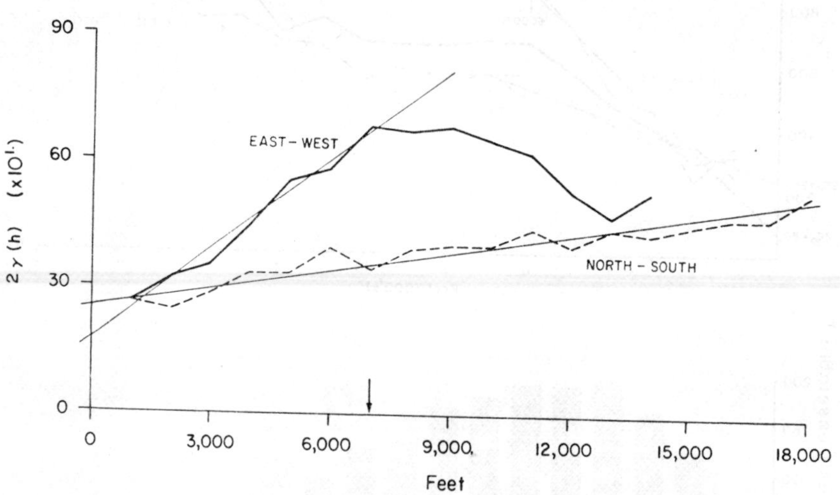

FIG. 56. — *Présence ou absence de logements destinés à la location dans un bloc de maisons* (EVANSTON, Illinois, 1970).

Construit de la même manière, la figure 57 montre la structure d'une autre variable : valeur moyenne du logement, mesurée aussi dans les petites unités des blocs-groups. Du sud vers le nord, une assez faible régularité de la variable (schéma sphérique, avec courbe concave vers le bas); portée d'environ 2 km, puis indépendance spatiale : palier. D'est en ouest, la courbe présente un fort effet de pépite (mini-structures cachées), une allure à peu près linéaire, puis une forte montée.

Tous ces exemples montrent le rôle différent de deux facteurs : la transition ville-banlieue (sud-nord) avec une structure à grande échelle (10 km?) apparemment très continue, une absence de structure à moyenne échelle, sauf pour la « valeur du logement », et des fluctuations importantes à petite échelle; d'autre part, la rive du lac qui joue un rôle structurant plus fort à moyenne échelle. On retrouve l'opposition des secteurs urbains de Hoyt (structure est-ouest) et des anneaux concentriques de Burgess (structure nord-sud).

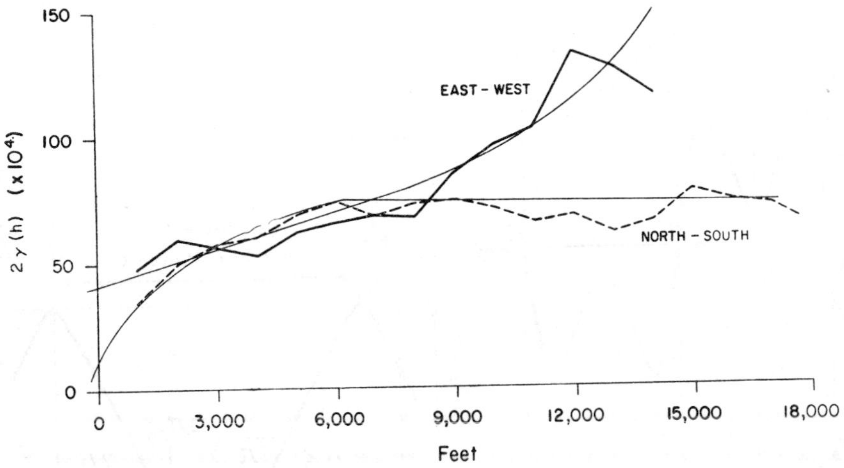

FIG. 57. — *Valeur moyenne du logement par îlot* (Source : EVANSTON, 1970).

L'ANALYSE SPECTRALE

Si les observations localisées dans l'espace paraissent être distribuées de façon périodique, c'est-à-dire en se répétant approximativement à intervalles réguliers, il est préférable de leur ajuster des fonctions sinusoïdales : c'est la classique décomposition en séries de Fourier.

Les paramètres essentiels de la fonction trigonométrique sont rappelés sur la figure 58. Toute fonction périodique peut être décomposée en une somme de fonctions sinusoïdales orthogonales (ce qui est le point important : ces constituants (les harmoniques) sont indépendants entre eux et peuvent être étudiés et cartographiés séparément) :

$$\begin{aligned} y = {} & A_0 \\ & + B_1 \sin x + B_2 \sin 2x + B_3 \sin 3x + \cdots \\ & + C_1 \cos x + C_2 \cos 2x + C_3 \cos 3x + \cdots \end{aligned}$$

Il faut calculer trois séries de coefficients : la constante A_0 qui représente la valeur moyenne de la série, et les séries de coefficients B_i et C_i des sinus et cosinus. Ces sommes sont théoriquement infinies, mais il est en général possible de se contenter de quelques termes, les autres étant égaux à 0. Depuis quelques années, une méthode de calcul très efficace, la transformation rapide de Fourier (Fast Fourier Transform), a révolutionné ce genre d'analyse. Elle est aujourd'hui largement répandue et disponible dans les centres de calcul électronique. Il suffit d'indiquer ici que l'ajustement utilise la méthode des moindres carrés, appliquée au calcul des coefficients d'une fonction trigonométrique comme elle était utilisée plus haut pour estimer les coefficients d'une fonction polynomiale (analyse de tendance).

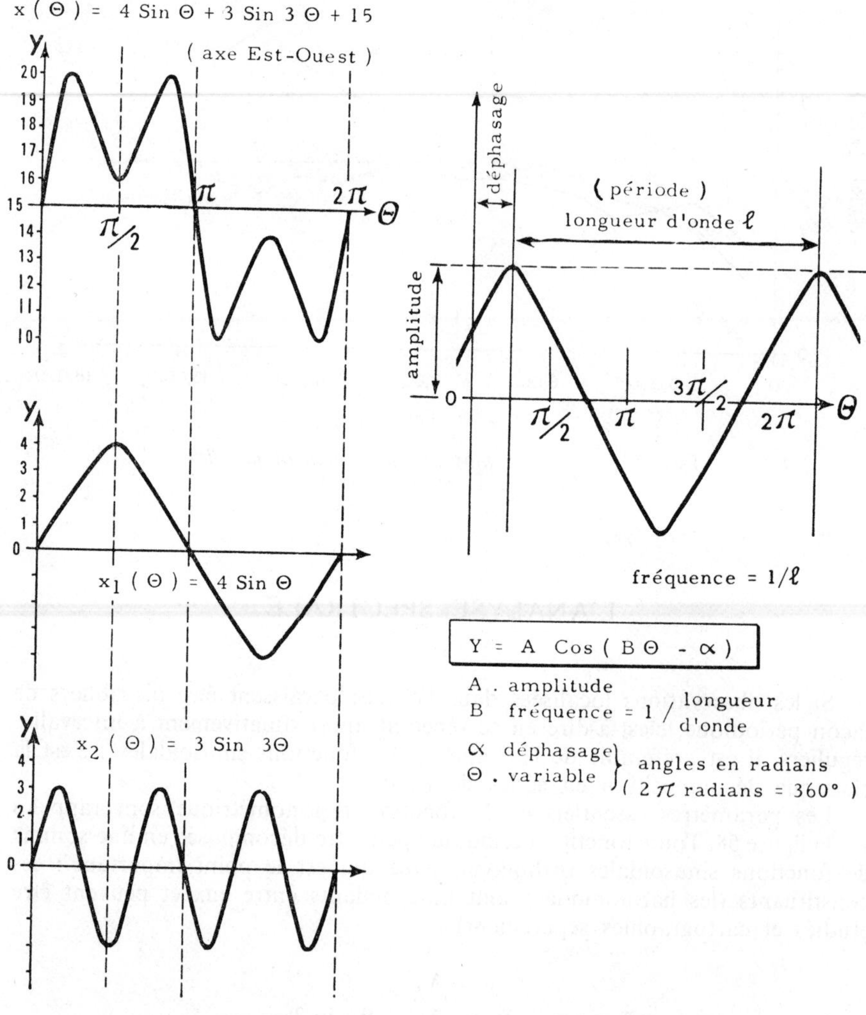

FIG. 58. — *Décomposition d'une fonction sinusoïdale simple.*

Supposons que la distribution des loyers mensuels dans un quartier soit mesurée à intervalles réguliers (fig. 59*a*). La carte manifeste, d'est en ouest, une certaine périodicité. Calculons la valeur moyenne du loyer le long d'un axe transversal est-ouest (fig. 59*a*). Ces valeurs, reportées sur un graphique, varient périodiquement (fig. 58).

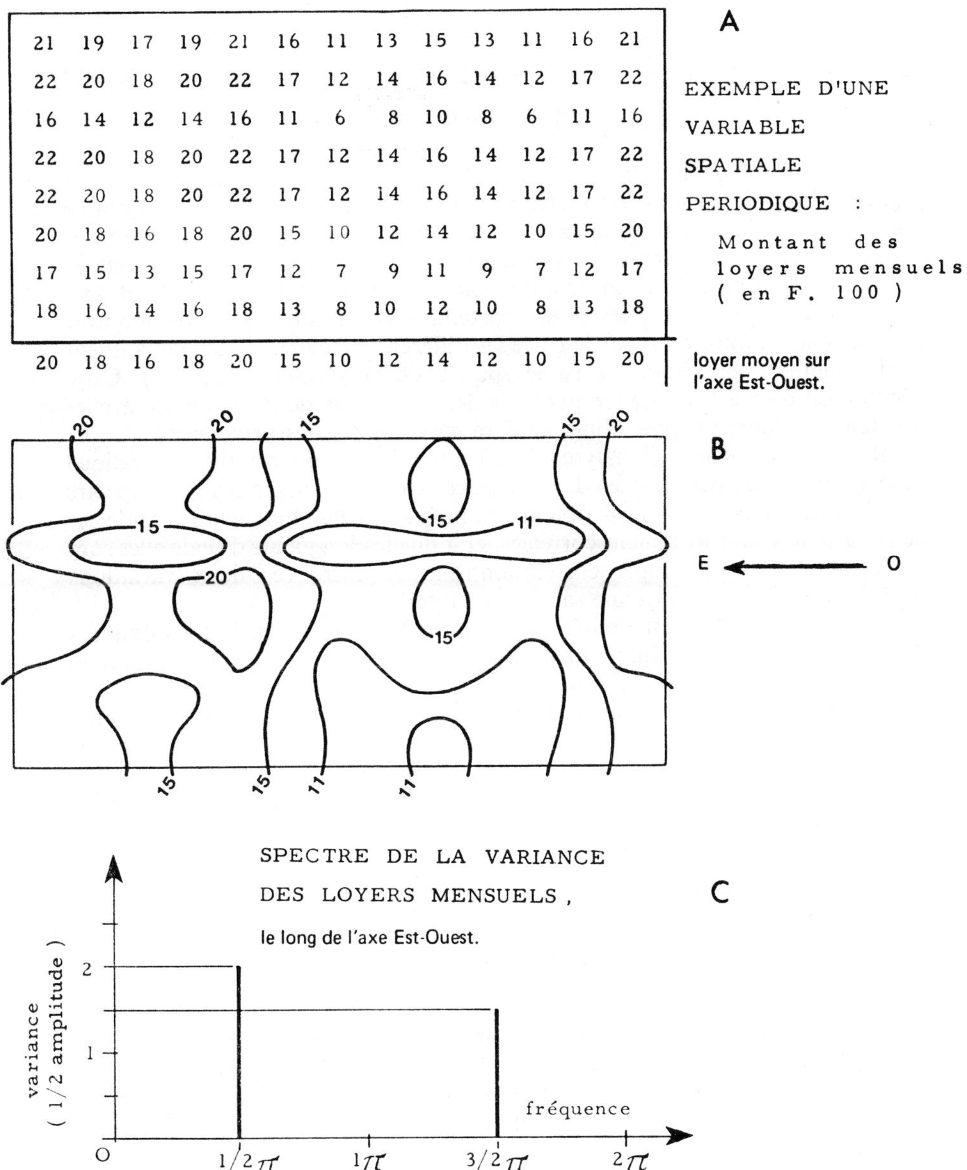

21	19	17	19	21	16	11	13	15	13	11	16	21
22	20	18	20	22	17	12	14	16	14	12	17	22
16	14	12	14	16	11	6	8	10	8	6	11	16
22	20	18	20	22	17	12	14	16	14	12	17	22
22	20	18	20	22	17	12	14	16	14	12	17	22
20	18	16	18	20	15	10	12	14	12	10	15	20
17	15	13	15	17	12	7	9	11	9	7	12	17
18	16	14	16	18	13	8	10	12	10	8	13	18
20	18	16	18	20	15	10	12	14	12	10	15	20

FIG. 59. — *Exemple d'une variable spatiale périodique : loyers mensuels.*

La courbe est en fait formée de l'addition de trois courbes élémentaires :
— une « courbe » plate, constante : $x_0 = 15$,
— une sinusoïdale à grande longueur d'onde (faible fréquence) :

$$x_1(\theta) = 4 \sin \theta$$

— une sinusoïdale à plus grande fréquence :

$$x_2(\theta) = 3 \sin 3\theta$$

La valeur moyenne des loyers le long de l'axe est-ouest suit ainsi la loi :

$$x(\theta) = 15 + 4 \sin \theta + 3 \sin 3\theta$$

Cette décomposition trigonométrique peut aussi être effectuée dans un espace à deux dimensions, ou même à *n* dimensions (Rayner, 1971). Comme dans l'analyse de tendance, la cartographie des harmoniques et l'analyse des résidus peuvent permettre de décrire des distributions spatiales, et de poser de nouvelles questions. Chaque fonction sinusoïdale élémentaire contient une partie de la variance totale; il est particulièrement intéressant de montrer comment la variance est répartie entre les différentes fréquences qui constituent la distribution périodique : c'est le spectre de la variance (fig. 59*c*). Cette décomposition n'est pas sans rappeler la décomposition de la variance entre les différents vecteurs propres d'une analyse en composantes principales.

Il est aussi possible d'analyser de cette manière la distribution périodique de deux variables périodiques dans l'espace (Curry et McDougall); le spectre croisé (Cross-spectrum) ainsi obtenu montre à quelles longueurs d'onde les deux variables sont fortement corrélées, et à quelles longueurs d'onde elles sont indépendantes. Une simple corrélation linéaire entre ces deux variations fournirait une valeur moyenne sans grand intérêt.

L'analyse spectrale est limitée par une condition très lourde : les données doivent être mesurées à intervalles réguliers, ce qui est rare dans la pratique. D'autre part, l'intervalle de mesure joue un rôle important. En utilisant des filtres qui éliminent les grandes fréquences, ou bien les grandes longueurs d'onde, ou encore qui ne conservent que certaines bandes de fréquence (« fenêtres »), le chercheur peut pratiquer une analyse très fine de ses données. Des applications très intéressantes ont été trouvées en météorologie, en géographie climatique et en géologie.

CONCLUSION

Les méthodes présentées dans ce chapitre ont toutes le même but : retrouver, sous la diversité des données d'une distribution spatiale, une certaine régularité régionale, ou peut-être plusieurs formes régulières qu'il s'agit d'isoler, de décrire, d'utiliser (pour interpoler, par exemple), et d'expliquer. Elles varient dans les hypothèses utilisées :

1) Si l'on peut supposer que la structure régionale est très forte, c'est-à-dire que tous les points de l'espace sont solidaires d'une certaine façon (la variable

en un point est fonction des mesures en tous les autres points), on peut ajuster une fonction mathématique aux observations :

— fonction linéaire polynomiale dans le cas de l'analyse de tendance,
— fonction trigonométrique dans le cas de l'analyse spectrale utilisant la transformation de Fourier.

Les deux cas représentent des variétés spatiales de l'analyse de régression, utilisant la méthode des moindres carrés. Dans chaque cas, la distribution observée est brisée en composantes indépendantes qui peuvent être cartographiées et étudiées séparément.

2) Si l'hypothèse d'une solidarité complète de toutes les parties de l'espace paraît difficilement soutenable, la construction d'un variogramme permet de décrire la ou les structures spatiales. Les conditions d'application sont aisément remplies (pseudo-stationnarité), et l'information qu'on en peut tirer est extrêmement riche. La méthode, fondement élémentaire de la Théorie des Variables Régionalisées, n'a guère été utilisée encore en sciences humaines, en partie par un curieux nationalisme qui fait que les chercheurs nord-américains persistent à ignorer cette théorie ou à lui préférer l'analyse de tendance; en partie parce qu'en France, elle n'est guère sortie encore du domaine des recherches minières.

Orientation bibliographique : Davis (1973), Krumbein-Graybill (1965), Curry-McDougall, Charley-Haggett (1965), Merriam-Cocke (1967), Matheron (1970), Serra (1967), Quinet (1961), Rayner (1971), Jenkins-Watts (1968), Tobler (1969), Robinson (1970), Tobler (1969), Cliff-Ord (1973), Chisholm-Frey-Haggett (1970).

CHAPITRE VIII

L'EXPÉRIMENTATION SPATIALE : MODÈLES DE SIMULATION ET JEUX

Le développement des modèles spatiaux au cours des années 1950 et 1960 a rapidement mis en lumière leurs limites, en particulier lorsqu'il s'agissait de modeler :

— des ensembles complexes de facteurs où le nombre de composantes était trop grand pour qu'on puisse en saisir le fonctionnement individuel,

— des phénomènes de diffusion où le nombre d'agents indépendants augmente exponentiellement,

— des systèmes spatiaux, c'est-à-dire des groupes de processus réagissant les uns sur les autres (feedbacks).

Deux voies restaient ouvertes :

1) La simulation : imiter le système observé en reproduisant son fonctionnement, ce qui permet de comprendre les processus en jeu et d'estimer leur rôle; il faut enregistrer, à chaque étape, l'état d'un grand nombre de variables, ce qui implique l'usage d'un ordinateur. Le développement des méthodes de simulation a accompagné celui de l'informatique.

2) Les jeux : assumer le rôle des agents de décision (municipalité, entrepreneur, travailleur, ...) et vivre leurs motivations et leurs conflits.

Dans la simulation, les choix ont été faits au préalable; dans le jeu, les décisions importantes sont prises au fur et à mesure par les joueurs, en général en compétition, mais la distinction n'est pas toujours claire. On distingue parfois

— les modèles déterministiques, où la probabilité d'un choix est 0 ou 1, et

— les modèles stochastiques, où elle est comprise entre 0 et 1 : l'usage des nombres aléatoires permet d'introduire une marge d'incertitude. Ici aussi, la séparation est floue.

LES TYPES DE MODÈLES

Les modèles de simulation et les jeux peuvent être classés en fonction de leur but.

DESCRIPTION D'UN PROCESSUS

Il s'agit d'imaginer un ensemble de règles simples qui vont reproduire tant bien que mal les phénomènes observés.

T. Hägerstrand a essayé de reproduire la diffusion d'innovations à travers le territoire suédois (Hägerstrand, 1952). Son modèle est fondé sur deux hypothèses :

— chaque innovation est transmise par contact personnel,

— la probabilité qu'une personne entre en contact avec une autre est fonction de la distance.

Des barrières plus ou moins perméables (la probabilité de les franchir est inférieure à 1) permettent de simuler assez bien les obstacles naturels : lacs, fiords, forêts, ... ou humains (différences de langue, ...). On construit peu à peu, dans la mémoire de l'ordinateur, une carte de diffusion que l'on peut comparer avec la carte des phénomènes observés. La correspondance est bonne, ce qui confirme les hypothèses initiales, et les barrières utilisées.

Le modèle de croissance urbaine que Ira Lowry a préparé (1964) pour simuler celle de l'agglomération de Pittsburgh, Pa. est devenu classique (fig. 60). Le modèle suppose connue la localisation des industries basiques de la ville (celles dont les produits ne sont pas consommés sur place, mais exportés hors de la ville). En utilisant un modèle de gravité, on localise la main-d'œuvre

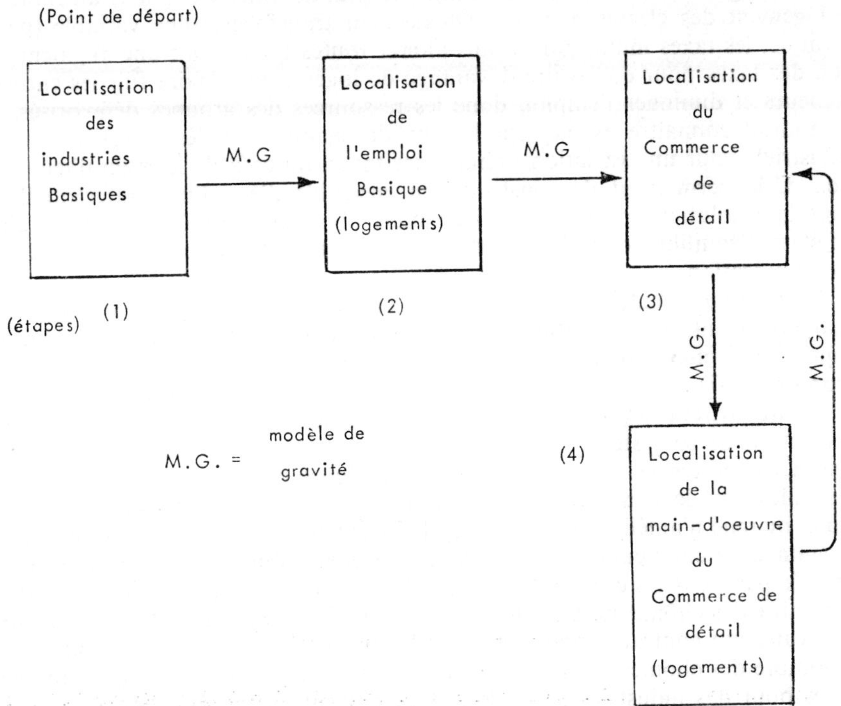

FIG. 60. — *Le modèle de simulation de Lowry.*

de ces industries en fonction de la distance au lieu de travail. Ces travailleurs forment un vaste marché qui provoque le développement d'un commerce de détail (activités non-basiques) localisé de façon à desservir cette main-d'œuvre (Lowry localise trois niveaux hiérarchiques de commerce : à l'échelle du coin de rue, du quartier et de la ville). Mais ce commerce de détail utilise de la main-d'œuvre (non-basique) dont on localise aussi les logements à l'aide du modèle de gravité. Cette main-d'œuvre non-basique attire elle-même, pour ses besoins, un petit commerce de détail, et ainsi de suite. A la fin de la simulation, toute la population urbaine est localisée en fonction :

— des activités fondamentales (basiques),
— d'un modèle de gravité.

La croissance de Pittsburgh, simulée de cette manière, est plus régulière que la croissance observée; comme le note Lowry, cela provient sans doute de ce que le modèle a négligé les accidents du relief : les distances réelles correspondent mal aux distances en ligne droite. Il est possible d'y remédier mais au prix d'un accroissement considérable des données à mettre en mémoire.

ANALYSE DE SENSIBILITÉ

Dans le cas d'un système spatial, où un grand nombre de variables réagissent les unes sur les autres, le problème est de savoir quel sera le nouvel équilibre du système après modification d'une variable. Considérons la situation du logement et de l'emploi dans une grande ville. Comment améliorer le logement des classes pauvres? On ne peut transformer une variable (par exemple, les taxes municipales) sans altérer toutes les autres : une augmentation des taxes pour construire davantage de logements va faire fuir les entrepreneurs et diminuer l'emploi, donc les ressources des groupes défavorisés... Il faudrait connaître exactement le taux de changement des investissements industriels pour une variation unitaire des taxes, du coût de la main-d'œuvre, etc... Cela permettrait de construire un ensemble d'équations différentielles dont la résolution, problème difficile mais abondamment étudié, fournirait les états d'équilibre successifs, c'est-à-dire le résultat final de chaque décision de planification.

Malheureusement, ces problèmes sont encore mal connus pour être traités analytiquement. Une solution consiste à les simplifier et à les reproduire approximativement dans un modèle de simulation. Jay Forrester a ainsi proposé (1967) une série de relations entre les variables (ex. telle augmentation de salaire attirera tant de migrants...). Il suffit alors de simuler sur ordinateur l'évolution de ce système urbain pour découvrir vers quel état d'équilibre il tend à moyen terme. Forrester simule ainsi l'échec de la politique municipale des villes américaines au cours des années 1960 : construire des logements à bon marché n'améliore pas, à terme, le logement des pauvres, car cela attire davantage de chômeurs, aggrave leur entassement, fait fuir les entrepreneurs effrayés par les taxes croissantes, ce qui diminue l'activité de la ville et accroît le nombre des chômeurs. La solution qu'il expérimente par simulation consiste à détruire, au contraire, une partie des logements insalubres, ce qui diminue le nombre des chômeurs (en les chassant...) et les taxes municipales, libère des terres pour des industries nouvelles, attire des entrepreneurs, augmente ainsi la masse salariale et permet finalement de mieux loger la main-d'œuvre restante.

Si l'on accepte les relations postulées initialement, la simulation manifeste la complexité des liens internes et montre comment une politique naïve (?) peut aboutir au contraire du résultat attendu. Forrester montre, avec une franchise qu'on lui a beaucoup reprochée, qu'il est vain d'espérer changer l'état d'équilibre d'un système en manipulant seulement la valeur de quelques variables. C'est l'ensemble des relations, en d'autres termes le système lui-même qu'il faut transformer.

La faiblesse ne réside pas dans la méthode même, mais dans son usage : tout dépend finalement des relations que l'on suppose d'abord entre les variables et qui contiennent implicitement toute une structure sociale et économique. L'erreur (ou l'idéologie) commence lorsque l'on présente ces relations initiales comme naturelles, c'est-à-dire nécessaires et uniques.

PROJECTION ET EXPÉRIMENTATION

Les travaux du géographe Richard Morrill (1965) intègrent en partie les deux approches précédentes. Il essaie de reproduire un processus spatial (croissance urbaine, ou extension d'un ghetto noir...) par un modèle de simulation. Si la croissance simulée ressemble suffisamment à l'évolution observée, on peut prédire le développement futur de la ville ou du ghetto. L'ordinateur est utilisé comme un laboratoire où l'expérimentation devient possible. Il s'agit moins, comme dans le modèle de Forrester, d'étudier les conséquences d'une décision politique que de prédire une évolution spatiale.

Morrill étudie ainsi le peuplement progressif d'une région suédoise. Il simule :

— le développement du réseau de transport et des industries,
— celui des activités commerciales (Places centrales),
— les migrations locales,

et relie à chaque étape les trois processus. Des règles en contrôlent le développement spatial : les Places Centrales se développent en fonction de leur zone de marché, les axes de transport en fonction des centres urbains, les industries sont localisées en tenant compte des marchés, des ressources et des voies de transport; enfin, les flots de transport et de migration sont inversement proportionnels aux distances franchies.

Un processus complexe de peuplement est ainsi reconstruit, où de nombreuses variables-clés sont déterminées l'une par l'autre. Le développement de la population en Scanie entre 1880 et 1960 est ainsi simulé, et reproduit de fort près le peuplement réel. Morrill a simulé de façon analogue l'accroissement de la ville de Seattle; les résultats ont été assez bons pour permettre aux planificateurs d'étudier le développement futur de l'agglomération.

PÉDAGOGIE ET PARTICIPATION: LES JEUX URBAINS

Le modèle de simulation fixe d'avance des règles (déterministes ou stochastiques) et laisse à l'ordinateur le soin de prendre les décisions. Dans le Jeu, l'homme décide lui-même, à chaque étape. Le nombre de branchements possibles est si grand, même dans les jeux les plus simples, que l'évolution devient imprévisible : chaque partie est une réalisation particulière d'un ensemble immense de parties possibles.

Avec les jeux simulant la guerre (Kriegspiel) et les affaires (dont le Monopoly est l'exemple le plus simple et le plus connu), on a proposé des jeux régionaux et surtout des jeux urbains. Les joueurs représentent les groupes en conflit (promoteurs, propriétaires, industriels, travailleurs, municipalités, ...). En essayant chacun de satisfaire leur intérêt, ils localisent des activités urbaines, des logements, des services publics et édifient une ville de proche en proche. Des jeux simples sont destinés aux élèves du secondaire (High School Geography Project), mais les plus intéressants s'adressent à des ingénieurs, des planificateurs ou des administrateurs.

Le jeu stimule l'intérêt et permet d'observer directement le fonctionnement des mécanismes créateurs d'une ville. Il n'est pas sûr que l'enthousiasme qu'il excite soit à la mesure des connaissances qu'il inculque. La principale critique vise le rôle idéologique du jeu. Le participant a l'illusion qu'il peut décider « librement » en chaque situation, et accepte d'autant plus aveuglément les règles du jeu comme si elles étaient naturelles, alors qu'elles n'expriment qu'une structure socio-économique particulière. Le jeu urbain est ainsi un instrument subtil d'endoctrinement : « L'interaction entre les joueurs, les règles du jeu et d'utilisation de l'environnement, les objectifs des joueurs, tout contribue à faire acquérir aux étudiants les valeurs et les normes de la société » (Kasperson, 1966). On se reportera aux textes de Rapport (1967) et de Préteceille (1974).

LA SIMULATION SPATIALE : FAIBLESSES ET LIMITATIONS

Après avoir été à la mode au cours des années 1960, les modèles de simulation ont perdu depuis dix ans, la faveur des géographes et des planificateurs. On peut, en suivant D. Marble, citer quatre raisons qui en ont limité l'usage :

VOLUME EXCESSIF DES CALCULS ET DE LA MÉMOIRE NÉCESSAIRES

L'ordinateur a permis l'essor de la simulation, mais a été bientôt saturé par les besoins de tels modèles. Si les analyses de sensibilité de Forrester ne sont pas trop exigeantes, la simulation des processus de diffusion est encore difficile, même sur les ordinateurs les plus récents. Il faut un certain nombre d'étapes pour que le modèle produise des résultats intéressants et le volume des calculs augmente d'ordinaire exponentiellement avec le nombre d'étapes. En outre, une simulation peut ne prendre que quelques minutes, mais l'estimation préalable des paramètres est beaucoup plus coûteuse et peut occuper l'ordinateur pendant plusieurs heures.

MODÉLISATION OU SIMULATION?

La phase la plus intéressante consiste à comprendre et à symboliser la logique interne du processus étudié. Beaucoup de chercheurs aujourd'hui insistent sur l'analyse de ces structures et négligent de les simuler ensuite pour des résultats parfois très imparfaits et souvent prévus.

RETOUR AUX MODÈLES PARTICULIERS ET LIMITÉS

Le succès du modèle de Lowry avait incité bien des bureaux d'étude à construire des modèles énormes où l'on essayait d'introduire toutes les variables et qui devaient s'appliquer à tous les cas particuliers. Ces constructions géantes qui saturaient les ordinateurs et s'adaptaient mal à chaque situation ont déçu. On revient, depuis quelques années, à des modèles plus spécialisés et plus simples où il est possible d'analyser les relations sans qu'il ne soit plus nécessaire de les simuler.

DIFFICULTÉS DE LA VÉRIFICATION

Il est indispensable de tester un modèle en comparant le résultat d'une simulation avec la distribution spatiale observée : cette vérification est le point faible des études de simulation. Il s'agit d'ordinaire de comparer deux matrices dont les cellules représentent les petites régions où la variable a été simulée et observée. On a défini des métriques pour calculer la distance entre ces matrices; la plus commune est celle du χ^2. Malheureusement, elle n'est pas spatiale : elle reste invariable si l'on permute, dans les deux matrices à comparer, un groupe de lignes ou de colonnes. Il faut développer des tests sensibles à la contiguïté et à l'auto-corrélation spatiale; cette tâche est à peine entamée (Dacey 1966, Cliff et Ord, 1973).

Orientation bibliographique : Guetzkow et Kolter (1971), Kibel (1972), Naylor et al. (1966), Chorafas (1966), Dupuy (1971).

Exercice 1 : Vous voulez simuler les changements du prix des terrains à Paris autour de la nouvelle Tour Montparnasse:

1) Quelles variables retenez-vous? Pourquoi?

2) Quelles relations spatiales allez-vous utiliser? (Modèle de gravité? Loi de décroissance exponentielle en fonction de la distance?)

3) Quels paramètres sera-t-il nécessaire d'estimer? Comment?

4) Quel rythme de développement utiliser?

Exercice 2 : L'exercice 1 a produit une carte du prix des terrains simulé que vous voulez comparer avec les prix « réels ».

1) Comment pouvez-vous obtenir ces prix réels?

2) Comment allez-vous comparer ces deux cartes?

Exercice 3 : Deux supermarchés se font concurrence en milieu urbain et vous voulez simuler l'évolution de leurs marchés respectifs.

1) Comment définir et délimiter ces zones de marchés? Quelles théories spatiales pouvez-vous essayer d'utiliser dans ce but?

2) Quelles variables choisir pour en expliquer les fluctuations?

3) Quelles relations supposez-vous entre ces variables?

4) Donnez des exemples de réactions (feedbacks) de quelques variables l'une sur l'autre.

5) Discutez du choix entre un modèle déterministe et un modèle stochastique.

CONCLUSION GÉNÉRALE

Le rôle important de l'espace dans les Sciences Humaines est, curieusement, une découverte assez récente. On a pendant très longtemps considéré l'espace comme un cadre vide où la vie des sociétés pouvait se dérouler sans être trop altérée par le contenant : toute une idéologie a répandu la croyance en un homme éternel, unidimensionnel qui serait fondamentalement identique sous tous les cieux. Tout au plus, a-t-on pris en considération, pendant longtemps, le rôle du milieu physique, dans un déterminisme simplet qui dissimulait mal un racisme parfois sous-jacent. Aujourd'hui encore, beaucoup d'économistes n'introduisent l'espace, dans leurs modèles, que comme un coût supplémentaire que l'on suppose, bien à tort, linéaire.

Depuis les années 1930, cependant, et surtout depuis une vingtaine d'années, on commence à reconnaître à l'espace son rôle original. Après la Grande Dépression, Lösch, lié aux milieux de gauche, montre que la concurrence parfaite de l'économie de marché ne peut exister dans un cadre spatial : elle conduit dialectiquement à la différenciation régionale et fait apparaître des poches de sous-développement. Une branche de l'Économie Politique se développe aujourd'hui (Hoover, 1948; Richardson, 1969; Boudeville, 1966; Emmanuel, 1970) : il s'agit de replacer les phénomènes économiques dans un cadre spatial.

Les statistiques ont aussi négligé les problèmes que posent des mesures effectuées dans un plan : ici encore, des branches nouvelles se développent (écologie statistique, géostatistique), toutes liées au problème central : l'autocorrélation spatiale.

Les données utilisées en Sciences Humaines sont replacées dans des espaces de mesure dont l'étude connait un vigoureux essor :

1) espaces linéaires, où les méthodes factorielles, connues depuis un siècle, ont été développées énormément par l'usage des ordinateurs et fondées depuis peu sur des bases plus rigoureuses (Benzécri);

2) espaces mentaux que l'on essaye de reconstituer, en psychologie, en marketing ou en géographie (Multi-Dimensional Scaling);

3) espaces de relations où la topologie algébrique depuis quelques années, permet d'étudier des rapports architecturaux ou urbanistiques (Atkin, 1972);

4) espaces « fractals » à dimension fractionnaire dont on commence à trouver de plus en plus d'exemples (Mandelbrot, 1975).

Enfin, on voit apparaître une critique du rôle idéologique de l'espace dans la société moderne, de la manière dont il est utilisé comme substitut du temps pour éviter les changements sociaux profonds, ou bien encore comme ingrédient dans la construction des mythes (Bachelard, Barthes, Baudrillard, Lefebvre, Marchand).

A ce sujet on consultera les ouvrages mentionnés dans la bibliographie de fin de volume : (Atkin 1972), (Bachelard 1957), (Barthes 1965), (Baudrillart 1974), (Benzecri 1973), (Emmanuel 1970), (Hoover 1948), (Mandelbrot 1975), (Marchand 1976), (Richardson 1969).

BIBLIOGRAPHIE

ALDSKOGIUS (H.). — *Modelling the evolution of settlements patterns;* two studies of vacation house settlement. Geografiska Regionstudier, 1969, Kulturgeografiska Institutionen vid Uppsala Universitet n° 6, 108 pages.

ALONSO (W.). — « A theory of the urban land market ». *Papers and Proceedings*, Regional Science Association, vol. 6, pages 149-157, 1960.

ANDERSON (T. W.). — *An introduction to Multivariate Statistical Analysis*, J. Wiley, 1958.

ATKIN (R. H.). — *Urban Structure Research Project*. Department of Mathematics, University of Essex, Grande-Bretagne, 4 vol., 1972.

AURIAC (F.) et BERNARD (M. C.). — « Composantes et types socio-professionnels des campagnes du Languedoc-Roussillon ». *Bulletin de la Société languedocienne de Géographie*, tome 8, fascicule 1, Montpellier, 1974.

BACHARACH, *The Biproportional Matrix Model*, Oxford University Press, 1972.

BACHELARD (G.). — *La Poétique de l'espace*, PUF, 1957.

BARTHES (R.). — *Mythologies*, P.U.F., 1965.

BAUDRILLART (J.). — *Pour une critique de l'économie politique du signe*, N.R.F., 1974.

BECKMANN (M.). — « City hierarchies and the distribution of city-size », *Economic Development and Cultural Change*, vol. 6, pages 243-248, 1958.

BELL (W.) et SHEVKY (E.). — *Social Area Analysis*, Stanford University Press, Stanford, 1955.

BELLMAN (R.). — *Introduction to Matrix Analysis*, McGraw-Hill, 1970.

BENZECRI (J. P.) et al. — *L'analyse des données*, Dunod, Paris, tome 1: la taxinomie; tome 2: l'analyse des correspondances, 1973.

BERGE (C.). — *Théorie des graphes et ses applications*, Dunod, 1958.

BERRY (B. J. L.). — Approaches to Regional Analysis : A Synthesis, *Annals*, Association of American Geographers, vol. 54, pp. 2-11, 1964.

BERRY (B. J. L.). — « Identification of Declining Regions: An Empirical Study of the Dimensions of Rural Poverty », in THOMAN (R. S.) et WOOD (W. D.), eds. *Areas of Economic Stress in Canada*, Queen's University Press, Ontario, Kingston, pp. 22-66, 1965.

BERRY (B. J. L.). — *Essays on Commodity Flows and the Spatial Structure of the Indian Economy*, Research Paper 111, Department of Geography, University of Chicago, 1966.

BERRY (B. J. L.). — *Geography of market centers and retail distribution*, Foundations of Economic Geography Series, Prentice Hall Inc. Englewood Cliffs N.J. USA, 146 pages, 1967. Traduction Bernard MARCHAND. — *Géographie des marchés et du commerce de détail*, Armand Colin, Coll. U2, 1971.

BERRY (B. J. L.), BARNUM (G. H.), TENNANT (R. J.). — Retail location and consumer behavior, *Papers and Proceedings*, Regional Science Association, vol. 9, pages 65-106, 1962.

BERRY (B. J. L.) et GARRISON (W. L.). — « Alternate explanations of urban rank-size relationships », *Annals*, Association of American Geographers, vol. 48, pages 83-91, 1958.

BERRY (B. J. L.) et GARRISON (W. L.). — « The functional bases of the central place hierarchy », *Economic Geography*, vol. 34, pages 145-154, 1958.

BERRY (B.) et HORTON (F.). — *Geographic Perspectives on Urban Systems*, John Wiley and Sons, New-York, 1971.

BERRY (B. J. L.) et SMITH (K. B.) eds. — *City Classification Handbook : Methods and Applications*, John Wiley and Sons, New:York, 1972.

BERTALANFFY (L.) von. — *General System Theory*, Penguin, 1968.

BOUDEVILLE (J.). — *Problèmes de Planification Régionale*, Paris, 1966.

BUNGE (W.). — *Theoretical Geography*, Lund Studies in Geography, Department of Geography, The Royal University of Lund, C.W.K. Gleerup publishers, Lund, 210 pages, 1962; Deuxième édition 1966.

CAUVIN (C.) et RIMBERT (S.). — *La Lecture Numérique des Cartes Thématiques*, Fribourg, Éditions Universitaires, 1975.

CHARRON (J. E.). — *Du temps, de l'espace et des hommes*, Éditions du Seuil, Paris, 1962.

CHAUBEAU (A. M.) et LAPLUIS (S.). — « L'Analyse des répartitions ponctuelles et linéaires » (bibliographie critique) dans *Dossiers de lecture du certificat de Géographie Mathématique*, 1969-1970, Sorbonne, dirigé par Bernard Marchand, ronéoté, 1970.

CHISHOLM (M.). — *Rural settlement and Land-use*, Huntchinson University Library, London, 1962, 207 pages.

CHISHOLM (M.), FREY (A.) et HAGGETT (P.) eds. — *Regional Forecasting*, Butterworth, Londres, 1970.

CHORAFAS (D.). — *La Simulation Mathématique et ses Applications*, Dunod, 1966.

CHORLEY (R.) et HAGGETT (P.). — Trend Surface Mapping in Geographical Research, *Transactions of the British Institute of Geographers*, 37 pp. 47-67, 1965.

CHORLEY (R. J.) et HAGGETT (P.) editors. — *Socio-economic Models in Geography*, University Paperbacks, Methuen, London, 468 pages, 1967.

CHRISTALLER (W.). — *Die zentralen Orte in Süddeutschland*, Gustav Fischer, Verlag, Iena, 1933.

CICERI (M.-F.). — *Méthodes d'analyse multivariée dans la géographie anglo-saxonne*, ronéoté, Paris, 1974, 223 p.

CLARK (P. J.) et EVANS (F. C.). — Distance to nearest neighbor as a measure of spatial relationships in populations, *Ecology*, all forms of life in relation to environment, october 1954, pp. 445-452, Duke University Press, Durham, N.C. USA.

CLAVAL (P.). — « Géographie Générale des Marchés », *Cahiers de Géographie de Besançon*, 10, Les Belles Lettres, Paris, 1962, 359 pages.

CLAVAL (P.). — « La Localisation des activités industrielles ». Chronique de Géographie économique, *Revue Géographique de l'Est*, 1-2, pp. 187-214, 1969.

CLIFF (A. D.) et ORD (K.). — « Spatial Autocorrelation: A Review of Existing and New Measures with Applications », *Economic Geography*, XLVI, 2, 1970, Supplement, 263-292,

CLIFF (A.) et ORD (K.). — *Spatial Autocorrelation*, Pion, Londres, 1973.

COOMBS (C. H. A.). — *A Theory of Data*, Wiley, 1964.

COX (K.). — « The Application fo linear Programming to Geographic Problems ». *Tijdschrift voor Economische en Sociale Geografie*, 56, pp. 228-236, 1965.

CURRY (L.). — « The Spatial Random Economy », *Economic Geography*, 1964.

CURRY (L.). — « A Spatial Analysis of Gravity Flows », *Regional Studies*, 6, pp. 131-147, 1972.

CURRY (L.) et MACDOUGALL (B.). — (à paraître), *Statistical Spatial Analysis and Remotely Sensed Imagery*, University of Toronto.

DACEY (M.). — « The Spacing of River Towns », *Annals*, AAG, 50, pp. 59-61, 1960.

DACEY (M.). — « Analysis of Central Place and Point Patterns by a Nearest-Neighbour Method », *Lund Studies in Geography*, B, 24, pp. 55-75, 1962.

DACEY (M.). — « Modified Poisson Probability Law for Point Pattern more regular than random », *Annals*, AAG, 54, pp. 559-566, 1964.

DACEY (M.). — « A Compound Probability Law for a Pattern more Dispersed than Random and with Areal Inhomogeneity », *Economic Geography*, 42, pp. 172-179, 1966.

DANTZIG (G. B.). — *Linear Programming and Extensions*, Princeton University Press, 1963.

DAVIS (J.). — *Statistics and Data Analysis in Geology*, John Wiley, 1973.

DUGUNDJI (J.). — *Topology*, Allyn et Bacon, 1966.

DUPUY (G.). — « Les Jeux Urbains », *Bulletin de l'Institut international d'Administration Publique*, 20, 1971.

DUNN (E. S. Jr.). — « The Equilibrium of land-use patterns in agriculture ». *Southern Economic Journal*, n° 2, 1955, réimprimé dans: *Readings in Economic Geography*. The location of economic activity, edited by: Robert H. T. Smith, Ed. J. Taaffe, Leslie J. Kings, Rand McNally and C°, Chicago, 1968.

Economic Geography, vol. 47, n° 2 (Supplément), juin 1971, Worcester, Massachussetts.

EMMANUEL (A.). — *L'échange inégal*, Maspéro, Paris, 1970.

EVERSON (J. A.) et FITZGERALD (B. P.). — « Inside the City », *Concepts in Geography*, n° 3, Longman Group Ltd, London, 1972, 239 pages.

FORD (L. R.) et FULKETSON (D. R.). — *Flows in Networks*, Princeton University Press, 1962.

FORRESTER (J.). — *Urban Dynamics*, MIT Press, 1967.

FOUND (W. C.). — « Towards a general theory relating distance between farm and home to agricultural production », *Geographical Analysis*, April 1970, pp. 165-176.

FOUND (W. C.). — *A theoretical approach to rural land-use patterns*, Edward Arnold Publishers Ltd, London, 1971, 190 pages.

FRANK (H.) et FRISCH (I.). — *Communication, Transmission and Transportation Networks*, Addison-Wesley, 1971.

GALE (D.). — *The Theory of Linear Economic Models*, McGraw-Hill, 1960.

GARRISON (W. L.). — « Spatial Structure of the Economy »: I, II, III, *Annals*, Association of American Geographers, vol. 49 et vol. 50, 1959-1960, réimprimé pages 230-263 dans *Readings in Economic Geography*.

GAUTHIER (H. L.). — « Least Cost Flows in a Capacitated Network: A Brasilian Example », *Northwestern University Studies in Geography*, 6, pp. 102-127, 1968.

GEORGE (P.). — « La Géographie Quantitative, un Nouveau Déterminisme? » *Notiziario di Geografica Economica*, pp. 33-43, Roma, 1971.

GOLLEDGE (R. G.) editor. — *On Determining Cognitive Configurations of a City*, First Report for NSF GRANT GS 37969, Ohio State University, Department of Geography, 1973-1974.

GOTTMANN (J.). — En collaboration. « L'Aménagement de l'Espace, planification régionale et géographie », *Cahiers de la Fondation nationale des Sciences Politiques*, 32, Librairie Armand Colin, 140 pages, 1952.

GOULD (P.). — *Spatial Diffusion*. Association of American Geographers, Commission on College Geography, Resource Paper n° 4, Washington D.C., 72 pages, 1969.

GOULD (P.). — « Pedagogic Review of Wilson's Entropy in Urban and Regional Modelling ». *Annals*, association of American Geographers, 62, 4, pp. 689-700, 1972.

GOULD (P.) et WHITE (R.). — « The Mentals maps of British school leavers », *Regional Studies*, vol. 2, pp. 161-182, 1968.

GOULD (P. R.) et WHITE (R.). — *Mental Maps*, Penguin Books Ltd, Harmonsdworth, England, 1974.

GRANÖ (J. G.). — Reine Geographie, eine methodologische Studie beleuchtet mit Beispielen aus Finland und Estland. *Acta Geographica*, Helsinki, 1929.

GRAVIER (F.). — *Paris et le Désert Français*, Paris, 1947.

GUETZKOW (H.) et KOLTER (P.), eds. — *Simulation in the Social Sciences*, Prentice Hall, 1971.

HÄGERSTRAND (T.). — « The propagation of innovation waves ». *Lund Studies in Geography*, series B, n° 4, 1952.

HAGGETT (P.). — *L'Analyse Spatiale en Géographie Humaine*. Traduction H. Fréchou, Armand Colin, Paris, 1973.

HAGGETT (P.) et CHORLEY (R. J.). — *Network Analysis in Geography*. Arnold, 1969.

HARMAN (H. H.). — *Modern Factor Analysis*. The University of Chicago Press, Chicago, 1960.

HOOVER (E. M.). — *The Location of Economic Activity*, Mc Graw-Hill, 1948.

HUFF (D. L.). — *Determination of intra-urban retail trade areas*, Los Angeles, University of California, Real Estate Research Program, 1962.

ISARD (W.). — *Location and Space Economy*, Cambridge Technology Press of the Massachusetts Institute of Technology, John Wiley and Sons, New-York, 1956.

JEFFREY (D.), CASETTI (E.) et KING (L.). — « Economic Fluctuations in a Multiregional Setting, a bi-factor Analytic Approach ». *Journal of Regional Science*, vol. 9, n° 3, pp. 397-404, 1969.

JENKINS (G.) et WATTS (D.). — *Spectral Analysis*, Holden-Day, 1968.

KANSKY (K. J.). — « Structure of Transport Networks: Relationships between Network geometry and Regional Characteristics ». University of Chicago, Department of Geography, Research Paper n° 84, 1963.

KASPERSON (R. E.). — *Political Processus. Geography in a Urban Age*, High School Geography Projet, Boulder, Col, 1966.

KIBEL (B. M.). — « Simulation of the Urban Environment ». Commission on college Geography, Technical Paper 5, Association of American Geographers, 1972.

KILCHENMANN (A.). — « Die Merkmalanalyse für Nominaldaten, eine Methode zur Analyse von qualitativen geographischen Daten basierend auf informationstheoretischen Modell ». *Geoforum* 15/75, pp. 33-45, Pergamon Press Ltd, Oxford, England, 1973.

KING (L. J.). — *Statistical analysis in Geography*. Prentice Hall Inc., Englewood Cliffs, N.J., 288 pages, 1969.

KNOS (D.). — *Agriculture. Geography in an Urban Age*, High School Geography project, Boulder, Col., 1967.

KRUMBEIN (W.) et GRAYBILL (F.). — *An Introduction to Statistical Models in Geology*, McGraw-Hill, 1965.

LASKA (J. A.). — *The development of the pattern of retail trade centers in a selected area of southwestern Iowa*, University of Chicago, 1958.

LEFEBVRE (H.). — *Le droit à la ville*, N.R.F., 1970.

LEFEBVRE (H.). — *La Pensée Marxiste et la Ville*. Tournai, 1972.

LOSCH (A.). — *Die räumlische Ordnung der Wirtschaft*, Gustav Fischer Verlag Iena, 1943, traduction: *Economics of Location*, Yale University Press (1954).

LOWREY (R. A.). — « A method for analysing distance concepts of urban residents », pp. 338-360 dans: R. M. DOWNS and D. STEA editors, *Image and Environment*, Edward Arnold, Londres, 439 pages, 1973.

LOWRY (I.). — *A Model of a Metropolis*, Rand Corp. Memo RM-4035-RC, 1964.

LYNCH (K.). — *L'image de la cité* (*The Image of the City*, M.I.T. 1960), Dunod, 1969.

McCARTY (H. H.) et SALISBURY (N. E.). — *Visual comparison of isopleth maps as a mean of determining correlations between spatially distributed phenomena*, Department of Geography, State University of Iowa, Iowa City, 1961.

McKAY (J. R.). — « The interactance hypothesis and boundaries in Canada: a preliminary study », *Spatial Analysis*, Berry-Marble, pp. 122-129, 1968.

MANDELBROT (B.). — *Les objets fractals*. Flammarion, Paris, 1975.

MARCHAND (B.). — « Information Theory and Geography », *Geographical Analysis*, Ohio State University Press, vol. IV, 3, pp. 234-257, 1972.

MARCHAND (B.). — « Deformation of a Transportation Surface », *Annals*, Association of American Geographers, 63, 4, 1973.

MARCHAND (B.). — « Pedestrian traffic planning and the perception of the urban environment », *Environment and Planning A*, vol. 6, pp. 491-507, 1974.

MARCHAND (B.). — « Quantitative Geography: Revolution or Counter-Revolution? » *Geoforum* 17/74, pp. 15-23, Oxford England, 1974.

MARCHAND (B.). — « On Information Content of Regional Maps: The Concept of Geographical Redundancy », *Economic Geography*, p. 117-127, 1975.

MARCHAND (B.). — « The ideological Role of Space ». *Discussion papers*, Department of Geography, University of Toronto, 1977.

MARTIN (J. E.). — *The geography of Greater London*, ed. R. Clayton, Bell, 1964.

MATHERON (G.). — « La Théorie des Variables Régionalisées et ses Applications ». *Cahiers du Centre de Morphologie Mathématique de Fontainebleau*, 5, Ec. Nat. Sup. des Mines de Paris, 1970.

MERLIN (P.). — *Méthodes quantitatives et espace urbain*, Masson, Paris, 1973.

MERRIAM (D.) et COCKE (N.) eds. — *Computer Applications in the Earth Sciences; Colloquium on Trend Analysis*, Kansas Geological Survey Computer Contribution 12, 1967.

MOLES (A.) et ROHMER (E.). — *Psychologie de l'espace*, Casterman, Paris, 1972.

MORRILL (R.). — « Migration and the Spread and Growth of Urban Settlement », *Lund Studies in Geography*, series B, 26, 1965.

MORRILL (R.). — « The Negro Ghetto », *Geographical Review*, 55, pp. 339-362, 1965.

MORRILL (R.). — *The spatial Organization of Society*, Duxbury Press, a division of Wadsworth Publishing Company, Belmont California 94002, 1970.

MOSER (C. A.) et SCOTT (W.). — *British Towns: A Statistical Study of their Social and Economic Differences*, Oliver and Boyd Ltd, London, 1961.

NAYLOR (T.), BALINFTY (J.), BURDICK (D.) et CHU (K.). — *Computer Simulation Techniques*, John Wiley, 1966.

NEFT (D. S.). — *Statistical analysis for areal Distributions*, Monograph Series, Regional Science Research Institute, n° 2, 1967.

OLSSON (G.). — « Distance and Human interaction: A Review and Bibliography », Regional Science Research Institute, Philadelphia, 1967.

PAILHOUS (J.). — *La Représentation de l'espace urbain*, P.U.F., Paris, 1970.

PEDERSEN (P. O.). — « Central Places and Functional Regions in Denmark. Factor Analysis of Telephone Traffic ». *Saertryk af Geografisk Tidsskrift*, pp. 1-1, 1968.

PERROUX (F.). — « La notion de pôle de croissance », *Economie Appliquée*, vol. 8, page 307, 1955.

PIAGET (J.). éditeur. — *Logique et Connaissance scientifique*, Encyclopédie de la Pléiade, Gallimard, 1967.

PORTER (P. W.). — « Earnest and the Orephagians, a fable for the instruction of young geographers ». *Annals*, Association of American Geographers, vol. 50, pp. 297-299, 1960.

PRETECEILLE (F.). — *Jeux, Modèles et Simulations, Critique des Jeux Urbains*, Mouton, 1974.

QUINET (J.). — *Cours Élémentaire de Mathématiques Supérieures*, Dunod, 1961.

RAO (C. R.). — *Advanced Statistical Methods in Biometric Research*, J. Wiley, 1968.

RAPOPORT (A.). — *Combats, Débats et Jeux*, Dunod, 1967.

RAYNER (J. N.). — *An Introduction to Spectral Analysis*, Pion, Londres, 1971.

REILLY (W. J.). — *The Law of retail gravitation*, New-York, Reilly, 1931.

RICHARDSON (H. W.). — *Elements of regional economics*, Penguin Books Ltd, 1969.

RIMBERT (S.). — *Les Paysages Urbains*, Armand Colin, Coll. U prisme, 1973.

RIMBERT (S.) et VOGT (T.). — « Innovation et aires de comportement: la contraception en Alsace », *l'Espace Géographique*, 4, p. 271-277, Doin ed. Paris.

ROBINSON (J.). — « Spatial filtering of geological data », *Review of the International Statistical Institute*, 38, pp. 21-32.

ROSNAY (J. de). — *Le Macroscope, vers une vision globale*, éditions du Seuil, Paris, 1975.

SCOTT (A. J.). — « Location-allocation systems, a review », *Geographical Analysis*, Ohio State University Press, April 1970, pp. 95-119, 1970.

SCOTT (A. J.). — *Combinatorial Programming, Spatial Analysis and Planning*, Methuen, Londres, 1971.

SERRA (J.). — « Un critère nouveau de découverte de structures: le variogramme », *Sciences de la Terre*, XII, 4, pp. 275-299, 1967.

SHEPARD (R. N.) et al. — *Multi-dimensional scaling : theory and applications in the behavioral sciences*, 2 vol., 1972.

SMITH (R. H. T.), TAAFFE (E. J.) et KING (L. J.). — *Readings in Economic Geography : the location of economic activity*, Rand McNally and Company, Chicago, 1968.

SPENCE (N. A.). — « A Multifactor Uniform Regionalization of British Counties on the Basis of Employment Data for 1961 », *Regional Studies*, II, pp. 87-104, 1968.

STAFFORD (H. A.). — *Manufacturing*, Geography in an Urban Age, High School geography Project, Boulder, Col., 1966.

STEWART (J. Q.) et WARNTZ (W.). — « Macro geography and social sciences », *The Geographical Review*, vol. 48, pp. 174, 1958.

STEWART (J. Q.) et WARNTZ (W.). — « Physics of population distribution », *in Spatial Analysis*, Berry-Marble (1968), pp. 130-146, 1958.

TEGSJO (B.) et OBERG (S.). — « Concept of potential applied to price formation », *Geografiska Annaler*, vol. 48, pp. 51-58, 1966.

THOM (R.). — *Modèles mathématiques de la Morphogénèse*, Paris, 1974.

TOBLER (W.). — « Of Maps and Matrices », *Journal of Regional Sciences*, vol. 7, n° 2, Supplément, pp. 275-280, 1967.

TOBLER (W.). — « Geographical filters and their inverses », *Geographical Analysis*, I, pp. 234-253, 1969.

TOBLER (W.). — « The Spectrum of US 40 », *Papers and Proceedings* of the Regional Science Association, 23, pp. 45-52, 1969.

TORGERSON (W. S.). — *Theory and Methods of Scaling*, J. Wiley, 1958.

TORRENS-IBERN (J.). — *Modèles et méthodes de l'analyse factorielle*, Dunod, Paris, 1972.

VAN VALKENBURG (S.) et HELD (C. C.). — *Carte de l'intensité de l'utilisation agricole de la terre en Europe*, John Wiley and Sons editors, 1952.

VANCE (J. E.). — *The Merchant's World*, Englewood Cliffs, N.J., 1970.

VENDRYES (P.). — *Vers la théorie de l'Homme*, PUF, Paris, 1973.

WEBBER (M. J.), SYMANSKI (R.), ROOT (J.). — « Toward a cognitive spatial theory », *Economic Geography*, April 1975, pp. 100-116.

WIBERG (D.). — *State Space and Linear Programming*, Schaum's outline Series, 1971.

WILSON (A.). — *Entropy in urban and regional modelling*, Pion, Londres, 1970.

YAGLOM (A. M.) et YAGLOM (I. M.). — *Probabilité et information*, Paris, 1969.

YEATES (M. H.). — *An introduction to quantitative analysis in economic geography*, McGraw-Hill Book Company, New-York, 1968.

ZIPF (G. K.). — *Human behaviour and the principle of least effort*, Cambridge Mass, 1949.

TABLE DES ILLUSTRATIONS

MASSON, Éditeur.
120, Bd St-Germain, Paris (VIe),
Dépôt légal : 2e trimestre 1977.

Imprimé en France

IMPRIMERIE DURAND
28600 Luisant
(4-1977)